PENNY McLEAN

Das Geheimnis der Schicksalsrhythmen

PENNY McLEAN

Das Geheimnis der Schicksalsrhythmen

Wie 7-Jahres-Schritte unser Leben bestimmen

Knaur
MensSana

Herausgegeben von Hans Christian Meiser

Die Folie des Schutzumschlags sowie die Einschweißfolie
sind PE-Folien und biologisch abbaubar.
Dieses Buch wurde auf chlor- und säurefreiem Papier gedruckt.

Besuchen Sie uns im Internet: www.droemer-knaur.de
Alle Titel aus dem Bereich MensSana finden Sie im Internet unter
www.knaur-mens-sana.de

Originalausgabe

Ein Unternehmen der Droemerschen Verlagsanstalt
Th. Knaur Nachf. GmbH & Co. KG, München

Redaktion: Josef Loerscher
Umschlaggestaltung: ZERO Werbeagentur, München
Umschlagabbildung: Mauritius Images / Philip Mansmann
Satz: Adobe InDesign im Verlag
Druck und Bindung: GGP Media GmbH, Pößneck
Printed in Germany
ISBN 978-3-426-66573-2

4 5 3

Inhaltsverzeichnis

Geistesblitze zum Thema Schicksal

Wir alle sind mit Papier und Bleistift in der Hand geboren. Dann aber beginnt jeder, seine eigene Geschichte zu schreiben. LEENA PELTONEN

Der Charakter des Menschen ist sein Schicksal.
HERAKLIT

Triebe und Abwehrmechanismen erzeugen unser Schicksal.

Die Regisseure des Schicksals sind das Ich und der Geist.

Schicksal ist die Gesamtheit aller ererbten und frei wählbaren Existenzmöglichkeiten.
SIGMUND FREUD

Das Schicksal des Einzelnen wird nicht durch eine dunkle Macht oder einen Dämon bedingt, sondern stellt ein System von Funktionen dar, die in exakter Weise geprüft werden können.

Die Funktionen des Schicksals erstrecken sich auf fünf Lebensgebiete: auf die Liebe, die Freundschaft, den Beruf, die Krankheitsart und die Art des Todes.

Ohne Lebensplan ist der Begriff des Schicksals eine Eierschale ohne Inhalt.

Wahl macht Schicksal. LEOPOLD SZONDI

Einleitung

Es gibt eine unumstößliche Tatsache: Kein Mensch kennt sein Schicksal.

Trotzdem hat die Menschheit sich über Jahrtausende die intelligentesten und dümmsten Tricks einfallen lassen, um diesen Fakt ad absurdum zu führen.

Es gab Prophezeiungen, die eintrafen, und Voraussagen, die sich als grundfalsch erwiesen. Manchmal sogar von ein und derselben Person.

Nostradamus, der große Orakelreimer, hüllte sich mit seinen im 16. Jahrhundert gefertigten zehn »Centuries« in mystische Unverständlichkeit und gab den Menschen, die sich zur Entschlüsselung seiner Verse aufgerufen fühlten, immer wieder Rätsel auf, ohne jemals eine wirkliche Deutung zuzulassen. Man muss es leider zugeben: Noch nie konnte eine Katastrophe – mit oder ohne Nostradamus – vorhergesehen und nachweislich verhindert werden.

Hier und dort tauchen manchmal Informationen auf, die glauben machen, dass der Schicksals-Code geknackt werden könne. Dann erscheinen einige Taschenbüchlein mit verheißungsvollen Titeln, die so ähnlich klingen wie »Das Geheimnis der Palmblatt-Bibliothek – gelöst« oder »Das indische Schicksals-Archiv«. Gruppenreisen werden organisiert, Wundermeldungen verbreiten sich, und nach einiger Zeit herrscht wieder die längstens bekannte Ratlosigkeit oder fatalistische Ergebenheit

in das undurchschaubare Geschick, das uns alle fest im Griff zu haben scheint.
Und auch dieses Buch wird, so leid es mir tut, in keiner Weise dazu beitragen, das Mysterium, welches die Geschehnisse der Zukunft vor der Neugier der Menschen verbirgt, zu enthüllen. Aber etwas anderes wird erreicht werden: Sie werden Klarheit über den Ablauf Ihres Lebensplans erhalten und, im Zusammenhang damit, auch Kenntnis über bestimmte Eigenarten des Phänomens Schicksal.
Dieses Wissen wird Ihnen mehr Offenbarung über Ihren Schicksalsweg liefern als jeder Wahrsager und jedes Medium der Welt. Es sei denn, diese verfügen über genau jenes Wissen, welches die Kenntnis der uralten Gesetze des Lebens beinhaltet, die vor Tausenden von Jahren auf besonderen Schulen an Adepten der Geheimwissenschaft weitergegeben wurde, dem gemeinen Volk jedoch verschlossen blieb. Obwohl dieses geisteswissenschaftliche Gedankengut inzwischen längst jedermann zugänglich wäre, ist es erstaunlich zu beobachten, dass sich kaum jemand mit diesem lebens-notwendigen Lehrstoff in angemessener Weise beschäftigt. Es mag, wie meistens bei diesen nicht ganz einfachen Themen, wohl damit zusammenhängen, dass die wenigen, die sich die Mühe gemacht haben, das Dickicht der Begriffe und Zusammenhänge zu durchdringen, gerne das »Fach-Latein« sprachlich überalterter Schriften verwenden und damit als Lehrer für den normalen Zuhörer unverständlich werden. Hinzu kommt, dass, um das Wissen in seiner Gesamtheit erfassen zu können, die Erlernung einer grundsätzlichen »Grammatik« unumgänglich ist. Davor schrecken leider die meisten Menschen zurück, weil sie befürchten, vom Thema überfordert oder von ihm überrollt zu werden. Dabei verhält es sich mit diesem Lehrstoff genau wie mit jedem anderem auf dieser Welt: Bei wirklichem Interesse ist alles für jeden erlernbar.
Jeder Fachbegriff, wenn er denn überhaupt notwendig ist,

kann allgemeinverständlich erklärt werden. Nur dann können Sie wirklich Freude am Thema haben und Lust, sich ganz in die wunderbare und sehr reale Welt der zunächst unsichtbaren Dinge Ihres Lebens hineinzubegeben, wie auch in den Bereich der sichtbaren Zusammenhänge von Schicksalsabläufen und Ereignissen Ihres Daseins. Und ganz nebenbei werden Sie etwas erfahren, was die eigentliche Kostbarkeit dieses Wissens ausmacht: Sie werden die Sinnfrage Ihrer Existenz beantworten können und dadurch Ihre Handlungen in wirklich harmonischen Einklang mit den Forderungen bringen, welche Ihr Umfeld an Sie stellt. Sie werden wissen, warum etwas geschieht, welche Bedeutung das Ereignis in Ihrem Leben hat und wie Sie es in Ihrer Wahrnehmung einordnen können. Sie werden auch beurteilen können, was Sie sich »trauen« dürfen und wo es besser ist, die Finger davon zu lassen. Ob Sie an Vorbestimmung glauben oder nicht: Bevor Sie Ihre »Altlasten«, also Ihre tatsächlichen oder auch nur vermeintlichen Schuldigkeiten den Vorfahren gegenüber, nicht getilgt haben, wird Ihre eigentliche Schicksalsqualität immer von diesem unsichtbaren Schatten beeinträchtigt sein. Diese Altlasten haben natürlich mit Ihrem sogenannten Karma zu tun, also Ihrem ganz persönlichen Kontostand Ihrer Taten, welcher das Soll und Haben nicht nur der Geschichte Ihres jetzigen Erdendaseins aufweist, sondern den Gesamt-Kontostand all Ihrer Existenzen. Dieser Gedanke der ewigen Gegenwärtigkeit der Qualität und Quantität ihrer Handlungen sollte Sie nicht mehr und nicht weniger beschäftigen als Ihr ganz normales Bankkonto, dessen Stand Ihnen wahrscheinlich ziemlich geläufig ist und das den Vorteil besitzt, jederzeit abgefragt werden zu können. Ihr karmisches Konto dagegen erfordert eine etwas diffizilere Betrachtungsweise, die durchaus erlernbar ist und nicht nur seinem Besitzer, sondern auch dessen Umfeld unschätzbare Vorteile bringt. **Denn jedes Problem, das Sie lösen, ist auch für Ihre Familie und für die Menschengruppe gelöst, die mit**

Ihnen in direktem und indirektem Zusammenhang steht. Denn niemand, der auch nur die äußersten Kreise Ihrer persönlichen Sphäre tangiert, ist für Sie bedeutungslos. In *welchem* Maß bedeutungsvoll, das wiederum bestimmt Ihr momentanes Verhalten, Ihre Urteilskraft und die Klarheit Ihrer Erinnerung. Denn sehr vieles, was Ihnen in diesem Leben widerfährt, haben Sie zu einer anderen Zeit, unter anderen Umständen schon einmal erlebt, wenn auch mit anderen Kostümierungen, Dekorationen und Sprachen.
Und auch Sie selbst waren damals der oder die Gleiche. Aber niemals der- oder dieselbe. Denn wir verändern uns täglich und zu jeder Stunde, unmerklich formen wir uns nach uns innewohnenden Vorbildern, die wir selbst gewählt haben und die mit unserem Über-Ich, unserem Alter Ego, in unmittelbarer Verbindung stehen. Dieses Über-Ich spielt auch bei der Partnerwahl, unseren Freund- wie auch Feindschaften eine ungeheure Rolle. Denn je mehr unser Gegenüber unseren inneren, am Alter Ego orientierten Bildern entspricht oder von Ihnen abweicht, desto intensiver reagieren wir. Im Laufe unseres Lebens tauchen ganz bestimmte Menschen und Menschentypen in wiederholtem Rhythmus auf, und es wird gut sein, dass Sie nach der Lektüre dieses Buches wissen werden, was diese »Rencontres« zu bedeuten haben.
Noch eine Warnung sei ausgesprochen, bevor Sie beschließen, sich das Wissen über die Schicksalsrhythmen anzueignen: Sie werden nicht mehr an der leichten Oberfläche der Beobachtung leben können, denn alles wird seine Bedeutung erhalten und Sie auf sehr bewusste Weise prägen. Der Lohn für Ihren Mut wird eine Selbsterkenntnis sein, die Ihnen helfen wird, den richtigen Weg für sich und auch für andere zu finden. Damit werden Sie zum Mitarbeiter eines Erlösungsweges, der vor knapp 2000 Jahren begonnen hat und der noch lange nicht beendet ist.
Gibt es mehr Sinn, zu leben und zu lernen?

1. KAPITEL

Von der Magie der Rhythmen

Wahrscheinlich haben Sie, als Sie das Wort »Rhythmus« gelesen haben, zuerst an Musik gedacht, an Trommeln, an den Beat der Songs, die uns täglich durch die verschiedenen Medien vermittelt werden, an den Zauber des Boleros von Ravel, an die Sinnlichkeit eines Tangos.

Doch Rhythmus ist viel mehr als nur die hörbare Gliederung eines Tonablaufs. Tatsächlich ist er ein wesentlicher, grundsätzlicher Mechanismus sämtlicher biologischer Systeme. Das ganze Universum schwingt in einem ganz bestimmten Rhythmus und ist wiederum erfüllt von pulsierenden Planeten und Sternenhaufen, die innerhalb des Herzschlags des Kosmos ihren individuellen Bewegungsfluss erzeugen.

Sämtliche Gestirne, die gesamte Menschheit, die Fauna und Flora, aber auch jedes Mineral besitzt eine eigene und unverwechselbare Schwingung. Physik und Chemie beschäftigen sich letztendlich mit nichts anderem als der Erforschung des Zusammenspiels unzähliger Rhythmen der verschiedensten Stoffe.

Auch unser gesamtes menschliches Leben ist ein einziger rhythmischer Vorgang und unser Körper ein gesamtrhythmisches Kunstwerk, das aus den Kräften des Kosmos entstanden ist und mit jeder Zelle dem Taktschlag seines Erschaffers folgt. Ab dem Moment der Zeugung unterliegen wir einem bestimmten Entwicklungsrhythmus, der ziemlich genau erkennen lässt, wann der Tag der Geburt zu erwarten ist, wann die ersten Zähnchen kommen und wann die Geschlechtsreife eintritt, aber auch, wann Ihre Sehkraft nachlassen wird und sich die ersten grauen Haare zeigen werden.

Aber keiner kann Ihnen sagen, wann und wie Sie Karriere machen oder heiraten werden, welche Menschen Ihnen Glück oder Elend bringen und ob sich an Ihrem letzten Lebenstag, dessen Zeitpunkt auch niemandem bekannt ist, Ihre Sehnsüchte und Träume verwirklicht haben werden.

Aber genau das, was sich unter dem Begriff »nicht vorhersagbar« versammeln lässt, ist natürlich das, was wirklich interessiert. Denn wer will schon wissen, wann die Wechseljahre kommen oder die Bandscheibenabnutzung beginnt?

Als junger Mensch interessiert man sich nicht für das Körpergeschehen der Zukunft, weil sich alle Kräfte auf den momentanen Aufbau konzentrieren. Und weil die Seele noch einen Hauch von Erinnerung bewahrt hat und ahnt, dass es um mehr geht als nur um dieses Wunderwerk aus Fleisch und Knochen und seine Funktionen. Ich möchte jetzt nicht vom Thema Gesundheit, von Behinderungen, von Unfällen, die ein frühes Körperbewusstsein herausfordern, und Ähnlichem sprechen. Denn diese Thematik würde ein eigenes Werk über Karma erfordern, das ungefähr 20000 Seiten enthalten und in einer Entschuldigung wegen mangelhafter Vollständigkeit enden würde. Sondern ich spreche von der Norm, also dem üblichen Wachsen, Reifen und Altern eines ganz normalen Menschen, der innerhalb von schätzungsweise 70 bis 98 Jahren einerseits Dinge erleben wird, die typisch für die jeweiligen Lebensabschnitte sind, andererseits wird er diese Zeiten mit einem ganz individuellen Schicksalserleben erfüllen, bei dem einige andere Faktoren eine so ungeheuer wichtige Rolle spielen, dass es notwendig ist, diese Tatsachen ausführlich und genau zu besprechen.

Wir leben in geregelten und rhythmischen Abläufen, die wir mit Zeitbegriffen versehen haben und an die wir so gewöhnt sind, dass wir die Zusammenhänge mit dem Großen und Ganzen gar nicht mehr wahrnehmen.

Das hängt mit der Tatsache zusammen, dass wir uns in einem geschlossenen System befinden, das seine Eigendynamik entwickelt hat, die sich am Verhalten des Kosmos orientiert, der sich ausbreitet, den Atem anhält und sich dann wieder zusammenzieht. Über Jahrtausende hat sich das Leben auf dem Planeten Erde den Instinkt für dieses ewige Auf und Ab bewahrt und sich danach gerichtet. Der wachsende und wahrnehmende Menschengeist fing irgendwann an, zu begreifen, dass es nicht die Natur, nicht die Sterne und auch nicht Mond und Sonne sind, die diese Rhythmen bewirken, sondern dass sie allesamt als Erfüllungsgehilfen sich nach einer höheren Ordnung richten, die es zu erkennen und zu befolgen gilt.

Wir sehen täglich einen neuen Morgen, hören wie selbstverständlich die Mittagsglocken läuten und wären sehr verwundert, wenn es gegen Abend nicht dunkel werden würde. Denn die Erde ist ja, wie seit noch gar nicht allzu langer Zeit bekannt ist, rund und dreht sich um die Sonne, und so ist es ganz natürlich, dass wir zu bestimmten Zeiten wach sind oder schlafen, dass wir die vier Jahreszeiten erleben, geboren werden und zu gegebener Zeit sterben, säen, ernten, glücklich und traurig sind und uns über den Zusammenhang all dieser Vorgänge eigentlich herzlich wenig Gedanken machen.

Manchmal gibt es ein Erdbeben, ein Vulkan bricht aus, eine Flutwelle verwüstet einen Landstrich, oder ein Jahrhundertsommer beglückt ganz Europa. Dann wieder kommt es vor, dass ganze Länder in unvorhergesehenen Schneemassen versinken oder ein goldener Herbst eine Traumernte beschert. Friedenszeiten wechseln sich mit Zeiten voller Spannungen und Kriege ab, der Blütezeit folgt der Niedergang. Dann spricht man entweder von Katastrophen oder schweren Zeiten und hofft, dass Natur und Menschenschicksal in Zukunft ihre Kräfte nur mehr im Positiven zeigen mögen. Doch es ist nicht eine Laune der Erdenkräfte oder böser Zufall, welche die negativen Situationen heraufbeschwören, sondern feinste, kleinste rhythmische Schwingungen, die, vom kollektiven Menschengeist übernommen und potenziert, diesen Planeten in immer wiederkehrenden Wiederholungen in Aufruhr versetzen.

Mittelalterlicher Aberglaube! So werden Sie vielleicht denken und über meine Behauptungen den Kopf schütteln. Doch warten Sie, bis wir versuchen werden, Ihren eigenen Schicksalsweg zu durchleuchten. Da werden Sie auf sehr ähnliche, scheinbar unvorhersehbare Ereignisse stoßen und möglicherweise werden Sie nach beendeter Lektüre dieses Buches über die Entstehung und Vorgeschichte so mancher Vorkommnisse etwas anders denken, als Sie es in diesem Moment tun.

Vom inneren Aufbau her gesehen gibt es in Ihrer seelischen Ereigniswelt und in Ihrem ganz persönlichen Lebensplan Erfahrungen, die durchaus einem, allerdings seelischen Erdbeben und einer Gefühls-Sturmflut ähneln können: eine Liebe auf den ersten Blick, eine unvorhergesehene Kündigung, ein Lottogewinn, das Zerbrechen einer Hoffnung. All diese Dinge, die im Gesamtgeschehen unserer Erde eher lächerlich erscheinen, stellen in Ihrem Leben einen ebenso gravierenden Einschnitt dar wie die verschiedenartigsten Naturerscheinungen auf unserem Planeten Erde.

Wahrscheinlich haben Sie auf außergewöhnliche Schicksalszeiten ebenso intensiv reagiert wie von Naturextremen betroffene Menschengruppen: nämlich mit Entsetzen, Zorn und Trauer oder Jubel, Enthusiasmus und allgemeiner Hochstimmung. Ganz selten wird in Glückssituationen gefragt: Warum gerade ich? Warum geschieht das ausgerechnet mir? Das sind die eher üblichen und durchaus verständlichen Fragen nach schmerzlichen Erfahrungen, auf die zumeist keine Antwort gefunden wird, weil niemand wirklich gewillt ist, einzusehen, dass auch die ganz persönlichen Vorkommnisse des Lebens bestimmten Rhythmen entsprechen, in die wir eingebunden sind und an die sich unser individuelles Schicksal anpasst. Auch die Bipolarität, die auf dieser Erde so selbstverständlich erscheint, ist Ausdruck eines Rhythmus, der bewirkt, dass sich zu allem und jedem ein Gegenpol, ein Antipode, heranbildet. Wir erkennen diese Polaritäten in der Gegenüberstellung von Tag – Nacht, Anfang – Ende, Mann – Frau, Licht – Schatten, um nur einige wenige Beispiele zu nennen. Die Begriffe Licht und Schatten werden oft im Zusammenhang mit dem Guten beziehungsweise dem Bösen verwendet, also mit zwei Bezeichnungen für Antipoden, die von jedem Menschen, auch ohne großartige Ausbildung, richtig zugeordnet werden können. Wir wissen längst, dass alles, was als Idee auf dieser Welt erscheint, zuerst in einer unsichtbaren Realität entsteht, um sich dann in verschiedenster Weise auf die Materie zu übertragen. Das Gute wird von der Allgemeinheit dem »Lieben Gott« zugeschrieben, während alles andere dem »Teufel« untergeschoben wird. In jeder Sprache und in jeder Kultur der Völker dieser Erde gibt es Bezeichnungen und figürliche Darstellungen dieser Mächte. In den Geisteswissenschaften wird das Böse z.B. gerne durch ein komplementäres Gegensatzpaar, nämlich die zwei Herrscher der Dunkelheit, Luzifer und Ahriman, dargestellt. Es herrscht die Vorstellung, dass diese beiden die Kraft erzeugen, die stets das Böse will und doch, ob es ihnen gefällt oder nicht, zuletzt dem Guten zuarbeitet. Während sich das »Luziferische« über ein Denken erkennen lässt, das die Illusion einer Selbsterlösung vermittelt, die von jeglicher höheren Instanz unabhängig ist, suggeriert das »Ahrimanische« die Möglichkeit dieser Befreiung durch kühlen Intellekt und totale Bezogenheit auf die Materie. Luzifer verkörpert den Geist des Auftriebs, der im Seelischen vor allem auf Gefühl und Willen wirkt und der die Menschen bis zur Berauschung und Verblendung mit Begeisterung und Euphorie zu erfüllen versucht. Sein Leitspruch könnte lauten:

»Du kannst alles haben, wenn du es dir nur intensiv genug vorstellst und es wirklich willst.« Ahriman hat es sich dagegen zur Aufgabe gemacht, die Menschen glauben zu machen, dass Materialität etwas Absolutes sei, und drängt ihnen damit die Vorstellung auf, dass die Gesetzlichkeit des Stoffes auch die Gesetzlichkeit des Denkens ist. Er macht die Materie zum Maß aller Dinge. Der dümmlich-suggestive Werbespruch »Geiz ist geil« könnte direkt aus seiner Public-Relations-Abteilung stammen. Diese beiden dunklen Gestalten symbolisieren reell wirkende Kräfte, die in der Menschenseele Strebungen erzeugen, die sich unentwegt bekämpfen oder, wenn es denn gerade gemeinsamen Interessen dient, gleichgerichtet disharmonische Rhythmen erzeugen. Vor allem wirken sie damit aber erfolgreich dem Re-ligio, also der Rückanbindung an das Göttliche, und dem Ur-Rhythmus entgegen.

Uns wird der Versuch bleiben, bestimmte Geheimnisse der Rhythmen aus diesem riesigen Informationspaket zu entnehmen und so zu deuten, dass Sie, der Sie zunächst vielleicht nur am eigenen Schicksal interessiert sind, mit diesem Schritt in die Welt universeller Rhythmik, Synchronizität und Kreativität auch einen Weg in Ihrem Bewusstsein beschreiten, der durchaus einem Jakobsweg gleichzusetzen ist.

2. KAPITEL

Es gibt etwas, was du nicht siehst

Auf der Reise durch die Gezeiten Ihres Lebens- und Schicksalsplanes werden Sie immer wieder mit Begriffen zu tun haben, die Ihnen vielleicht nicht geläufig sind und die ich deswegen zuvor in aller Klarheit besprechen möchte.
Sie beziehen sich auf diejenigen Körper des Menschen, die unsichtbar sind und sich also der physischen Wahrnehmung entziehen. Es handelt sich dabei um:

1. den **Vitalkörper**, den Träger unserer Lebenskräfte,
2. den **Seelenkörper**, den Träger aller Empfindungen, Triebe und Begierden, aber auch unserer Gedankenwelt und Willensimpulse, und
3. das **Ich**, den Träger der höheren Menschenseele.

Wenden wir uns zunächst dem sogenannten **Vitalkörper** zu, der oft auch als Lebens- oder Ätherkörper bezeichnet wird und von sensiblen Menschen durchaus wahrgenommen werden kann. Auch Sie selbst fühlen ihn täglich, bringen aber Ihre Empfindungen genauso wenig mit diesem Körper in Verbindung wie Ihre Gedanken mit einer kollektiven Wahrnehmung, weil sich alles so selbstverständlich und homogen anfühlt.
Verbinden Sie sich doch einmal die Augen und bewegen Sie sich in einem Zimmer, das Sie genau kennen, langsam in

Richtung Wand. Konzentrieren Sie sich nur auf die Signale Ihrer Wahrnehmung. Beim Abstand von noch ungefähr einem Meter werden Sie beim sehr vorsichtig-langsamen Weitergehen beobachten, dass Sie etwas wie einen leichten Druck fühlen, der umso stärker wird, je mehr Sie sich der Wand nähern. Die gleichen Gefühle werden Sie bemerken, wenn Sie das Experiment anstelle einer Wand mit einem oder mehreren Menschen wiederholen, wobei sich diesmal die Wahrnehmung anders anfühlen wird, da Ihr Vitalkörper auf den eines anderen Menschen wahrscheinlich intensiver reagieren wird als auf eine unbeseelte Wand.

In diesem Träger aller Lebenskräfte sind sämtliche Stoffe, Energien und Informationen enthalten, die im physischen Körper in Erscheinung treten. Kein Stoffwechselgeschehen, kein Herzschlag, kein Atemzug und keine sonstige, noch so kleine Körperfunktion kann ohne dieses Energiegebilde stattfinden, das unseren ganzen sichtbaren Körper wie ein unsichtbares Doppel durchdringt. Ohne ihn gibt es kein Leben. Wenn er sich bei Eintritt des Todes entfernt, beginnt nach wenigen Minuten der Verwesungsprozess.

Doch es sind nicht nur unsere Körpergestaltung und -funktionen, die durch diesen unsichtbaren Architekten bewirkt und gesteuert werden. Vielmehr ist er auch der Träger unseres Charakters, des Gewissens, des Gedächtnisses und unseres Temperaments, und er hält all unsere guten und schlechten Gewohnheiten wie in einer Datenbank gespeichert.

Der oben im Zusammenhang mit dem Vitalkörper erwähnte Begriff »Äther« hat übrigens nichts mit dem Äther zu tun, den wir aus der Chemie als das Oxyd eines Kohlenwasserstoffs und in der Medizin als Narkosemittel kennen, sondern bedient sich der philosophischen Auslegung des griechischen Wortes *aither*, welche damit den feinsten Urstoff bezeichnet, aus dem alles entstanden ist und der in allem wirkt.

Ein weiterer Bestandteil der menschlichen Wesenheit ist der **Seelenkörper,** welcher der Träger aller Empfindungen, wie zum Beispiel von Freude, Schmerz, Abscheu und Lust, ist, aber auch der Triebe, Begierden und Leidenschaften. Wäre man imstande, diesen Geistkörper mit den Augen zu sehen, so würde man ein ovales eiförmiges Lichtgebilde erblicken, das den gesamten physischen Körper des Menschen umgibt. Dieses feinstoffliche Wunderwerk, das man auch unter der Bezeichnung Astralkörper kennt, enthält verschiedene Seelenorgane, über welche die Empfindungen, der Verstand und das Bewusstsein vermittelt werden, die im physischen Körper als Wahrnehmungen und Gedanken in Erscheinung treten.

Das sogenannte **Ich** ist der Stoffträger des Menschenwesens, also ein Teil des Ewigen, durch den der Mensch als Krönung der sichtbaren Schöpfung bezeichnet werden kann. Seine Aufgabe als Wesenskern der Menschenseele ist es, alle anderen Seelenglieder durch sich und von sich aus zu veredeln und zu klären, um dadurch ein Bewusstsein zu erreichen, das eine Identifikation mit dem Göttlichen überhaupt möglich macht. Das Ich ist die Kraft, die bestrebt ist, die Entwicklung über die in der Materie verwirklichte Form des Menschenkörpers und seine Handlungen, Erfahrungen und Erkenntnisse voranzutreiben.

Könnte es sein, dass Sie sich ab und an gefragt haben, warum Ihnen diese Begriffswelten nicht erspart werden? Es geht doch hier um Schicksal und nicht um irgendwelche seltsamen Körper, von denen die Wissenschaft noch nie berichtet hat! Wie will man denn diese Ausgeburten menschlicher Vorstellungskraft überhaupt beweisen?

Diese »Ausgeburten« sind den Menschen durch die Fähigkeit der geistigen Schau zur Kenntnis gebracht worden, welche durch wenige tatsächlich Eingeweihte vermittelt wurde. Diese geistige Schau hat mit dem sogenannten und allseits beliebten

»Channeln« so viel zu tun wie, man vergebe mir den Vergleich, die Bild-Zeitung mit dem Brockhaus-Lexikon. Die Voraussetzungen für die Teilnahme an der Bilderwelt der Geistesebene sind so ungeheuerlich anspruchsvoll, dass sie nur von sehr wenigen Menschen erfüllt werden konnten. Ein wirkliches Verständnis der Zusammenhänge zwischen Schicksal und Menschenleben ist ohne das Wissen über den ursächlichen Aufbau von Körper und Seele, das durch die großen Seher der Menschheitsgeschichte vermittelt wurde, nicht möglich.

Sollten Sie größere innere Widerstände gegen diese, oft als esoterische Phantasiewelten verschrienen Erkenntnisse verspüren, so sei Ihnen gesagt, dass alle wirklich großen Denker nur über den Weg der inneren Rebellion den Weg der Erleuchtung gefunden haben. Und dann mag es vielleicht auch noch ein Trost sein zu wissen, dass die Wissenschaft zunehmend mehr spirituelles Gedankengut akzeptiert, da die wirklichen Erkenntnisse in keinerlei Widerspruch zu den Forschungsergebnissen der Gegenwart stehen.

Eine dieser Forschungen – zum Beispiel die Erkenntnis des »Pontifex oppositorum« – erbrachte einen Begriff, der in der Psychologie das Ich als überbrückende und wahlfähige Instanz zwischen allen Gegensatzpaaren beschreibt. Es ist also auch das Ich, welches sich unentwegt nicht nur zwischen den zwei Aspekten des Dunklen, also dem sogenannten ahrimanischen und luziferischen Wesen, organisieren muss, sondern sich genauso unablässig zwischen dem Wesen des sogenannten Bösen und dem des Guten zu entscheiden hat.

»Das Wesentliche ist für die Augen unsichtbar.« Erinnern Sie sich noch? Saint-Exupéry lässt in seinem unvergesslichen «Kleinen Prinzen« diesen Satz einen Fuchs sagen, der Freundschaft schließen will. Es gäbe noch schätzungsweise 5000 andere Beispiele und kluge Sätze, die sich mit der Unsichtbarkeit des Wesentlichen beschäftigen und die viel geschliffener und gelehrter klingen als der obige Ausspruch, dessen wahrhaftige

Innigkeit noch offensichtlicher wird, wenn man das gesamte Kapitel liest.
Das Wesentliche! Was ist denn dieses «Wesen« eigentlich? Man muss in einem Brockhaus des 19. Jahrhunderts suchen, um die richtige Antwort zu finden. Da steht geschrieben:

> *»Wesen, ein altes Wort für Sein, wonach das Wesen oder die Wesenheit die Summe der Merkmale ausmachen, durch die es zu definieren ist. Demnach steht der Begriff der Wesenheit in genauer Beziehung zu dem der Substanz, aus der die Bestimmung zu erkennen ist. Aus dieser Verwandtschaft (Aristoteles gebraucht für beide Begriffe dasselbe Wort:* ousia) *erklärt sich auch der Übergang der Bedeutung des Wortes Substanz in die des Wesens.«*

Nun könnte man mit der Erklärung des Wortes Substanz fortfahren, die in obenerwähntem Nachschlagewerk, in der umständlichen Sprache der damaligen Zeit, eine ganze Spalte einnimmt. Das möchte ich Ihnen gerne ersparen und dafür die Quintessenz in einer kurzen und wie ich hoffe einigermaßen verständlichen Ausdrucksweise präsentieren: Alle Bestimmungen, welche die Merkmale der Unzerstörbarkeit aufzeigen, müssen eine eindeutige Bezeichnung tragen, durch welche sie von wandelbaren Bestimmungen unterschieden werden. Die eindeutige Bezeichnung dafür ist: »Substanz«.
Fassen wir also zusammen:
Das Wesen, also die Substanz, welche die Zeichen der Unzerstörbarkeit enthält, ist unsichtbar, unwandelbar und besitzt Merkmale, welche die Bestimmung erkennen lassen.
Diese Zusammenfassung entspricht der Denkweise, die gegen Ende des 19. Jahrhunderts vorherrschte und die schon damals in den Kreisen von Naturwissenschaft und Philosophie endlose Diskussionen auslöste. Seitdem haben sich die klügsten

Köpfe mit dem Thema Wesen/Substanz herumgeschlagen, haben versucht, die Erkenntnisse Einsteins & Co. einzubeziehen, und sind, was die Quintessenz der Aussage betrifft, dennoch kein Stück weitergekommen.
Ich für meinen Teil finde es ungeheuer beruhigend, dass gewisse Erkenntnisse der Menschheit, die schon vor mehr als 2000 Jahren ausgesprochen wurden, bis heute ihre Gültigkeit behalten haben, ungeachtet jeglicher wirklichen oder vermeintlichen Erkenntnissteigerung, und dass sich gezeigt hat, dass immer dort, wo der menschliche Geist mit dem Thema Wahrheit konfrontiert wird, zuletzt immer gleiche, relativ kurze und einfache Grundsatzaussagen bestehen bleiben, die, von den neuzeitlichen Erkenntnissen mehr oder weniger elegant drapiert, getrost deren Wandel abwarten können.
Wir haben durch unser System der Begriffsselektion jedenfalls erreicht, dass wir uns im Umgang mit dem Wesentlichen des menschlichen Seins über einige Dinge völlig im Klaren sein können:

1. Das Wesentliche des Menschen ist keinesfalls sein Körper.
2. Das Wesentliche des Menschen ist unwandelbar.
3. Das Wesentliche des Menschen ist unzerstörbar.
4. Da das Wesentliche der Materie das Wandelbare und Zerstörbare ist, kann das menschliche Wesentliche damit weder identisch noch auf Dauer vereinbar sein.

Es gibt ein ungeschriebenes Gesetz, welches im unsichtbaren universellen Gesetzbuch besonders hervorgehoben ist. Es besagt, dass Materie nicht besessen werden kann. Während seines Erdendaseins befindet sich der Mensch in einem materiellen Gebilde, das er als »seinen« Körper bezeichnet, und er ist umgeben von Dingen, die er als sein Eigentum erkennt oder erwirbt. Diese Identifikation ist für die Zeit seines irdischen Lebens sicher hilfreich, sofern eine Leihgabe überhaupt als Besitztum bezeichnet werden kann. Doch sie tröstet nicht über die Tatsache hinweg, dass dieser Eigenanspruch ein Irrtum ist. Denn spätestens zur Stunde des Todes wird auch der hartnäckigste Verfechter der Besitztums-Theorie (ich besitze, also bin ich) erkennen müssen, dass der Körper für ihn unwesentlich geworden ist, da er schon wenige Augenblicke nach dem Stillstand des Herzens und dem Aussetzen der Atmung den Ansprüchen seines ehemaligen Bewohners nicht mehr genügen kann. Und alle andere materielle Dekoration wird sich ebenfalls sehr schnell als überflüssig erweisen. Die volkstümliche Redensart, dass »das letzte Hemd keine Taschen hat«, trifft den Nagel auf den Kopf. Es empfiehlt sich also, die Erkenntnisse, die mit Leben und Schicksal zu tun haben, zunächst nicht auf materielle Dinge zu beziehen, da diese, wie wir eben erfahren haben, *nicht* das Wesentliche eines Menschen ausmachen.

Was aber ist das Wesentliche des Menschen?

Es ist seine Seele und deren Fähigkeit, durch das Ich ein Bewusstsein zu entwickeln, das den Geist innerhalb der irdischen Begriffswelt verwenden und integrieren kann.

Ich will Ihnen nicht verheimlichen, dass es wegen des Begriffs »Ich« schon immer größere Auseinandersetzungen gegeben hat, vor allem mit den Anhängern religiöser Institutionen. Denn diese behaupten, dass jeder, der bestrebt ist, sein Ich ins Bewusstsein zu rufen, auf dem Wege der Selbstsucht wandelt und sich somit vom Göttlichen absondert. Doch diese Behauptung widerspricht sich durch sich selbst.

Denn wenn wir, wie gelehrt wird, in jeder Zelle unseres Körpers das Signum unseres Schöpfers tragen, dann würde es sich doch empfehlen, dieses Potenzial über den Weg der freien Willensbetätigung zu aktivieren. Dieser Entwicklungsvorgang hat nicht im Geringsten etwas mit Egoismus oder Egozentrik zu tun, sondern ist ein im menschlichen Entwicklungsplan enthaltenes Muss. Denn wie will der Mensch *ohne* die Erweckung dieser Erkenntniskräfte sich jemals von der Materie lösen? Er

hat die Chance bekommen, sich selbst durch Erkenntnis und Wahl als Wesentliches vom Unwesentlichen, also der Materie, abzusetzen, um so zu gegebener Zeit den Kreislauf der Erdenverkörperungen beenden zu können. Doch solange noch auch nur die geringste Identifikation über die Materie und die kleinste Sehnsucht nach ihr besteht, wird das Begehren den Menschen immer wieder in irdische Sphären treiben, Elternleiber suchen und eine physische Existenz anstreben lassen.
Und solange wir Erdenbewohner, konditioniert wie Hunde des Herrn Pawlow, von der Idee geprägt sind, dass diese Form des Seins die einzig erstrebenswerte, weil sichtbar existierende, ist, so lange werden wir immer nur ein materiell orientiertes Ego, aber niemals ein bewusstes spirituelles, am Alter Ego orientiertes Ich entwickeln können.
Das Schicksal ist der Weg, den wir gehen müssen, um diese Erkenntnis zu erlangen. Es entspricht in seiner Gesamtheit einem Plan, der über Jahrtausende von der Menschheit kollektiv erfüllt und gleichzeitig durch die Art der Erfüllung weiterentwickelt wurde. Innerhalb dieses Kollektivplans haben sich Millionen und Abermillionen von individuellen Schicksalswegen herausgebildet, die über Generationen in unbeschreiblicher Verschiedenartigkeit verwendet und genutzt wurden und weiterhin werden. In diesem Zusammenhang den Begriff Determinismus anwenden zu wollen würde nur zeigen, dass die grundsätzliche Bestimmung der Menschheit nicht verstanden worden ist: nämlich die Erlangung der Freiheit des Bewusstseins und die damit verbundene freie Wahl, deren Grundlage der freie Wille ist.
Allerdings darf dabei nicht vergessen werden, dass ein dumpfes unerwecktes Bewusstsein, in dem die Beziehung zum eigenen Ich noch nicht erwacht ist, sich immer über das Kollektiv identifizieren und an ihm orientieren wird. **Ein im besten, also spirituellen Sinn ichbewusstes Individuum wird sich immer nach dem Anspruch der Qualität, nie nach der Bequemlich-**

keit der Quantität orientieren. Das, was wir Schicksal nennen, ist nichts anderes als die Schule, die wir durchlaufen müssen, um durch Erfahrung und Erkenntnis die Qualität des reinen Ich-Bewusstseins zu erlangen.

Vielleicht erinnern Sie sich noch an die wenig trostreichen Versuche unserer überforderten Geistlichen, die anlässlich der riesigen Flutwelle, die im Dezember 2004 über Südasien hereinbrach und unzählige Todesopfer forderte, den ratsuchenden Menschen die Antwort schuldig blieben auf die Frage: »Wie kann Gott, also die Instanz für die höchste Ordnung, so etwas zulassen?«

Hat auch nur ein einziger Theologe den Mut gehabt zu sagen, dass Gott für solche Ereignisse nicht zur Verantwortung zu ziehen ist?

Einem gläubigen Menschen *muss* bei solch einer Behauptung der Atem stocken. Denn wir Christen glauben doch, dass Gott nicht nur unendlich gut und verzeihend ist, sondern auch allmächtig, also umfassend verantwortlich für jedes Geschehen auf »seinem« Planeten Erde.

Ich weiß leider nicht mehr, wer es war, der, zum Entsetzen der Christengemeinschaft, folgenden Satz von sich gab: »Wenn Gott allmächtig ist, und er lässt so eine Katastrophe zu, dann ist er nicht gut. Ist er jedoch der gute Gott, dann ist er nicht allmächtig, wenn er solches Unheil nicht aufhalten kann.«

Man wird zugeben müssen, dass, vom Standpunkt der Logik gesehen, der Mann nicht zu verurteilen ist. Aber eines kann man, ohne zu zögern, ebenfalls sagen: Er hat keine Ahnung davon, wer oder was Gott ist.

Wenn wir uns mit dem Menschen und seinem Schicksal beschäftigen wollen, dann werden wir um die Beantwortung der Frage nach der Verantwortlichkeit und Mitwirkung Gottes im gesamten Erdengeschehen nicht herumkommen.

Im Zuge aller dieser Diskussionspunkte darf auch eines nicht vergessen werden: Es könnte sein, dass Sie, der Leser, zum Beispiel Atheist sind und sich von sämtlichen theistischen Darlegungen irritiert fühlen. Dazu sei gesagt, dass ich mir nicht anmaße, Ihnen nun *die* finale Gotteserklärung vorlegen zu können, die geeignet wäre, Ihre Einstellung zu verändern. Doch sei eine einzige Überlegung erlaubt, gleichgültig ob Sie an einen Gott glauben oder nicht: Wenn alles, was Sie jemals erblickt oder gehört haben, von irgendetwas Ähnlichem abstammt und wenn alles, also auch Ihr Körper, nicht durch sich selbst erzeugt wurde, dann ist es doch nur logisch, hinter all diesen Phänomenen eine intelligente kreative Kraft zu akzeptieren, die durchaus zielgerichtet eine bestimmte Schöpfungslinie verfolgt. Alle Erklärungsversuche für diese Macht, die bis heute erfolgt sind, entstammen menschlichen Gehirnen und sind daher mangelhaft. Dennoch hoffe ich, Ihnen Gott mit einigen wenigen Sätzen zumindest so weit verständlich zu machen, dass Sie ihn fortan zumindest ohne Aggression, Forderung, Anklage oder Schuldzuweisung in Betracht ziehen können:

- Gott ist reinste und klarste Kraft, aus der alles entstanden ist.
- Gott ist für einen Menschengeist unvorstellbar.
- Gott ist das mächtigste existierende Wesen.
- Gott ist weder gut noch böse.
- Gott *ist.*

Dieser Kraft entstammen Wesenheiten, welche die Schöpfungsideen aus dem reinen Geist in die Form übertragen haben. Diese Wesen werden als Elohim bezeichnet. Sie sind an der Gestaltung unseres Universums maßgeblich beteiligt, also auch an der Gestaltung des Menschen.

- Der Mensch ist Träger der Schöpfungskräfte.
- Der Mensch besitzt einen freien Willen.
- Dieser Besitz bringt Eigenverantwortung mit sich.

Fazit: Wir haben die Wahl, die uns innewohnenden Schöpfungskräfte nach Erkenntnis zu verwenden.

Doch was ist es, was wir erkennen *sollen,* oder besser: Was ist es, was wir erkennen *müssen?*
Die Antwort darauf ist so einfach wie auf den ersten Blick enttäuschend: Wir müssen die Gesetze erkennen *und* anerkennen, also befolgen.
Wenn es einen Weg aus der Misere der Menschheit gibt, dann ist es die Klarstellung und Befolgung, nicht aber willkürliche Auslegung der Gesetze.
Sicher denken Sie jetzt an die Zehn Gebote, was sicher nicht falsch ist, denn sie sind noch immer die Grundlage jeder ethisch-moralisch orientierten Gesellschaft.
Doch sind diese in biblischer Zeit gegebenen Gesetze in ihrer Form auch heute noch wirklich relevant? Immerhin befinden wir uns nicht mehr auf der Flucht durch die Wüste, sondern im dritten Jahrtausend nach Christi Geburt. Wir schicken Raketen ins Weltall, wissen über Genetik mehr, als uns guttut, und erzeugen Maschinen, die eine weltweite und sekundenschnelle Kommunikation ermöglichen, um nur einige wenige Punkte der Entwicklung zu nennen.
Durch den erweiterten Horizont unserer Intelligenz wären wir also durchaus in der Lage, in den wissenschaftlichen Errungenschaften der Neuzeit die Gesetzmäßigkeiten des Urschöpfertums wieder zu erkennen, die in ihrer Grundlage dieselben geblieben sind wie vor Millionen von Jahren und die im Zuge der Evolution in sämtlichen Erscheinungsformen zum Tragen gekommen sind.
Wir glauben, mit Hilfe der Mathematik, der Physik, der Medizin, oder welcher Wissenschaft auch immer, eigene Gesetzmäßigkeiten «erfinden« zu können, und sind gleichzeitig nicht fähig, zu erkennen, dass alles, was wir zu erfinden glauben, bereits existiert, und zwar in einem Bereich, den wir

der Einfachheit halber als »das Unsichtbare« benennen werden.

Vor allem seit dem Ende des 19. Jahrhunderts neigt die menschliche Natur dazu, alles, was mit materiellen Möglichkeiten nicht darzustellen oder zu beweisen ist, als nicht existent zu bezeichnen (ahrimanisches Prinzip), und beschränkt damit ihre Fähigkeiten um ein beträchtliches Maß. Denn es werden Zeiten kommen, wo sich die Überlebenden dieses Planeten an den Kopf greifen und fragen werden, wie es zu dieser massiven Fehleinschätzung des Stellenwertes der Materie hat kommen können.

Was aber haben die zehn Grundgesetze der Menschheit damit zu tun, und was haben sie in einem Buch über Schicksal, in einem Kapitel über das Unsichtbare zu suchen?

Nur so viel sei gesagt: Würde ich alles niederschreiben, was es an verborgenen Geheimnissen in diesen scheinbar so veraltet rückständigen Anweisungen zu finden gibt, dann hielten Sie jetzt, ähnlich wie bereits an anderer Stelle erwähnt, ein Werk mit wahrscheinlich 20000 Seiten in der Hand, und der letzte Satz wäre eine Entschuldigung für die mangelhafte Vollständigkeit. Denn jeder Buchstabe, jeder Vokal, jeder Konsonant, jede Silbe und jede Silbenzahl dieser wenigen Sätze der mosaischen Tafeln enthält mehr verborgenes Wissen, als die Menschheit jemals ihr eigen nennen wird, weil dem inkarnierten Menschengeist per se Erkenntnisgrenzen gesetzt sind.

Glauben Sie dem Fuchs: Das Wesentliche ist unsichtbar!

3. KAPITEL

Die Septennien des Schicksals

Wirft man einen Blick zurück in das Kultur- und Geistesleben der Völker in den vergangenen Jahrtausenden, muss der Status, den die Zahl Sieben über diesen Zeitraum hinweg eingenommen hat, umso auffälliger sein, da die Zahl nie Grundlage eines Zahlensystems war.

Angefangen von zahllosen Erzählungen der Bibel, die das Mysterium der Sieben enthalten, bis hin zu den modernsten Erkenntnissen der Atomphysik bewahrt diese geheimnisvolle Zahl ihren ganz besonderen Stellenwert. Wir kennen die sieben Todsünden, die sieben Sakramente und die sieben Erzengel, genauso wie das siebte Siegel der sieben Engel mit den sieben Posaunen aus der Offenbarung des Johannes. Die Umlaufzeiten einzelner Planeten halten sich ebenfalls an den Siebenerrhythmus, wobei das bekannteste Beispiel unser Mond ist, der mit einer siderischen Umlaufbahn von 28 (4 × 7) Tagen den weiblichen Menstruationszyklus dominiert.

Wir sprechen von den antiken sieben Weltwundern, leben ab und an im siebten Himmel, müssen fast täglich unsere Siebensachen zusammenpacken, fahren in das Siebengebirge oder in die Siebenhügelstadt Rom und blicken bei klarem Nachthimmel auch gern nach dem Siebengestirn der Plejaden. Als Kind haben wir von den sieben Zwergen hinter den sieben Bergen gehört, um die sieben Geißlein gezittert, hätten gerne auch Siebenmeilenstiefel gehabt oder sieben auf einen Streich erlegt.

Weißes Licht lässt sich von einem Prisma in sieben Farben aufspalten, die Chemie gliedert die Elemente in sieben Gruppen, und die Mineralogie unterscheidet sieben Kristallsysteme. Weitere Beispiele aus den Naturwissenschaften würden Seiten füllen.

Und auch in der Musik sind es sieben Töne, die sich dem menschlichen Ohr in natürlich klingender Reihe anbieten. Der achte Ton der Oktave ist bereits die Wiederholung des ersten, jedoch mit doppelter Schwingungszahl.

Für uns und unser Thema Schicksal ist es vielleicht noch interessant zu wissen, dass sich die Zellen unseres Körpers alle sieben Jahre vollständig erneuern, dass wir tatsächlich über »sieben Brücken« gehen müssen, sieben dunkle Jahre durchleben und sieben mal »die Asche« sein müssen, um zum «hellen Schein« zu werden. Immer wieder habe ich mich gefragt, ob der Textdichter des Liedes »Über sieben Brücken musst du gehen« wusste, welch gewaltige Wahrheiten er in seinen Versen ausgesprochen hat.

Der Volksmund weiß es jedenfalls schon lange, denn zu oft hat sich gezeigt, dass Partnerschaften oder Ehen im sogenannten verflixten siebten Jahr getrennt werden. Durchaus bekannt war es auch bei uns zu Hause (ich komme vom Land), dass es überaus hilfreich sein könne, sieben Mal nachzufragen, wenn man etwas unbedingt haben wollte. Wir wussten, dass die Widerstandskraft des elterlichen Nervensystems nach dem siebten »Angriff« verbraucht war, und hatten diese Weisheit durch Beobachtung so selbstverständlich übernommen wie ein Vogeljunges die Melodie seiner Sippe.

Am sonntäglichen Bauernmarkt konnte man ebenso kostenlose Lehrstunden bekommen wie bei den fliegenden Händlern, die mit ihren kleinen Lädchen vor der Wohnungstüre auftauchten, um ihre Messer, Schnürsenkel, Nähgarne und Spülbürsten zu verkaufen. Das Feilschen um winzige Groschenbeträge spielte sich nach genau diesem Siebenerritual ab, und

sowohl Käufer als auch Verkäufer wären sehr betreten gewesen, hätte das Gegenüber sich nicht an diese ungeschriebene Regel gehalten.
Ich war »totally amused«, als ich Jahrzehnte später in Amerika feststellte, dass ein Buch zum Bestseller avancierte, welches dieses Einhalten der Siebenerrhythmen bei Forderungen als bahnbrechende Neuheit verkaufte.
Für uns, die wir uns mit dem Geheimnis der Rhythmen in unserem Lebenslauf und Schicksalsplan beschäftigen wollen, sind alle vorher genannten Tatsachen als Unterstützung oder Ermutigung bei einem Vorhaben zu verstehen, das nicht mehr will, als die unbewussten Erkenntnisse der Menschheit in einen bewussten Zusammenhang mit dem wichtigsten Faktor unseres Daseins zu bringen, nämlich mit dem Schicksal innerhalb unseres Lebenslaufs.
Denn tatsächlich ist unsere gesamte Lebenszeit gezeichnet von Sieben-Jahres-Abschnitten, auch Septennien genannt, deren Ereignisse sich spiegelbildlich wiederholen und sich also in gewisser Weise zueinander verhalten wie Reflexionsflächen innerhalb eines riesigen Spiegelkabinetts, das, je nach Position des »Besuchers«, ganz bestimmte Zusammenhänge zwischen den Lebensabschnitten unserer Existenz erkennen lässt.
Diese Abschnitte haben, jeder für sich, eine ganz bestimmte Bedeutung, die, wenn sie bekannt ist, so genutzt werden kann, dass nicht nur die Erfüllung der eigenen Bestimmung erreicht wird, sondern gleichzeitig auch die Verwirklichung des ursprünglichen Lebensplans, an der, wie wir erfahren haben, immer auch noch unzählige andere Menschen beteiligt sind. Denn es gibt praktisch nichts, das wir für uns alleine bewirken, erkämpfen, behalten und bewahren können. Alles steht miteinander in enger Beziehung, bedingt sich gegenseitig und ist voneinander abhängig.
Momentan sind wir dabei, die Kollektivlast der Menschheit ins

Unerträgliche zu steigern, weil etwas eingetreten ist, was seit langem prophezeit worden ist: Der Materialismus ist zum Maß aller Dinge geworden.

Materialismus und Spiritualität sind idiosynkratische Begriffswelten, die nicht gleichzeitig nebeneinander existieren können. Die Menschen werden wählen müssen, und zwar nicht in hundert Jahren, sondern jetzt oder nie. Zu dieser Wahl gehört Mut und ein angstloses klares Bewusstsein. Wer ohne Ziel ist, kann diese beiden Eigenschaften in seiner Seele nicht entwickeln. Meine tiefste Hoffnung ist, dass der Inhalt dieses Buches ein wenig dazu beiträgt, die Sinnlosigkeit jeder ausschließlich materiell-egoistischen Strebung aufzudecken, und damit vielleicht hilft, den Befreiungsweg der gegenseitigen Achtung und Zuneigung aufzuzeigen, der nur über den Willen zur eigenen Befreiung erreicht werden kann.

Die Befreiung beginnt mit dem Wissen über Ihre eigene Existenz, die zu einer bestimmten Stunde, an einem bestimmten Tag, in einem bestimmten Jahr, an einem bestimmten Ort begonnen hat.

Nein, es war kein Zufall. Alles war geplant, vorbereitet und gerichtet, um Sie in den Kreis und in das Umfeld zu bringen, das Ihrem Reifegrad und Ihrem Schicksalsanspruch entsprochen hat.

Seit Ihrem ersten Atemzug haben Sie sich in einen Rhythmus eingefügt, dem sich Ihr ganz persönlicher Rhythmus unterworfen hat. Sie atmen so, wie es die Sphäre dieses Planeten verlangt, Ihr Körper mit all seinen Funktionen entspricht den irdischen Bedingungen, und ihr Bewusstsein ist von Ihrer Umgebung gefordert, geprägt und entwickelt worden. Angesichts dieser Tatsachen ist es, wie Sie unschwer bemerken werden, ziemlich lächerlich, von der großen Freiheit zu reden. Von der ersten Minute unseres Daseins an sind wir in ein Pflichtkonzept geboren, das uns bis zur letzten Sekunde unseres Lebens fordern, aber auch Halt geben wird.

Der Lebensrhythmus des Menschen, ob es der Wissenschaft und der Kirche gefällt oder nicht, ist mit den Kräften und Rhythmen der Planeten eng verbunden, wird durchzogen von wellenartigen Schüben, von deren Vielzahl uns momentan nur diejenigen interessieren sollen, welche in sich den Siebener-Rhythmus tragen.

Jeder einzelne dieser Abschnitte hat eine ganz bestimmte Bedeutung, stellt besondere Forderungen und ist, jeder für sich, ein abgeschlossenes Programm, das mit allen anderen vorhergehenden und nachfolgenden Programmen in vollkommenem Zusammenhang steht.

Obwohl ich in diesem Buch nicht im Einzelnen darauf eingehen möchte, will ich trotzdem nicht unerwähnt lassen, dass jedes dieser Septennien natürlich auch mit den Abschnitten früherer Existenzen in Verbindung steht, an die wir uns, Gott sei's gedankt, nur in besonderen Fällen und zu besonderen Anlässen erinnern können.

Sollten Sie nicht an Wiedergeburt glauben, sei Ihnen diese Einstellung gerne belassen. Allerdings mit der Hoffnung meinerseits, dass die Logik eines Tages die Oberhand gewinnen möge. Zur Unterstützung dieses durchaus bereichernden Prozesses möchte ich Sie auf die Erkenntnisse des Zellbiologen Bruce H. Lipton hinweisen, der in seinem Buch »Intelligente Zellen« beweist, wie Geist die Materie dominiert, und damit einen dankenswerten Beitrag zu einer Einschätzung der Kräfte des sogenannten Unsichtbaren und seiner Erscheinungs- und Wirkungsweisen leistet.

Der Tag, an dem die Naturwissenschaft die Erkenntnisse der Geisteswissenschaft nicht nur bestätigen, sondern in ihr eine Grundlage weiterer Forschungserkenntnisse finden wird, ist nicht mehr fern.

Ihnen bleiben bis dahin zwei Möglichkeiten. Die eine besteht darin, die uralten und ewig gültigen Gesetze des spirituellen Wissens in innerer Bestätigung zu erfahren und als richtig zu erkennen, die andere, trotz des Postulats des Materialismus zumindest diejenigen Darlegungen der Geisteswissenschaft in Ihre Weltanschauung einzubeziehen, welche von der eigenen bisherigen Erfahrung bejaht werden können.

Ich möchte den Kapiteln über die Lebensseptennien vorausschicken, dass diese Lebensabschnitte sich allesamt nach den rhythmischen Gesetzen des Auf- und Abbaus richten, und zwar in schöner Regelmäßigkeit, beginnend mit der Geburt und endend mit dem Tod.

Vielleicht erinnern Sie sich noch an die wunderbare biblische Erzählung von Joseph, der, von seinen Brüdern verkauft, über Umwege eine sagenhafte Karriere macht und nicht zuletzt dadurch zu Ruhm und Ansehen gelangt, dass er die Zeichen einer überreichen Wachstums- und Erntezeit richtig zu deuten weiß und seinem Volk durch kluge und vorsorgliche Planung die nachfolgende siebenjährige Dürrezeit erträglich macht. Sieben Jahre lang füllt er die Lebensmittelspeicher überreichlich mit Korn, um dann sieben Jahre lang nicht nur den eigenen Leuten Nahrung geben zu können, sondern sogar hilfesuchenden Fremdlingen, unter denen sich dann auch seine abtrünnigen Brüder befinden, mit denen er sich, anlässlich dieser Hilfsaktion, auch endlich wieder versöhnen kann.

Diese berühmte Geschichte der sieben fetten und sieben mageren Jahre möge den nachfolgenden Beschreibungen der zwölf Septennien des Menschenlebens zusammen mit dem Hinweis vorangestellt sein, dass sich alle ungeraden Siebenheiten als sogenannte fette Jahre präsentieren, in denen die Materie die erste Rolle spielen will und verlangt, dass man dieser Forderung entspricht. Dagegen empfiehlt es sich, während der geraden Septennien die geistig-seelische Entwicklung zu betonen. Das soll Ihnen jetzt kein unnötiges Kopfzerbrechen bereiten, sondern möge Ihnen vielmehr zukünftig die Planung und Koordination Ihres Lebens erleichtern. Denn wenn Sie genau hinsehen, dann werden Sie im Rückblick erkennen, dass die Angebote des Lebens in der fernen wie auch der jüngsten Vergangenheit genau diesem Rhythmus entsprochen haben. In jedem Septennium spielen sich, genauso wie in den einzelnen Monaten des Jahres, ganz bestimmte und bezeichnende Wachstumsprozesse ab, die durchaus nicht immer sichtbar sind, aber gerade deswegen eine besondere Beachtung verdienen. Denken Sie an den Fuchs ...

Wenn Sie die tiefen Zusammenhänge Ihres Daseins und Schicksals wirklich durchschauen wollen, dann wäre es gut, sich jetzt nicht nur auf das Septennium zu stürzen, das der momentanen Lebensphase entspricht, sondern chronologisch vorzugehen. Denn nur wer wirklich informiert ist, wird sich später in den zwölf Kammern des Spiegelkabinetts seines Lebens zurechtfinden.

Und ein Flügelpaar faltet sich los!
Dorthin!
Ich muss! Ich muss!
Gönnt mir den Flug!

JOHANN WOLFGANG VON GOETHE

4. KAPITEL

Das erste Jahrsiebt von null bis sieben:

Der Weg vom Es zum Ich

Für den normalen Beobachter wird ein Kind von einem Elternpaar gezeugt. Es wird geboren, lernt irgendwann, wie von selbst zu laufen und zu sprechen, geht zur Schule und kommt in die Pubertät.

Doch wer fragt nach, wovon das Kind aus geistig-seelischer Sicht abstammt und welche Ausdrucksformen seiner Entwicklung mit seiner vorgeburtlichen Existenz zu tun haben?

Entscheidende Merkmale wie Talente, Charakter, Persönlichkeit, aber auch das Schicksal eines jeden neuen Erdenbürgers, entstehen nicht nur, wie viele glauben, allein durch die Kombination der elterlichen Gene, sondern vor allem durch Vorgänge im Unsichtbaren, in der geistigen Welt, welche die Geburt in völliger Übereinstimmung mit den Ansprüchen der Wesen koordinieren, die eine gewisse Zeit ihrer Existenz als Menschen auf dem Planeten Erde verbringen wollen.

Hinter dem Erscheinungsbild des scheinbar »unbeschriebenen Blattes« Säugling steht immer eine mit mehr oder weniger ruhmreichen Taten erfüllte Vergangenheit, der nun, im neuen Erdenleben, eine Weiterentwicklung und Erfahrungsbereicherung hinzugefügt werden soll.

Diese eben angesprochene Vergangenheit hat sowohl mit Erdeninkarnationen, also irdischen Existenzen, zu tun als auch mit vergleichsweise langen Zeitabschnitten, die das Wesen

Mensch in nicht materialisiertem Zustand, also in der Zeit zwischen Tod und erneuter Geburt verbracht hat.
Natürlich sind dem Menschen diese Erinnerungsbilder und Prägungen der Vergangenheit weder zu Anfang noch während des ganzen restlichen Lebens wirklich bewusst. Doch unbestreitbar sind sie ununterbrochen präsent und hoch wirksam. Diese Wirksamkeit bezieht sich auf alle Bereiche des Lebens: auf die körperliche und seelische Entwicklung, auf die Beziehungen, auf die Lernfähigkeit und Talente sowie auch auf die Fähigkeit, Erkenntnisse zu erlangen und im Leben anzuwenden. Ob Glück und Zufriedenheit gefühlt, Schmerz und Trauer verarbeitet und Erfolg wie auch Misserfolg in ihrem Stellenwert richtig eingeordnet werden können, ist nicht, wie häufig angenommen, allein das Resultat von Erziehung, Umfeld und Kindheitserlebnissen, sondern immer ein Gesamtergebnis aus sämtlichen jemals gewonnenen Erfahrungen.
Das Schicksal eines Menschen ergibt sich aus dem eigenen Anspruch, bestimmte Dinge zu erschaffen, zu korrigieren, zu erreichen oder für immer löschen zu wollen. Der Schicksalsplan dagegen ist nichts anderes als die Bereitstellung von Möglichkeiten, um diesem Anspruch gerecht werden zu können.
Deswegen bringt auch ein neugeborener Mensch schon eine ganze Vorlebensgeschichte mit, zusammen mit der hoffnungsvollen Erwartung, dass die ganze Welt wiederum nur darauf wartet, diese Erinnerungen im eben begonnenen Leben optimal fördern und nutzen zu wollen. Der Grundanspruch eines Kleinkindes ist also: **»Ich werde geliebt, weil ich bin.«**
Wird dieser vertrauensvolle Grundanspruch durch äußere Umstände, wie zum Beispiel Missbrauch, Misshandlung, Familienstreitigkeiten, Verlust der Bezugspersonen und Ähnliches, gleich zu Anfang des Lebens erschüttert, wird die ursächliche Schicksalsstrebung stark beeinflusst. Die daraus entstehenden Folgen sind später nur mehr sehr schwer zu korrigieren. Denn

diese Erfahrungs- und Frustrationspakete werden über die Jahrzehnte sämtlicher Entwicklungsphasen mitgeschleppt, vergleichbar mit mutierenden Geschwüren, deren spätere Erscheinungsformen die Ursache kaum mehr erkennen lassen. Seit Sigmund Freud versuchen Psychologen und Therapeuten mit mehr oder weniger trickreichen Behandlungsprogrammen diesen Ursachen auf die Spur zu kommen, um durch das Bewusstmachen des ursächlichen Vorgangs ein Verschwinden des »Geschwürs« zu bewirken.

Viel wirkungsvoller wäre es jedoch, wenn unsere jungen Eltern besser auf ihre Rolle als Vorbild und Erzieher ihrer Kinder vorbereitet würden, um den Schaden, den solche Fehlentwicklungen mit sich bringen, möglichst klein zu halten, oder, noch besser, ganz zu vermeiden.

Ein eben gezeugter Embryo nimmt von Anfang an über den Kreislauf und das Blut der Mutter alles auf, was in ihrem System an Information enthalten ist oder neu aufgenommen wird. Das geschieht natürlich nicht in der Klarheit des Bewusstseins eines Kleinkindes, sondern auf einer unterbewussten Ebene eines Wahrnehmungskörpers, der, was schwer vorstellbar ist, bereits im Blutkreislauf des Embryos vorhanden ist. Über diesen, wie Goethe ihn bereits nannte, »ganz besonderen Saft«, das Blut, werden die Speicherungs- und Wahrnehmungsorgane entwickelt, welche dann im Vital- und im Seelenkörper zum Tragen kommen, um später Grundlage des physischen Nerven- und Sinnessystems zu werden. Solange der Fötus sich noch innerhalb des mütterlichen Systems befindet, soll er sich vorerst auf nichts anderes als einen rein materiellen Wachstumsprozess konzentrieren. Mit dem ersten Atemzug gerät der Säugling in sein eigenes irdisches Universum und in die erste Phase seiner selbstbezogenen Schicksalsexistenz. Ab diesem Moment können alle anderen, also sprichwörtlich der »Rest der Welt«, Mitwirkende auf seinem Schicksalsweg werden, aber nie mehr in einer solchen intimen

Unmittelbarkeit, wie sie zwischen Mutter und Kind während der Zeit der Schwangerschaft stattfindet, wo die Entstehung seiner Eigenwelt, also des Selbst, erst vorbereitet wird. In den Kreislauf eines eigenständig schicksalbezogenen Seins tritt der Mensch jedoch erst ab dem Moment, in dem er seinen ersten Atemzug getan hat.

Was für ein gewaltiger Augenblick! Ein Mensch entschließt sich, an der Gemeinschaft aller Erdenbürger teilzunehmen.

Noch immer sind diejenigen Geburtsbegleiter in der Minderzahl, die sich der Heiligkeit und mysteriösen Einmaligkeit des Geburtsmoments vollkommen bewusst sind. Denn, was noch immer nicht allgemein bekannt ist: Die Qualität der ersten sieben Minuten (!) spielt im weiteren Leben des Kindes eine wichtige Rolle.

The way a story starts is the way a story ends! Die Qualität des Beginns eines Unternehmens zeigt die Qualität der gesamten weiteren Entwicklung. Die Geschäftswelt kennt dieses, dem »UGB« (Universalgesetzbuch, weil die Initialen KGB für Kosmisches Gesetzbuch leider durch anderweitige Verwendung eher unerwünschte Gedankenbilder erzeugen würden) entnommene Gesetz seit langem und achtet sorgfältig auf die Zeichen des Anfangs. Die Unternehmenswelt, die sich um die Geburten der Menschen kümmert, orientiert sich leider nur in vergleichsweise seltenen Fällen an dieser Binsenweisheit. Damit will nicht behauptet werden, dass es den Geburtsbegleitern möglich ist, Einfluss auf den Schicksalsplan des Neugeborenen zu nehmen. Aber eine Seele möchte willkommen geheißen werden. Diese sehnsüchtige Erwartung ist ebenso stark wie die Hoffnung, über den Zeugungsakt eines sich innig liebenden Elternpaares in das irdische Sein gerufen zu werden.

Doch wie sieht die Realität leider immer noch viel zu oft aus! In einem Entbindungssaal mit greller Neonbeleuchtung, ziemlich eindrucksvoller Geräuschkulisse (»Pressen, pressen Sie doch endlich! Kann mal jemand die Instrumente aus dem Steri holen!« u. ä.) und vergleichsweise niedriger Zimmertemperatur wird der neugeborene Säugling aus seiner bisherigen sicheren, feuchtwarmen und geräuschgedämpften Umgebung herausgepresst und gezogen, ziemlich gewalttätig zum Schreien veranlasst, in ein Tuch gewickelt und zu seiner Erstuntersuchung gebracht. Das ist eigentlich das Letzte, was sich ein Neugeborenes wünscht, auch wenn es aus medizinischer Sicht durchaus sinnvoll sein mag. Denn das Kind will, was, Gott sei's gedankt, von vielen Hebammen und jungen Müttern instinktiv erkannt worden ist, zuerst einmal nur seine Mutter fühlen, riechen, ihre Stimme hören und zum allerersten Mal im Leben *Glück empfinden.*

Es kann kein weibliches Gehirn gewesen sein, das die Idee entwickelt hat, mit Hilfe von Wehenmitteln Geburtstermine nach eigenen Vorstellungen zu erzeugen. Und ebenso glaube ich nicht daran, dass es Frauen waren, denen eine Menschenerzeugung in vitro, also im Reagenzglas, als geniale Lösung erschienen ist. Auf das Thema Klonen möchte ich in diesem Zusammenhang gar nicht erst eingehen. Denn es gibt wissenschaftliche Forschungsgebiete, die mit dem Segen, den eine verantwortlich begriffene und geführte Forschungsarbeit der Menschheit bringen kann, nicht das Geringste zu tun haben. Es ist ganz einfach: Immer dort, wo die Antriebskräfte lediglich Machtstreben, Profilneurosen (das Erreichen von Gottähnlichkeit: Ich bin der Erste!!!) und Geldgier sind, kommt es zu Ergebnissen, die der Menschheit Unverzichtbarkeit und Fortschritt vorgaukeln, in Wirklichkeit aber Wegbereiter einer Destruktion sind, welche mit ihren Möglichkeiten zuallererst am Seelenkörper der Menschen ansetzt, bevor sie vom Verstand als »Errungenschaft« akzeptiert wird. Dieser Vorgang hat die Menschheit schon oft genug an den Rand der geistigen, seelischen und körperlichen Vernichtung getrieben, und es ist immer wieder erstaunlich, aber auch erschütternd zu sehen, wie die Menschen immer und immer wieder auf »Sirenengesänge« hereinfallen, die sich gleichen wie die Melodien der allseits beliebten Neukompositionen der Volksmusikparade. Dieses Bedürfnis des Menschen, sich über Kollektive zu identifizieren und in ihnen aufgehen zu wollen, gehört zu den verhängnisvollsten Eigenschaften der Schattenbereiche der menschlichen Psyche. Und wie es scheint, hat die Lernbereitschaft auch seit den Ereignissen der ersten Hälfte des 20. Jahrhunderts nicht übermäßig zugenommen. Wie sehr kollektives und individuelles Schicksal zusammenhängen, bedarf, nicht nur angesichts der Historie des Dritten Reichs, wohl keines weiteren Kommentars.

Das neugeborene Kind, scheinbar hilflos und völlig dem Wohlwollen seiner Umgebung ausgeliefert, begibt sich im Moment seines ersten Atemzugs auf einen Entwicklungsweg, der sich in den ersten Monaten fast nur auf körperliche Bedürfnisse und ein Ziel konzentriert: Das Kind will überleben. Um diesen Anspruch durchzusetzen, hat es eine einzige Waffe, nämlich seine Stimme. Wir alle kennen das leise Jammern oder auch das gellende Schreien eines Säuglings, der Hunger, Kälte, Schmerzen oder Einsamkeit empfindet. Das Schreien eines Kindes ist immer ein Alarmzeichen, auf das reagiert werden muss. Über Jahrzehnte hinweg gab es die verschiedensten Meinungen darüber, wie Eltern mit diesem Signal umgehen sollten. Die Anweisungen erstreckten sich von totaler Ignoranz bis hin zur vollkommenen Aufopferung. Generationen von ratlosen jungen Vätern und Müttern sahen sich hin- und hergerissen zwischen der Unterdrückung des inneren Triebs, an jeder noch so kleinen oder großen Äußerung ihres Kindes teilnehmen zu wollen, und dem unwiderstehlichen Drang, sich die Ohren zuzustopfen, um wenigstens einmal den Segen einer ungestörten Nachtruhe erleben zu können. Wie oft saßen verunsicherte Eltern neben der Wiege des geliebten und sehnsüchtig erwarteten Kindes und wussten sich nicht mehr zu helfen, da, von außen gesehen, doch scheinbar »alles in Ord-

nung« war, das verzweifelte Schreien des Säuglings aber etwas anderes vermuten ließ. Die Lösung des Rätsels ist relativ einfach: Ein Kind will körperliche Nähe. Es will den Herzschlag der Mutter, die Wärme ihrer Haut, ihre Stimme, kurz und gut, ihre ungeteilte Aufmerksamkeit genießen. Dasselbe gilt für den Vater, die möglichen Geschwister, für Oma, Opa, Tanten, Onkel und jeden anderen wohlgesinnten Menschen, der sich auch nur in Reichweite des Kindes begibt. Mit einem Wort: Das Baby will in seiner Existenz bestätigt werden. Mir ist in meiner 40 Jahre währenden Erfahrung kein einziger Fall von plötzlichem Kindstod bekannt geworden, bei dem sich die Eltern im Moment des Atemstillstandes im selben Zimmer wie das Kind befunden hätten. Die Themen Wahrnehmung und Bestätigung, die sich wie ein roter Faden als Leitmotive durch jedes menschliche Leben ziehen, nehmen mit dem ersten Atemzug ihren Anfang und sind in der Art, wie die Umwelt auf diesen Anspruch reagiert, absolut schicksalsbezeichnend.
Hier, in den ersten Monaten und Jahren des Daseins, wird der Grundstein gelegt für eine seelische Grundstimmung, für ein sich nie mehr veränderndes Gefühl für das, was dieses Niemandsland zwischen dem Ich und allem anderen ausmacht. Das Grundvertrauen, welches die Basis für die Verwirklichung des eigenen Schicksalsplanes ist, wird hier für immer bestätigt oder in Frage gestellt.

In dieser Zeit des Anfangs wird das Kind durch das Verhalten seiner Bezugspersonen konditioniert, es können gute Anlagen geweckt und gefördert werden, ebenso wie Ängste und Aggressionen entstehen können, die später zu den verschiedensten Ausdrucksformen mutieren.

Sicher haben Sie schon von den berühmten »Indigo«-Kindern oder auch von Autisten gehört, die längst keine Ausnahmeerscheinung mehr sind. Diese Beispiele sind nur zwei von zahllosen psychischen Krankheitsbildern, die durchaus nicht, wie in esoterischen Kreisen vermutet, mit der Inkarnation von Außerirdischen zu tun haben, sondern durch grobe Missachtung bestimmter Grundregeln in einer gar nicht so fernen Vergangenheit entstanden sind. Diese Grundregeln, die von verstandesmäßig-materieller Seite aus betrachtet, auf den ersten Blick konservativ und altertümlich erscheinen mögen, beziehen sich auf Moral und Ethik, die eine tiefe Einbuße ihres früheren Stellenwerts erfahren haben. Wir haben, vor allem innerhalb der letzten 80 Jahre, eine einschneidende Veränderung der Gesellschaft und ihrer Strukturen erlebt. War man vor 100 Jahren in vielen Dingen noch kleingeistig und prüde, so ist nun das Pendel zur anderen Seite hin ausgeschlagen, und zwar in einer für einen scharfen Beobachter beunruhigenden Gegensätzlichkeit. Denn jedes Extrem, das sich im Bewusstsein der Menschen erzeugt, stellt sich nicht nur auf *einem* Gebiet als extrem dar, sondern es kann sich auf alle möglichen Gebiete ausweiten. Zu jeder Zeit hat es Kriege, Katastrophen, Epidemien, Wirtschaftszusammenbrüche und damit verbundene, mehr oder weniger extreme gesellschaftliche Strukturveränderungen gegeben. Und zu jeder Zeit haben sich danach gravierende Veränderungen des Denkens und des Moral- und Ethikempfindens erkennen lassen, die zu neuen Erkenntnissen, Entwicklungen und Erfindungen führten. Doch zu keiner Zeit hat es eine derart schicksalhafte Explosion von geistiger Identifikation mit Materie gegeben wie nach den beiden Weltkriegen.

Wer würde es wagen, die ungeheuerliche Entwicklung auf den Gebieten von Technik und Wissenschaft für das Überhandnehmen bestimmter psychischer wie physischer Krankheiten verantwortlich zu machen? Und wer will endlich zugeben, dass das menschliche Nerven- und Sinnessystem an der Grenze seiner Belastbarkeit angekommen ist? Nur wer sich über das unsichtbare kollektive Gedankennetzwerk der Menschheit im Klaren ist, wird diesen Gedanken ohne inneren Widerstand folgen können. Denn nichts, was auf dieser Erde in Erscheinung tritt, geschieht zusammenhanglos, und noch das kleinste

Ereignis bewirkt eine Verschiebung, eine Veränderung im gesamten System. Jedes gemeinschaftliche »Aufbrechen zu neuen Ufern« entsteht über Impulse, die über die geistigen Verbindungsnetze der Menschheit ein kollektives Bewusstsein erzeugen, welches zuerst den Seelenkörper ergreift, sodann vom Vitalkörper übernommen wird, um sich schließlich in der Geisteshaltung und den Handlungen der Menschen widerzuspiegeln. All diese Vorgänge bilden zusammen ein kompaktes Energiefeld, das natürlich auch auf die Art der zwischenmenschlichen Beziehungen einwirkt. Was sich zwischen zwei Menschen abspielt, bevor sie sich intim vereinigen, und die Gefühle, die während dieser Vereinigung zwischen den beiden Menschen entstehen, bilden gemeinsam die Kraft, von der das Kind der beiden zukünftigen Eltern angezogen wird. Je verwirrter, oberflächlicher und triebhafter die Grundstimmung während des Zeugungsmomentes ist, umso unklarer und ängstlicher wird sich später die Psyche des Kindes darstellen. Im gegenteiligen Fall, also bei einer liebevollen, sich ihrer gegenseitigen Bedeutung bewussten Vereinigung zweier Menschen wird sich diese geistig-seelische Haltung in ihren Kindern widerspiegeln. Es sind sowohl das kollektive als auch jedes einzelne individuelle Bewusstsein, welche für die psychische und auch physische Gesundheit, also auch für die vorher genannten Krankheitsbilder in ihrer grundsätzlichen Entstehung verantwortlich sind. Dazu sind auch die Schäden zu rechnen, welche sichtbaren Einflüssen aus der familiären Umwelt und Erziehung zuzuschreiben sind. Die Psychotherapie hat zur Behandlung dieser Schäden ihre eigenen, zum Teil sehr erfolgreichen Behandlungsprogramme entwickelt. Was jedoch den heiltherapeutischen Umgang mit sogenannten grundsätzlich verhaltens- oder kommunikationsgestörten, meist hyperaktiven Kindern angeht, gibt es, wie mir immer wieder von wirklich kompetenter Seite bestätigt wird, anscheinend nur eine einzige Möglichkeit, diesen zu einem normalen Leben zu verhelfen: Der Therapeut muss erreichen, das Kind in das, vorher schon mehrmals erwähnte, intensive Gefühl der willkommen heißenden Liebe zu betten, ihm sein Selbst in Liebe zu bestätigen und ihm die liebevolle Erwartung dieser Welt zu vermitteln. Und zwar nicht nur innerhalb einiger und meist viel zu kurzer Therapiestunden, sondern durch intensive und zeitaufwendige Begleitung unter Einbeziehung der nächsten Bezugspersonen. Denn keine Behinderung entsteht aus dem Nichts. Mangelhaftes entsteht aus Mangelhaftem. Und leider ist es so, dass der Mangel sich sehr oft nicht auf den ersten Blick darlegen will, sondern erst nach eingehender Befragung der Eltern erkennbar wird. Bei diesen häufig sehr emotionalen Gesprächen, bei denen sich alle Betroffenen zumindest anfänglich oft wie Angeklagte fühlen, lässt sich das Mangelhafte durchaus nicht immer mit Fehlern im bisherigen Verhalten oder in der Beziehung der Eltern erklären. Denn vordergründig betrachtet scheint meist alles in Ordnung zu sein: Das Kind war erwünscht, der Zeugungsmoment war harmonisch, die Geburt fand in einer liebevollen Atmosphäre statt, und das Kind wurde von allen mit großer Freude in Empfang genommen. *Wer also ist schuld an der Misere?*

Wieder habe ich nur eine scheinbar enttäuschende Antwort parat. Sie lautet: *Niemand und alle.*

Erinnern Sie sich noch? **Ich werde geliebt, weil ich bin.**

Dieser Satz ist die Losung, um ein Entwicklungsprogramm zu eröffnen, das einen gesunden Körper und ein gesundes Bewusstsein möglich macht. Wenn dieser Anspruch schon vor Beginn des Lebens durch Kollektiverinnerungen in Frage gestellt wird, entstehen Abwehrreaktionen der Seele, die wir unter dem Namen der vorher genannten Krankheitsbilder kennengelernt haben. Diese heute gängigen Bezeichnungen hat es vor 30 Jahren noch nicht gegeben, und man könnte fast glauben, dass manche dieser neuen Krankheitsbilder wie aus dem Nichts plötzlich aufgetaucht sind. Doch alle diese seelischen Mangelerscheinungen hat es schon vor Hunderten von Jahren gegeben. Da allerdings hießen und äußerten sie sich anders, denn: Die Zeiten ändern sich und wir uns mit ihnen. Allein in den letzten 90 Jahren wurden uns zwei verheerende Kriege beschert. Ich selbst hatte noch Gelegenheit, durch die akribisch geführten Tagebücher meines Großvaters, von den Greueln der Schlachten von Verdun zu erfahren, von seinem niemals enden wollenden Entsetzen über das, was er auf Befehl gezwungen war zu tun, und über die Folgen, die er als tiefgläubiger Christ bis zu seinem Lebensende nicht mehr verarbeiten konnte. Stalingrad ist ihm erspart geblieben. Von dieser Hölle haben mir andere erzählt. Und es waren auch andere, die mir von den Vernichtungslagern Treblinka und Bergen-Belsen berichteten und von einem Grauen, das die menschliche Vorstellungskraft übersteigt.

All diese Menschen, von denen ich eben gesprochen habe, wurden noch während der Kriegstage und in der Zeit danach zu Eltern, zu einer Zeit also, in der das Erlebte noch wie ein Krebsgeschwür in den Gliedern, also auch im Seelen- und im Vitalkörper festsaß. In diesem Zustand wurde die nachfolgende Generation, zu der vielleicht auch Sie noch gehören, gezeugt. Es gibt eine biographische Faustregel, die besagt, dass bei der Übertragung von besonderen Talenten oder auffallenden Mängeln, Physiognomien oder markanten Wesenseigenheiten immer eine oder zwei Generationen übersprungen werden.

Das heißt nichts anders, als dass wir es im Moment mit Kindern und Jugendlichen zu tun haben, welche mit den Zerstörungen der vergangenen hundert Jahre auf ihre Weise fertig werden müssen. Es gibt einen Satz in der Bibel, der Folgendes besagt: Die sauren Trauben, welche die Väter anpflanzen, werden von den Söhnen geerntet, und lange noch werden die Nachfahren den sauren Wein trinken müssen, der aus diesen Trauben gepresst wurde.

Es gibt keine einzige Familie auf dieser Welt, die von diesem »Essiggetränk« verschont bleibt. Die Erscheinungsbilder dieses ungeliebten Erbes haben tausend Gesichter und werden in 98 Prozent der Fälle nicht mit der »sauren Traubensaat« der Ahnen und Urahnen in Verbindung gebracht.
Die Mehrzahl der Menschen bringt es doch tatsächlich fertig zu behaupten, dass sie mit der Vergangenheit ihrer Eltern nichts zu tun hat, und trägt doch in jeder Zelle ihrer Körper die Erinnerungen ihrer Vorfahren. Sie scheint zu vergessen, dass es auch diese Erinnerungen sind, die zum Teil ihre Entwicklung und ihre Verhaltensmuster geprägt haben.
Unsere Kinder sind Beobachter. Sie sind die schärfsten, aber auch neutralsten »Aufzeichnungsgeräte«, die auf dieser Welt je erzeugt wurden, und sie sind, anders als ein mechanischer Rekorder, selektierende Kopisten, die ihr weiteres Leben nach diesen ersten Eindrücken gestalten werden. Diese Gestaltung entwickelt sich unter Mitwirkung von Veranlagung und Charakter, die beide relativ früh zu erkennen sind. Jedoch erst ab einem ganz bestimmten Zeitpunkt wird diese Entwicklung vom Kind selbst als etwas Ureigenes erkannt, als ein Vorgang, der ihm seine Einzigartigkeit bewusstmacht. Dieses Ereignis findet zwischen Ende des 3. und Mitte des 4. Lebensjahres statt und wird als das »Erkennen des Ich« bezeichnet. Dieser spezielle Vorgang ist kein sich langsam entwickelnder Bewusstseinsprozess, sondern ein überraschend schnell stattfindendes Aufwachen, welches die Beziehung zwischen Kind und Außenwelt für immer verändert. Hat es sich vorher als integrierten Bestandteil seiner Umgebung empfunden, so wird es sich ab diesem Moment des Erwachens des Ich seiner Eigenständigkeit plötzlich und eindringlich bewusst. Deswegen ist es auch typisch für Kleinstkinder, dass sie bis zu dieser Identifikation von sich selbst in der dritten Person reden. Und die Erwachsenen spielen mit, ohne diese Eigenheit als etwas Besonderes zu bemerken. »Ja, was hat denn der Hansi da für ein schönes

Auto?« ist ein viel wahrscheinlicherer Beginn einer Unterhaltung mit einem Zweijährigen als der gleiche Satz ein Jahr später mit der ganz selbstverständlichen Du-Anrede.
Versuchen Sie doch einmal, sich an Ihre allerfrüheste Kindheit zu erinnern, wie zum Beispiel an Ihren Kinderwagen, an Ihre ersten beiden Geburtstage oder an die Reaktion Ihrer Eltern auf Ihre ersten Worte. Es wird Ihnen vielleicht gelingen, ein paar Erinnerungsfetzen zu erhaschen, doch niemals werden Sie es schaffen, sich auch nur eine einzige vollständige Szene ins Gedächtnis zu rufen, denn das Fundament dieses »Memory-Spiels« ist das erwachte Ich, das nun beginnt, sich zu identifizieren und auszudrücken. Der Grund dafür, warum das Gedächtnis nur so selten und mühsam Bilder und Ereignisse der Anfangszeit wiedergeben kann, ist darin zu suchen, dass erst ab einem bestimmten Reifezustand des Vital- und des Seelenkörpers, der mit dem Eintreten des Ich-Bewusstseins zusammenfällt, ein Abspeichern der Erinnerungsbilder möglich ist. Dieser neue Zustand fordert natürlich zu einem neuen Verhalten auf, das allgemein unter dem Namen »Trotzalter« bekannt geworden ist. Tatsächlich ist es das erste Kräftemessen zwischen einem erwachten und sich nun selbständig entwickelnden Ich und einer Außenwelt, die über dieses immer aktivere und üblicherweise ziemlich fordernde Willens- und Selbstbewusstsein nicht immer erfreut ist.
Die Art und Weise, wie ein Kind die Resonanz seiner Umgebung auf diesen Entwicklungsabschnitt seines Lebens erfährt, ist genauso prägend für sein späteres Verhalten wie der Trieb, sämtliche Vorbilder und deren Verhaltensweisen, die sich jetzt in seinem Lebensumfeld zeigen, nachzuahmen. Jetzt und zu keinem anderen Zeitpunkt wird die Grundlage für seinen späteren Umgang mit Moral und Ethik gelegt. **Das Kind will glauben, dass es in einer guten Welt lebt.** Zur Bestätigung dieses Glaubens braucht es den Schutz seiner Umwelt, damit es sein Vertrauen behält und sich sein Nerven-Sinnessystem

ungestört entwickeln kann. Ein wesentlicher Bestandteil dieses Schutzes müssen Rituale sein, die, einmal begonnen, mindestens bis zum 7. Lebensjahr eingehalten werden müssen. Lassen wir noch einmal Saint-Exupérys Fuchs zu Wort kommen, der die angenehme Eigenschaft besitzt, seine Weisheit in kurzen Sätzen zusammenzufassen: »Es muss feste Bräuche geben!« Mit diesen rituellen Bräuchen ist nicht die Einhaltung von Familienfesten oder das Erscheinen des Nikolaus zur immer gleichen Jahreszeit gemeint, sondern die ganz normalen langweiligen Alltagsrituale. Diese immer wiederkehrenden Rapporterlebnisse, wie z.B. geregelte Essenszeiten, Wasch- und Ankleiderituale oder die bei Erwachsenen überaus beliebte abendliche Bett-Zeremonie gewöhnen das Kind an Rhythmen, die sich als Gewohnheiten im Vitalkörper einlagern. Diese Eigenschaft wird später ihre Wirkung darin zeigen, dass ein Kind für die Themen Pflicht und Disziplin empfänglich ist und mit Pünktlichkeit, Einhaltung von Lernzeiten, Einteilung und Ordnung keine Probleme haben wird. Bis heute ist es für mich selbst unmöglich, ins Bett zu gehen, wenn die Wohnung in Unordnung ist. Wie oft habe ich nach Festen oder Essenseinladungen zu später Abendstunde den Satz wohlmeinender Menschen gehört: »Lass das doch bis morgen liegen! Das läuft dir schon nicht weg.« Es geht nicht! »Schuld« daran ist ohne Zweifel meine Oma, die schon in frühester Kindheit mit mir zusammen alle Spielsachen »schlafen legte«, bevor ich selbst zu Bett gebracht wurde. Und es war schön, am Morgen »in geordneten Verhältnissen« aufzuwachen und den Tag nicht mit einer Beschäftigung beginnen zu müssen, die mit den liegengebliebenen Dingen des Vortages zu tun hatte. Hier geht es nicht um Drill, sondern um Vorbereitung auf den Umgang mit Schicksal. Durch diese Rituale bekommt das Kind seelisches Rückgrat und eine Widerstandskraft, die ihm den Umgang mit dem, was wir unter Geschick verstehen, lebenslang erleichtern wird. Zu diesen Ritualen zählt vor allem die strikte Einhaltung eines geregelten Tagesablaufs. Der innere Halt, der Menschen im späteren Leben stark erscheinen lässt, ist nicht das Resultat einer Veranlagung, sondern das Ergebnis einer Erziehung, die sich an diese pädagogische Grundregel gehalten hat. Natürlich sind Eltern keine Roboter, die wie Uhrwerke funktionieren und einmal begonnene Rituale wie Automaten einhalten können. Selbstverständlich wird und soll es auch Abweichungen geben, damit sich das Gefühl für das Besondere und die Vorfreude entfalten können, also die Keime, aus denen sich später die Gabe der Intuition und die Stärke der Hoffnung entwickeln werden. Das Grundsätzliche aber muss grundsätzlich bleiben. Denn wie bereits erwähnt, sind Kinder Kopisten, die, genauso wie wir Erwachsenen, grundsätzlich dazu neigen, den Weg des geringsten Widerstandes und die größtmögliche Bequemlichkeit in Anspruch zu nehmen. Sollten Sie selber Kinder haben, werden Sie also möglichst vermeiden, Ihre persönlichen Meinungsverschiedenheiten, vor allem, wenn es sich um die Erziehung und die Tagesgestaltung der Kleinen handelt, in deren Beisein auszutragen. Ich bin mir völlig darüber im Klaren, dass ich hier von einer Idealkonstellationen spreche, die im ganz normalen Alltagsleben nur unter größten Schwierigkeiten hergestellt und durchgehalten werden können. Wenn ich mir jedoch die momentanen Meinungen und landläufigen Erziehungs- und Umgangsprogramme von Kleinkindern ansehe, stehen mir nicht selten die Haare zu Berge. Denn Eva Herman hin und Super-Nanny her: Die Realität zeigt, dass ein Großteil der Eltern glaubt, dem Anspruch des Kindes auf ein geregeltes Alltagsleben mit einem Platz in der Kindertagesstätte gerecht zu werden, da sie ihren Sprössling dort gut versorgt glauben. Ich spreche nicht aus der Theorie, sondern aus jahrelang erfahrener Praxis, wenn ich behaupte, dass eine vorbildliche Versorgung die Voraussetzung einer guten körperlichen Entwicklung sein *kann*, aber keinesfalls die Garantie dafür ist, dass die Gesamtentwicklung optimal verläuft. Denn die Vorstellung des Kindes von einer schönen und guten Welt beinhaltet vor allem im ersten Septennium seines Lebens die Erfüllung des Anspruchs, dass es sich von geliebten Bezugspersonen umsorgt fühlt. Selbst das qualifizierteste und engagierteste Betreuungspersonal kann diesem Anspruch nicht gerecht werden. Man darf sich das Durchleben einer Kindheit mit diesem unerfüllten Traum nicht als täglich erlebte Enttäuschung vorstellen, sondern als eine dauernd stattfindende Prägung, die ihre Auswirkungen später vor allem bei den eigenen Partnerbeziehungen zeigen wird. Im Schicksalsplan ist tatsächlich das Aufeinandertreffen bestimmter Personen vorgesehen. Unvorhersagbar jedoch ist das Verhalten, das beide Personen dann an den Tag legen werden. Dieses Thema berührt einen der größten Streitpunkte zwischen Verfechtern der Idee des Zwangsschicksals und den Befürwortern der absoluten freien Willensäußerung. Tatsache bleibt, dass sowohl das eine wie auch das andere existiert und dass beide, wie alle Gegenpole dieser Erde, im Zusammenspiel die Kraft erzeugen, die das Große und Ganze, in diesem Fall also unser Schicksal, bildet. In jedem Moment, den wir durchleben, sind wir Verwalter eines bereits bestehenden Schicksals, während wir gleichzeitig unablässig durch unsere Taten und Gedanken neues Schicksal hinzufügen und damit zu jedem Zeitpunkt unseres Daseins unser Gesamtschicksal verändern. Je älter wir werden, desto bewusster sollten wir mit diesem Phänomen der Selbstgestaltungskräfte umgehen. Ein Kleinkind jedoch *kann* dieses Bewusstsein noch nicht erzeugen, weil die Fähigkeit des spontanen Wahrnehmens der Gegenwart genauso langsam heranwachsen und reifen muss wie der Verstand, der Intellekt, die Sinnlichkeit und der Körper mit all seinen Funktionen. Also handelt es instinktiv, reagiert unbewusst und kann somit in diesem Stadium seiner Entwicklung noch kein Schicksalserzeuger sein. Sein ganzes Verhalten ist ein Spiegel der bisher gemachten Erfahrungen, und sein Tun und Lassen berichtet

von den Umgangsformen und Mustern seiner Umgebung. Diese Formungen übernimmt es von Menschen, die sich ihres Willens seit längerem bewusst bedienen und ihre Schicksalswahl selbst treffen können. Ein Kind jedoch ist, im Guten wie im Bösen, all diesen Einflüssen ausgeliefert, und zwar nicht nur durch seine körperliche Unterlegenheit, sondern vor allem durch ein eben erst erwachendes Ich-Gefühl und seine Willensbewusstheit. Diese langsam heranwachsenden Seelenfähigkeiten haben eine »gesunde Ernährung« genauso nötig wie der physische Körper. Die »Fütterung« sollte sich vor allem auf die Phantasie des Kindes konzentrieren, sie beschäftigen und heranbilden und dafür sorgen, dass die Bilder, die vermittelt werden, der jungen Menschenseele zuträglich sind. Denn die Phantasie wird es sein, aus der sich im späteren Leben die Fähigkeiten zur Spontanreaktion, der Kreativität und des Humors (!) entwickeln werden. Glückliches Kind, das in dieser Zeit durch gute Erzähler oder Vorleser in die Märchenwelt entführt wird oder das unsägliche Vergnügen an der Vorführung eines Kinder- oder Puppentheaters erleben darf und das sich vor allem mit Spielzeug beschäftigt, das nicht einer konsumgesteuerten Kitschindustrie entstammt, sondern von Menschen hergestellt wurde, die sich einen Teil der Kostbarkeit ihrer Kinderseele bewahren konnten.
Es ist eines der vielen ungeschriebenen Geheimnisse, dass diejenigen Kinder sich am besten entwickeln, die Freude erleben dürfen und Lust an Beschäftigung und Bewegung vermittelt bekommen. Ein Fernsehapparat und Computerspiele tragen zur Entwicklungsförderung von Freude und Lust ungefähr so viel bei wie ein Rosenkranznachmittag in einer Klosterschule zum Gottesverständnis.
Ich hoffe sehr, dass Sie nicht zu den bedauernswerten Nachkommen einer Eislaufmutter oder eines Tennisvaters gehören. Denn diese Art der sportlichen Forderung ist bis zum siebenten Lebensjahr ein Verbrechen, weil in dieser Zeit sich alle

Kräfte des Kindes auf einen unbelasteten Aufbau seines Körpers konzentrieren sollen. Aus diesem Grund sollte man auch darauf verzichten, die Sprösslinge unbedingt schon vor Schulbeginn in die Kunst des Schreibens und Lesens einweihen zu wollen. Allen ehrgeizigen Eltern sei es hier noch einmal gesagt: Aus Kindern, die früher als alle anderen sprechen, gehen, lesen und schreiben gelernt haben, werden nicht immer die klügsten Erwachsenen. Aber eines werden sie garantiert: Sie werden früher altern als diejenigen, die ihrer Phantasie freien Lauf lassen durften. Denn wer die Körpergestaltungskräfte der ersten sieben Jahre für eine geistige Entwicklung benützt, die erst im zweiten Septennium, also von 7 bis 14 Jahren, stattfinden soll, greift mutwillig in einen von höheren Kräften vorgesehenen Aufbauplan ein.
Eines der besten Beispiele für den allzu frühen Verbrauch körperlicher Widerstandskräfte im Kindesalter ist Wolfgang Amadeus Mozart, der als noch nicht einmal Dreijähriger am Klavier unterrichtet wurde, seine erste Komposition mit fünf Jahren ablieferte, und mit noch nicht ganz sechs Jahren als konzertreifer Pianist wie eine Jahrmarktsattraktion herumgereicht wurde. Dieses Ausnahmetalent, das sein Leben lang unter einer höchst anfälligen Gesundheit litt, starb bereits 35-jährig an einer Krankheit, um die sich bis heute die wildesten Vermutungen und Gerüchte ranken. Der Hochbegabte, der sein ganzes Leben überfordert war, zu viel oder zu wenig beachtet wurde und gleichermaßen Lobeshymnen wie Demütigungen einstecken musste, hatte diesen wechselnden Außeneinflüssen nur die Bewusstheit seines Talents entgegenzusetzen. Seine Erschöpfungszustände, seine schubartigen Sucht- und Depressionsanfälle zogen ihm, der nie aufhören konnte wie ein Besessener zu arbeiten, das letzte Quentchen Kraft aus den Knochen. Alle überlieferten Symptome sprechen für eine zur damaligen Zeit natürlich unbekannte Autoimmunerkrankung, die sich auf die Leber auswirkt. So konnte ihn auch niemand

vor seinem schlimmsten Feind, dem Alkohol, warnen, der den Zersetzungsprozess zusätzlich beschleunigte. Hätte sein Vater Leopold dem Drang nach Profilierung und dem Wunsch nach Wohlstand nur vier oder fünf Jahre länger widerstanden, wäre uns dieses Jahrtausend-Talent wahrscheinlich noch zehn oder 20 Jahre länger erhalten geblieben. Nicht immer sind nur die Götter daran schuld, wenn ihre und unsere Lieblinge allzu früh diese Erde wieder verlassen. Die ebenfalls hochbegabte Schwester Mozarts, Anna-Maria (»Nannerl«), die erst nach dem 10. Lebensjahr gemeinsam mit ihrem Bruder zum Einsatz kam, wurde dagegen bezeichnenderweise 78 Jahre alt.

Eltern sind für das Wohlergehen ihrer Kinder verantwortlich. So steht es in allen Gesetzbüchern dieser Welt geschrieben. Doch sind es wirklich allein die Eltern, auf deren Schultern die Verantwortung für die Zukunft, für das Schicksal der Kinder dieser Erde liegt?

In einer Zeit, in der die Grenzen im Sichtbaren wie im Unsichtbaren niedergerissen werden, ist das kollektive Bewusstsein gefordert, innerhalb dieser Globalisierung eine neue Sensibilität für eine Verantwortung zu entwickeln, die sich nicht nur auf die eigenen Kinder bezieht, sondern auf das Wohl aller Kinder dieser Welt. Überwältigt von den technischen Errungenschaften der Neuzeit, läuft die Menschheit Gefahr, sich Mechanismen auszuliefern, die bestens geeignet sind, ihre kostbarsten Fähigkeiten wie Intuition und Inspiration gegen eine materialistische, also verhärtete und egomanische Gesinnung einzuhandeln. Die Auswüchse dieser beängstigenden Entwicklung scheinen immer mehr zur Selbstverständlichkeit zu werden. Wie sonst lässt sich erklären, dass eine Gesellschaft gedankenlos die durch Kinderarbeit entstandenen Billigerzeugnisse konsumiert, die unsere Wohlstandsgesellschaft überschwemmen? Und wie kann es geschehen, dass die Dunkelziffer im Bereich des Kindesmissbrauchs und der Kindesmisshandlung immer höherschnellt? Kommt eines dieser

Verbrechen, meist durch Zufall, ans Tageslicht, dann ist das allgemeine Entsetzen groß und die Strafgerichte eindrucksvoll. Doch ist damit der Verantwortung, die wir Kindern gegenüber tragen, Genüge getan? Ist wirklich an jedes Kind gedacht, wenn alle Eltern zuerst an ihr eigenes Kind denken? Ja, könnte man guten Gewissens sagen, wenn die Art und Weise, wie Eltern an ihre Kinder denken, wirklich nützlich und förderlich wäre. Doch viele dieser Eltern sind selbst verletzte und geschädigte Kinder, die niemals wirklich, weder für sich selbst noch für andere, ein Gefühl der Verantwortung entwickeln konnten. Wie kann man in diesen Müttern und Vätern ein Verständnis wecken, das es ihnen möglich macht, im begriffenen Umgang mit den eigenen Kindern die selbst erlittenen Mängel zu verarbeiten?

Es ist geradezu lachhaft, dass der Staat von jedem Bürger, der ein Auto lenken will, den Nachweis einer Schulung mit erfolgreicher Abschlussprüfung verlangt, doch von niemandem, sich in angemessener Weise auf eine Elternschaft vorzubereiten? Es reicht nicht, zu wissen, wie man ein Baby zu wickeln und nach den neuesten Erkenntnissen der Medizin und Ernährungswissenschaft zu versorgen hat. Vielmehr müsste dafür gesorgt werden, dass gewisse Grundlagen der Pädagogik und Psychologie zum Bestandteil der Allgemeinbildung junger Menschen werden. Es ist sicher richtig, dass Liebe und guter Wille vieles ausgleichen können, doch niemals kann damit das Wissen, das notwendig ist, um Kindern und Eltern ihr gemeinsames Leben leichter zu machen, vollkommen ersetzt werden. Dieses Wissen schließt vor allem eine Verantwortung ein, die sich auf das Verhalten der Eltern in Gegenwart ihrer Kinder (und nicht nur dann!) bezieht. Unwissenheit darüber darf als Wurzel vieler Übel bezeichnet werden, die sich später, scheinbar wie aus dem Nichts kommend, zeigen.

Es ist jetzt 54 Jahre her, dass ich mit meinen Eltern in einem Hotelzimmer übernachtete. Ich war früh zu Bett gebracht worden und merkte im Halbschlaf, dass sich Stunden später zwischen den beiden eine fast gewalttätige Szene abspielte, die wohl durch die Abwehr meiner Mutter ausgelöst worden war. Ich erinnere mich wie wenn es gestern gewesen wäre, wie ich, das sechsjährige Kind, vor Schrecken buchstäblich starr wurde und in wirklicher Todesangst um das Leben meiner Mama fürchtete. Von diesem Moment an war das Verhältnis zu meinem Vater für immer gestört und hat sich auch nie wieder normalisiert. Das Vertrauen war gebrochen, und zwar für immer.

Ich erzähle diese Geschichte nur, um Ihnen in aller Deutlichkeit klarzumachen, wie Erlebnisse in einem Kind weiterwirken und wie sie sein ganzes Leben beeinflussen können.

Nur wenige Monate später fuhr ich mit meiner Oma zu einem Erholungsurlaub in die Berge. In der kleinen Pension, in der wir ein winziges Zimmer bewohnten, war auch ein damals vielleicht 30-jähriger Mann zu Gast, der sich in liebevollster Weise um mich kümmerte. Er nahm mich mit an den kleinen Teich, zeigte mir die Kaulquappen und erzählte mir, wie daraus eines Tages schöne große Frösche werden. Er ging mit mir in den Wald, und wir kletterten auf die Hochstände der Jäger und warteten, bis Rehe auf der Lichtung erschienen. Und er war es auch, der mir die erste Sternschnuppe meines Lebens zeigte.

Ist es Zufall oder Schicksal, Fügung oder Prägung, dass 28 (4 × 7!) Jahre später eine große Liebe meines Lebens Besitzer einer Jagd war, mit dem ich begeistert zum Ansitzen (Beobachten des Wildes) ging und natürlich auch Sternschnuppen fallen sah?

Diese beiden Beispiele sind nur zwei von Tausenden kleiner und großer Ereignisse, die unbestreitbar mein Bewusstsein, also auch mein Schicksal, geprägt haben.

Sicher haben Sie selbst auch diese ganz besonderen kindlichen Eindrücke, die mit Angst, Schmerz, Glück und Freude zu tun haben, in Ihrer Erinnerung bewahrt. Aber haben Sie diese frühen Erlebnisse jemals mit späteren Geschehnissen in Verbindung gebracht? Vielleicht haben Sie, genau wie ich, noch viel Schöneres oder viel Schrecklicheres gesehen und beobachten heute dasselbe Phänomen: Es war nicht das, wovon die Erwachsenen glaubten, dass es für mich das Schönste oder Schrecklichste gewesen sei, sondern meine höchsteigene, für andere vielleicht nicht nachvollziehbare Bewertung auf einer unsichtbaren Liste des Negativsten und Positivsten.

Wie kommt diese scheinbar unlogische Beurteilung von Vergangenheit zustande?

Erinnern Sie sich: Das Kind erwartet, dass die Welt *etwas Gutes* ist.

Es ist das *Wesen* des Kindes, das entscheidet, was das Gute dieser Welt ausmacht. Und so entspricht auch die Beurteilung des Bösen dem ureigensten Charakter des Kindes.

Wenn Sie wissen wollen, wer und wie Sie *wirklich* sind, dann versuchen Sie, sich an das beste und an das schrecklichste Erlebnis ihres ersten Septenniums zu erinnern, denn diese Beurteilung zeigt, wo die fundamentale Sehnsucht Ihres Lebens verankert ist.

Vielleicht fragen Sie sich jetzt, was das Schlafzimmererlebnis mit meinen Eltern mit einer fundamentalen Lebenssehnsucht zu tun hat? Die Antwort darauf ist, dass ich, und damit stehe ich sicher nicht alleine in der Welt, aus tiefstem Herzen wünsche, dass Menschen sich lieben, freundlich miteinander umgehen und sich hilfreich zur Seite stehen. Ein kindlicher Wunsch? Wenn ihr nicht werdet wie die Kinder ... Hier ist eine Eigenschaft angesprochen, die in den ersten Lebensjahren selbstverständlich ist, jedoch mit dem Älterwerden zunehmend verschwindet, nämlich eine unerschütterliche Erwartungshaltung, die aus der vorgeburtlichen Erinnerung verblieben ist und die weiß, dass es eine Vollkommenheit gibt, die das Gute, Edle und Schöne durch jeden Menschen in dieser Welt verwirklichen will. Mit jeder Handlung und mit jedem Wort, die dieses Urwissen und Urvertrauen erschüttern, wird dem kleinen Menschenkind die dunkle Seite dieser Welt und auch des eigenen Seins ins Bewusstsein gebracht. **Denn keine Menschenseele kommt auf diese Welt, um Böses zu tun.** Angesichts der Monstren, die sich allein in den letzten 100 Jahren auf unserer Erde herumgetrieben haben, wirkt diese Behauptung reichlich naiv. Trotzdem ist sie wahr und richtig. Denn die Menschenseele ist wie ein überhungriger, ausgedürsteter Wanderer, von dem erwartet wird, dass er von einer überreichlichen Festtafel, nach reiflicher Überlegung und in aller Bescheidenheit, nur das für ihn bekömmlichste Gericht auswählt. Es hat in der Geschichte der Menschheit nur wenige gegeben, die dieser Erwartung entsprochen haben. Alle anderen haben sich oft bis zum Erbrechen und ohne Rücksicht auf andere mit allem vollgestopft, was ihnen zwischen die Finger gekommen ist. Denn die beiden Leitsätze der reinen Materie lauten: »Nur der Stärkste überlebt« und »Rette sich, wer kann!«. Das ist die schwerste aller Prüfungen, nämlich alle geistigen Erkenntnisse und guten Vorsätze unter irdischen Bedingungen durchzuhalten. Je größer die Möglichkeiten sind, die einer Seele vom weltlichen Schicksal geboten werden, umso öfter ergeben sich scheinbar unauffällige Situationen, die sich im Nachhinein als Dreh- und Angelpunkte des Schicksals herausstellen. Dabei sind es nicht, wie man vielleicht denken würde, die großartigen Ereignisse unseres Lebens, bei denen durch unsere Entscheidung die Weichen für die Zukunft gestellt werden, sondern kleine, unscheinbare Vorkommnisse, welche die Lawine auslösen, unter der man entweder begraben oder von ihr zum Ziel getragen wird.

Am ersten Tag meiner pädagogischen Ausbildung trat eine Professorin vor uns hin und sagte folgenden, mir unvergesslichen Satz: »Meine Damen und Herren, nur um eines von Anfang an klarzustellen: Alle Kinder sind asozial, und manche bleiben es bis zu ihrem Lebensende.«

Damals waren wir alle, die diese frohe Kunde hörten, hin- und hergerissen zwischen Lachen und Empörung. Heute, nach 40

Jahren Erfahrung mit kleinen und großen Kindern zwischen 0 und 102 Jahren, kann ich den Ausspruch nur bestätigen, denn er besagt nur, dass, solange das Ich-Bewusstsein nicht wirklich erweckt und orientiert ist, das Kind seinen Instinkten und den Überlebensgesetzen einer von der Materie dominierten Welt folgt.

Selbst Menschen voller guter Vorsätze sind durch ihre Willensfreiheit geradezu prädestiniert, den Verlockungen der Materie zu erliegen. Wir alle sind gleichermaßen Opfer und Täter, Mörder und Heiler, Engel und Teufel, kurz und gut Träger aller Gesichter des sogenannten Guten und Bösen. Damit sind wir auch Verwalter der Kraft, die eigentlich das Gute will und, angesichts der überwältigenden Angebote und Verlockungen, durch das Ego immer wieder in alte, unheilbringende Muster verfällt und dadurch oft, wie von dunklen Mächten getrieben, doch wiederum das Böse schafft. Jeder einzelne Erdenbewohner hat in der Vorgeschichte seiner Vergangenheit alle Möglichkeiten mehr oder weniger effektiv zu nutzen versucht und steht nun vor seinen geöffneten Zukunftstüren. **Jetzt, als Kind in den ersten sieben Lebensjahren, hängt alles von den Vorbildern seiner Umgebung ab, um aus der ursprünglichen Bereitschaft, zu glauben, zu hoffen und zu lieben, eine Widerstandskraft entstehen zu lassen, die im späteren Leben die richtigen Entscheidungen möglich macht.** Um dieses Fundament möglichst stabil zu gestalten, ist es für Erzieher auch wirklich hilfreich, zu wissen, dass in dieser ersten Zeit des Lebens alle Verbote buchstäblich in das eine Ohr hinein- und zum anderen wieder hinausgehen. Das hat nichts mit Unaufmerksamkeit oder sogar Böswilligkeit zu tun, sondern nur damit, dass die Information, die mit einem Verbot zusammenhängt, schlicht und einfach nicht ankommt, denn sie kann im wahrsten Sinn des Wortes nicht abgespeichert werden. Den Grund dafür kennen Sie inzwischen schon: Das Informationsspeicherorgan, der Vitalkörper nämlich, ist einfach noch nicht vollkommen installiert. Also bleiben den Eltern und Betreuern nur drei Möglichkeiten: sich in Geduld zu üben, gute Vorbilder zu sein und für solche zu sorgen. Diese Bemühungen werden sich in jedem Septennium des gesamten Lebens widerspiegeln und aus dem sauren Wein der Vorfahren vielleicht zu späterer Zeit einen milden Alterswein schaffen.

Das 1. Septennium auf einen Blick

1. Kinder sind selbst im frühesten Alter keine unbeschriebenen Blätter. Schon vom ersten Tag an fügt sich das jetzige Erleben wie eine Fortsetzungsgeschichte an einen vor langer Zeit begonnenen Lebensroman.
2. Vergessen Sie nie, dass Kleinkinder erst ab ungefähr zweieinhalb bis drei Jahren ein Ich-Bewusstsein haben und dass bis dahin alle Ereignisse, also jegliche von außen kommenden Informationen, als Grundprägungen wirksam werden können.
3. Das Grundvertrauen, das einem Kind vermittelt wird, ist die Basis für eine lebenslange seelische Grundstimmung.
4. In den ersten sieben Jahren sollen dem Kind keine Lernprozesse abverlangt werden, die üblicherweise dem Schulalter vorbehalten sind. Überforderung in der Kindheit kann zu Demenz im Alter führen.
5. Kinder sind bis zum siebten Lebensjahr reine »Kopisten«, deren Verhalten sich ausschließlich am Verhalten der Umgebung orientiert. Das beste Vorbild ist derjenige, der in Liebe das Gute und Richtige vorlebt.

Die Qualität der Kinderschicksale zeigt die Qualität der Zukunft des Volkes, in dem sie aufwachsen.

5. KAPITEL

Das zweite Jahrsiebt von sieben bis vierzehn:

Das Ich und sein Du

Bevor wir uns nun gleich über einen der spannendsten Lebensabschnitte des Menschen unterhalten werden, möchte ich Sie noch bitten, die sehr klare Abtrennung der Septennien und anderer Zeitbezeichnungen nicht allzu wörtlich zu nehmen, denn manchmal verzögern sich Entwicklungen, oder ein Abschnitt wird schneller durchlaufen, als es die Norm erwarten lässt. Alle Zeitangaben sind also nur als Richtschnur gedacht, welche der Erfahrung die besten Anhaltsmöglichkeiten bietet.

Mit dem achten Lebensjahr verändert sich die Welt des Kindes beinahe schlagartig. Selbst wenn es vorher einen Kindergarten besucht hat, bekommt es doch sehr schnell zu spüren, dass ab jetzt ein anderer Wind weht. Meist tritt dem Erstklässler in der Gestalt des Lehrers zum ersten Mal eine wirkliche Autorität gegenüber, die er akzeptieren muss und deren Anweisungen er zu befolgen hat. Dieser erste Lehrer, diese erste Lehrerin prägen das Verhalten und die Stimmung der ganzen Klasse und bleiben ein Leben lang unvergesslich. Denn diese Personen sind es normalerweise, welche die gesamte Entwicklung ihrer Schutzbefohlenen nicht nur durch den Lehrstoff, sondern durch ihre eigene Lebens- und Weltanschauung in eine bestimmte Richtung lenken. Mit dieser Gestalt des Lehrers trifft das Kind auf einen Menschen, dessen Anerkennung *erarbeitet*

werden muss. Hier wird es zu einer Zeit mit seinem ersten wirklich fordernden Du konfrontiert, ab der es fähig ist, die Informationen, welches dieses Du vermittelt, tatsächlich abzuspeichern. Denn erst ab dem Zahnwechsel können bestimmte Eindrücke, die über den Vitalkörper aufgenommen werden sollen, empfangen werden. Der Zahnwechsel und das Entstehen des neuen Gebisses sind ein äußeres Zeichen für eine nun entstehende Eigenständigkeit, die signalisiert: »Ich bin auf dem Weg, mich selber durchbeißen zu können.« Denn die Milchzähnchen bestehen noch aus vererbtem Material, während dieses neue Gebiss schon das Ergebnis eines selbständigen Aufbaus ist. Sowohl die Qualität der ersten wie auch der zweiten Zähne könnte jedem, der von dieser Information und ihrer Entschlüsselung weiß, viele Hinweise auf die Vorgeschichte eines Kindes geben. Die Substanz des Zahnmaterials ist absolut nicht nur das Ergebnis einer guten oder mangelhaften Ernährung, sondern der Ausdruck von viel tiefer greifenden Kräften, welche auch für die Bildung der Knochensubstanz zuständig sind. Es sind dieselben Kräfte, die gegen Ende des 1. Kapitels über die Rhythmen als ahrimanisch bezeichnet und beschrieben wurden.
Hatte das Kind bis jetzt ein tiefes Bedürfnis, seine Phantasie zu beschäftigen, so entsteht nun ein Verlangen, Wissen durch lebendige Bilder vermittelt zu bekommen. Gleichzeitig entsteht der Drang, Dinge erforschen und sie selber gestalten und schaffen zu wollen. Der Stolz und die Freude an einer selbst hergestellten Sache schaffen einen seelischen Antrieb, der für das Kind wie eine Offenbarung erscheint. Wollte es bisher an eine gute Welt glauben, so soll dieser Erwartung nun ein weiterer Aspekt hinzugefügt werden: Das Kind will an die Schönheit der Welt glauben.
Die Vorstellung von Gutem und Schönem am Anfang des zweiten Septenniums unterscheidet sich von der eines Erwachsenen mitunter gewaltig, denn das Kind ist noch nicht beurtei-

lungsfähig und kann auch den Zusammenhang von Ursache und Wirkung noch nicht verstehen. Es akzeptiert nun nicht mehr »Kopiervorlagen«, sondern sucht nach Personen, zu denen es aufblicken kann und die etwas an sich haben, was die Ahmung der Seele des Kindes beantwortet. Der wunderschöne Begriff der Ahmung ist kein Druckfehler, sondern stammt aus der Philosophie und ist eine Zusammenziehung der beiden Worte »Ahnung« und »Meinung«. In den ersten beiden Zeilen des nachfolgenden Gedichtes von Friedrich Rückert, das wie kein anderes das Geheimnis der »Ahmung« erfasst, ist mit dem »ruhenden Bild« die Ahnung, also die Sehnsucht nach der Verwirklichung einer inneren Vorstellung in der Realität, ausgedrückt, während sich die Meinung mit der friedlosen Suche nach Erfüllung offenbart. Denn die Wurzel des Wortes »meinen« entstammt dem altirischen »mian« und bedeutet »wünschen und verlangen«.

In jedem ruht ein Bild
des, was er werden soll,
solang er das nicht ist,
ist nicht sein Friede voll.

FRIEDRICH RÜCKERT

Diese Vorstellung vom Selbst, die wie ein eingeborenes Leitbild von jeder Zelle des Körpers bewahrt wird, enthält natürlich nicht nur das berufliche Werden, sondern den grundsätzlichen Schicksalsplan, der, wie wir inzwischen wissen, natürlich vom freien Willen beeinflusst und verändert werden kann. Es ist die schicksalsmäßige Bestimmung eines jeden Menschen, das oben beschriebene ruhende Bild aus dem Unterbewussten in ein erwachtes Gegenwartsbewusstsein zu übertragen, und die junge Seele weiß instinktiv den nächsten Schritt, der näher zum Ziel, also zur inneren Zufriedenheit, führen soll: **das ehrfürchtige Bewundern.** Doch wie sieht dieser sehr intime Vorgang der Wahl eines heimlichen Objekts der Anbetung heute aus?

Kreischend und der Ohnmacht nahe sammeln sich Tausende von Kindern dieses Septenniums um Vorbilder, die, nur wenig älter, seltsam kostümiert und mit zu Berge stehenden Haaren, auch noch nicht genau wissen, wer sie eigentlich sind. Die Labilität und der seelische Überdruck der kindlichen Seele werden heute durch kühle Berechnung der Medienindustrie herausgefordert und gezüchtet. Die übliche kollektive Hysterie bei den sorgfältig kalkulierten Massenveranstaltungen mit zunehmend jüngeren Teilnehmern erscheint inzwischen als völlig normales Benehmen, das mit einem mehr oder weniger verwunderten Kopfschütteln hingenommen wird. Wie lange wird es eigentlich noch dauern, bis die vielen Gesichter des Missbrauchs erkannt und mit dem Elend unserer kindlichen Jugendlichen in Verbindung gebracht werden?

Die Sehnsucht nach Identifikation wird durch die Allgemeinheit auf ein kollektives Du, wie zum Beispiel eine Fußballmannschaft oder, wie oben beschrieben, eine Pop-Band, gelenkt. Aus diesen Gruppen wird dann meist eine Einzelperson »erwählt« und zum Leitstern erhoben. Denn im Gegensatz zum Erwachsenen will sich das Kind mit einem ganz bestimmten Du identifizieren und dabei aber gleichzeitig in eine Umgebung integriert sein, die dasselbe »cool« findet. Man will so sein und so aussehen wie die Vorbilder, die man vorgesetzt bekommt. Also lautet ein Leitsatz: **Ich will gefallen, um geliebt zu werden.** Diese Sehnsucht ist von der Konsumwirtschaft erkannt worden und wird von ihr gnadenlos ausgenutzt. Nicht nur von befreundeten Familien weiß ich, welche Terrorsituationen entstehen können, wenn die neu gekaufte Jeanshose nicht das erwünschte Label an der Außentasche trägt und die Schuhe nicht augenscheinlich von der Firma hergestellt wurden, die gerade »in« ist. Natürlich waren es nicht die Kinder, die zuerst auf die Idee kamen, sich mit teuren Produkten zu dekorieren, sondern konsumorientierte Eltern, die glaubten, ihrem Nachwuchs damit etwas Gutes zu tun. Doch wenn schon Kleinkinder im Kindergarten wie Zirkuspudel dressiert werden, dann ist es nicht erstaunlich, wenn die Differenzierung durch Statussymbole in der Schule fröhlich weitergeht. Zum Glück gibt es immer mehr Direktoren, die das Problem erkannt haben und die mit eindeutigen Forderungen nicht nur Handyverbote, sondern auch gelockerte Einheitskleidung durchsetzen. In diesen wichtigen Entwicklungsjahren gibt es ein tiefes Bedürfnis nach Integration und Zugehörigkeit. Man will wahrgenommen werden, aber keinesfalls auffallen, man kann originell und doch noch nicht individuell sein. Denn bis zur Individualität fehlt noch ein ganzes Stück, nämlich die völlige Ausreifung des Vitalkörpers und die viel zeitaufwendigere Reifung des Seelenkörpers. War im ersten Septennium die Beurteilung des Guten noch ein undurchschaubares Geheimnis, so ist die jetzige Wahl des Schönen ein offensichtlicher und durch die Allgemeinheit beeinflusster Vorgang, der aber immer typisch ist für das Grundanliegen dieses Lebensabschnitts: **Ich will mich in einem Du wiederfinden.** Dieser Anspruch unterscheidet sich von der früheren »Kopistentätigkeit« vor allem dadurch, dass er von einem Bewusstsein gesteuert ist, das schon eine Zielvorstellung in sich trägt. Das Kind sucht etwas ihm Entsprechendes, für das es sich ohne äußere Anweisung entscheiden kann und das ihm »ganz alleine gehört«. Deswegen kann das Du niemals eine ganze Gruppe sein, sondern immer nur die bestimmte Einzelperson. Mit der Wahl dieser ganz bestimmten Vorbilder und Freunde tritt die erste selbstgewählte Schicksalhaftigkeit zutage, denn Gleich und Gleich gesellt sich gern, wobei das Gleiche niemals dasselbe ist, womit auch dem Ausspruch, dass Gegensätze sich anziehen, Genüge getan ist.

Erinnern Sie sich noch an die allerersten selbstgewählten Vorbilder und Umgangspersonen Ihres Lebens? Sollten Sie noch heute mit einem in ihrer Kinderzeit bewusst gewählten Du in

Kontakt stehen, so werden Sie ein Phänomen bemerken, welches die Behauptung über den Beginn von Schicksalhaftigkeit bestätigt. Sie werden feststellen, dass die Person in der ersten Lebenshälfte, also bis zur geschätzten Lebensmitte, Ziele angestrebt hat, die sich Ihnen selbst erst *nach* diesem Zeitpunkt gezeigt haben, und umgekehrt, denn dieser Mensch ist ein von Ihnen gewähltes Spiegelbild Ihres eigenen Seins und Ihrer Strebungen. Die Wahl dieses Spiegels vollzieht sich natürlich unbewusst und auch nur scheinbar freiwillig, denn der Hintergrund dieser ersten Partnerwahlen ist bereits eine sogenannte genotropische Strebung. Dieser überaus elegant klingende Begriff bezeichnet nichts anders als eine triebgesteuerte Anziehungskraft, die zwischen zwei Menschen auf Grund ihrer wechselseitigen Ahnenstrebungen entsteht. Dieser unbewusste Zwangsschicksalserzeuger zeigt sich zum ersten Mal genau in diesem Lebensabschnitt, in dem das Ich-Bewusstsein bereits vorhanden, jedoch noch nicht wirklich ausgebildet ist. Sogar später, als erwachsener Mensch, ist es äußerst schwer, diese wie ein Magnet wirkende Kraft richtig einzuschätzen. Denn sie muss nicht nur erkannt, sondern auch zugeordnet werden. Es gibt durchaus vom Schicksal gesegnete Menschen auf dieser Erde, die in Bezug auf Menschenkenntnis eingebaute Warnsysteme mit sich zu führen scheinen, die gerne als »Bauchgefühl« beschrieben werden. Dieses Signalsystem besitzen wir alle, doch es ist eine Frage der Klarheit des beobachtenden Bewusstseins, ob wir die darüber empfangenen Informationen richtig zuordnen können oder nicht. Ein Kind kann sie jedenfalls weder differenzieren noch beurteilen und sich also auch nicht bewusst entscheiden, weil die innere Evolution erst lernen muss, mit den äußeren Möglichkeiten zusammenzuwirken.

Manche Menschen schaffen es niemals, diesen Vorgang unter Kontrolle zu bekommen, was natürlich eine Schicksalsbildung zur Folge hat, deren Kennzeichen darin bestehen, dass immer wieder in die gleichen Schicksalsfallen getappt wird, weil man

stereotyp auf die gleichen Unheilbringer hereinfällt, dafür aber die Glücksbringer übersieht.
Doch wie kann man diese Unterscheidungsfähigkeit erlernen? Leider ist die Antwort darauf für Sie, falls Sie sich von obigem Problem angesprochen fühlen, überaus unbefriedigend. Denn dieses Können entwickelt sich entweder bis zum 21. Lebensjahr *scheinbar* wie von selbst oder stellt sich durch Erfahrung erst frühestens im achten Septennium, also den Lebensjahren zwischen 49 und 56 ein. Es gibt auch Fälle, wo durch Schock, Koma- oder auch Narkosezustände eine plötzliche Bewusstseinsveränderung eintritt, doch diese Ausnahmezustände entsprechen nicht der Norm. Sollten Sie jedoch Kinder oder Enkel im Alter zwischen 7 und 14 haben, dann wäre es gut für Sie zu wissen, dass diese Fähigkeit genauso trainiert werden kann wie die Muskeln und Sehnen unseres physischen Körpers, dem es ab einem bestimmten Alter auch nicht mehr gelingt, in einen eleganten Spagat zu sinken, wenn er vorher nie geübt wurde. Das Geheimnis heißt Gedächtnis- und Wahrnehmungstraining! Dabei können Spiele genauso hilfreich sein wie die eher weniger beliebte Möglichkeit des Auswendiglernens. Die Grundlage aller Übungen besteht darin, dass drei Punkte beachtet werden:

1. Jedes Aufnehmen von Lerninformation benötigt völlige Konzentration.
2. Informationen bleiben dauerhaft im Gedächtnis, wenn sie zusammen mit einem Bild abgespeichert werden (Link-System).
3. Jede laut ausgesprochene Informationsbeschreibung prägt sich nachhaltiger ein als lautlose Gedankenarbeit.

Ganz nebenbei möchte ich allen ebenfalls mit einem »Gedächtnissieb« geschlagenen Mitschwestern und -brüdern einen Trick aus meiner ganz privaten Experimentierkiste verraten, der sich ziemlich seltsam anhört, dafür aber umso besser funktioniert: Suchen Sie sich ein ganz bestimmtes Codewort aus, das Sie immer *am Anfang und am Schluss* eines Merkvorgangs laut aussprechen. Sie können Befehle wie zum Beispiel »abspeichern«, »jetzt merken« oder »aufzeichnen« benützen oder sich auch ein ganz persönliches Phantasiewort zusammenbasteln. Diesen Befehl dürfen Sie allerdings nie wieder verändern.

Für Kinder jedoch gilt grundsätzlich zuallererst die Regel: **Das Gedächtnis muss ausgebildet werden.**

Denn diese Ausbildung bewirkt im Vitalkörper Vorgänge, die es dem Kind möglich machen, mitgebrachte Fähigkeiten aus seinem Unbewussten nach außen zu transportieren. Die Themen sollten unter Verwendung von Bildmaterial aus den verschiedensten Wissensgebieten gewählt und niemals halbherzig vorgetragen sein.

Verhinderte Ausbildungsmöglichkeiten sind verhinderte Entwicklungsmöglichkeiten, die von den Jugendlichen später nicht mehr nachholt werden können. Sicher kann eine Schulausbildung auch noch in viel späteren Jahren stattfinden. Die gleichzeitige Ausbildung der Seelenkörper wird jedoch niemand später nachliefern können. Denn nur im zweiten Septennium vollzieht sich der Reifungsprozess der Atmungsorgane, des Herzens und des gesamten Kreislaufs. Dieses Trio entwickelt sich während dieser Zeit zum Träger der Gefühle, die in uns Zustimmung und Ablehnung, also Anti- und Sympathie entstehen lassen. Gleichzeitig wird damit der Grundstein nicht nur in Bezug auf das vorher beschriebene »Signalsystem« im Umgang mit Menschen gelegt, sondern generell die Basis für Unterscheidungsfähigkeit in allen Gebieten des Lebens geschaffen.

Während meiner Ausbildungszeit zur Pädagogin war die »antiautoritäre Erziehung« gerade groß in Mode und für mich, die Landpomeranze, ein ständiges Reizthema. Instinktiv wusste ich, dass diese Modeerscheinung, gelinde gesagt, ein pädagogisches Missverständnis war, und mit Entsetzen sah ich die »Segnungen« dieses Fehlexperiments. Inzwischen ist man sich, Gott sei's gedankt, wieder darüber im Klaren, dass Autorität ein absolutes Muss in einer wirklich begriffenen Erziehungsarbeit ist und dass ein Mangel an Autorität bei Kindern Haltlosigkeit erzeugt und keine wirkliche Innerlichkeit zulässt. Es gibt Studien über das Atemverhalten antiautoritär erzogener Kinder, welche zeigen, dass ein vermehrtes Ausatmen stattfindet. Diese Angewohnheit erzeugt Mängel im Vitalkörper, die dazu führen, dass eine starke Neigung zu extravertiertem Verhalten zu beobachten ist, das Kind sich also übermäßig den Geschehnissen der äußeren Welt zuwendet und in der Folge immer mehr von ihnen abhängig wird.

Allerdings gibt es dagegen auch übertrieben autoritäre Einflüsse, die vor allem im 2. Septennium eine negative Wirkung haben und aus grundsätzlich normalen und aufgeschlossenen Naturen verbildete Menschen machen können. Wer in dieser Zeit unter ständigem Druck oder gar einem Schreckensregiment zu leiden hat, dauernde Angstzustände durchleben muss und sich durch Autoritätspersonen bedroht fühlt, verändert, ähnlich wie das antiautoritär erzogene Kind, seine Atemrhythmen. Hier wird, im Gegensatz zum übermäßigen Ausatmen, der Atem angehalten, das Gefühl der zugeschnürten Kehle setzt ein, gefolgt vom buchstäblich empfundenen Stein auf der Brust. Das Ergebnis ist ein introvertierter Sonderling, bei dem sich nicht selten der Drang zu Drogen- und Alkoholmissbrauch zeigt.

Über das richtige Maß der Anwendung von Autorität herrschen noch immer weitgehende Unsicherheiten, die durch Situationen entstehen, die mit Erziehungsfehlern in den ersten sieben Jahren zu tun haben. Jetzt zeigen sich die Auswirkungen von eingehaltenen Ritualen, positiven Nachahmungsmustern und sorgfältig gepflegter Phantasie und Beschäftigung.

Bei Kindern, deren Betreuer zum Beispiel nie auf die Einhaltung bestimmter Schlafenszeiten geachtet haben, werden sich jetzt allmorgendliche Kampfszenen im Kinderzimmer abspielen. Wer nie gelernt hat, sich bestimmten Tages- und Nachtrhythmen zu fügen, wird diesen Mangel, vor allem am Anfang der Schulzeit, bitter zu spüren bekommen. Konzentration und Aufmerksamkeit können bei unausgeschlafenen und deswegen meist gereizten Kindern nicht auf Knopfdruck erzeugt werden. So werden die Anfangsbegriffe im Unterricht im wahrsten Sinn des Wortes verschlafen, um dann Schulschwächen nach sich zu ziehen, die unter wunderbaren Neubegriffen wie zum Beispiel »Teilleistungsschwäche« abgebucht werden. Das Erlernen von Pflichterfüllung und Disziplin, das sollte nie vergessen werden, sind am Anfang Hauptfächer des Lehrplanes. Leider habe ich nie herausfinden können, wer das geniale Montessori-Erziehungskonzept des »spielerischen Lernens« als grundsätzliche Basis von Unterricht missverstanden hat. Was Maria Montessori bezweckte, war die Ausbildung der Kinderseele durch lehrreiche Beschäftigung auch während der Spielzeit, nicht aber ein spielerisches Verhalten im Erlernen des Schulwissens, wie es von verschiedenen Pädagogen noch heute empfohlen und praktiziert wird. Bei ihnen können sich alle Eltern und Kinder bedanken, die mit dem Thema Pflicht und Disziplin nicht nur in den darauffolgenden Jahren, sondern lebenslang in Kollision kommen werden. Spiel ist Spiel, und Lernen ist Lernen! Wer nicht spätestens bei Schulbeginn diesen gravierenden Unterschied vermittelt bekommt, wird ihn später kaum mehr akzeptieren wollen. Spielen ist wie das Ausatmen, ein inneres Entspannen, ein Loslassen. Lernen ist wie das Einatmen, ein inneres Versammeln, ein Heranziehen. Wer, so frage ich Sie, kann gleichzeitig ein- und ausatmen?

Übertrieben autoritäre Erziehung ist ebenso abzulehnen wie das Gegenteil, wobei die endlosen Diskussionen über das rechte Maß nie von den wirklich berufenen Pädagogen geführt werden. Denn wer Kinder liebt, wird mit diesem Thema keine wirklichen Schwierigkeiten haben. Wer jedoch glaubt, dass Liebe allein ein guter Erzieher ist, dem sei hier noch einmal versichert: Ein Kind braucht konsequente liebevolle Strenge genauso wie das Gefühl, dass es *grundsätzlich* geliebt und geachtet ist. Die Würde des Kindes sollte unantastbar sein, denn, wie heißt es so wahr: »The first cut is the deepest!« (Der erste Schnitt ist der tiefste, also auch der schmerzhafteste.) Die scheinbar nebensächlichen kleinen Demütigungen, die, oft unter dem Mäntelchen von Scherzen und Späßchen verborgen, auf die leichte Schulter genommen werden, liegen schwer auf der Kinderseele und bleiben, vor allem wenn sie in der Mitte dieses Septenniums stattfinden, oft für immer im Gedächtnis.

Es gibt nämlich im Leben eines jeden Menschen einen Zeitpunkt, der so ungeheuer wichtig ist, dass man ihm eigentlich ein eigenes Kapitel widmen sollte. Er wird als der **Rubikon** bezeichnet und findet ungefähr in der Mitte des 10. Lebensjahres statt. Im Altertum war Rubikon der Name eines kleinen Flusses in der Nähe von Rimini, der geschichtliche Bedeutung erhielt, weil Cäsar ihn zu überqueren geruhte, was bedauerlicherweise im Jahre 49 v. Chr. einen Bürgerkrieg auslöste. Bei dieser Gelegenheit fiel übrigens der berühmte Spruch: «Alea iacta est!« (Der Würfel ist geworfen.)

In den vorher angesprochenen Zeitabschnitt fällt ein Ereignis, das so einschneidend und nachhaltig ist, dass der Würfelspruch dazu passt wie die Faust aufs Auge: Es beginnt sich eine Innenwelt zu entfalten, die eine differenzierte Betrachtung der Beziehung zur Außenwelt herausfordert. **Das Ich erwacht auf der Gefühlsebene des Seelenkörpers.** Oder einfacher gesagt: Ab diesem Zeitpunkt wird das Kind fähig, sich wirkl*ich* gefühlsmäßig mit Ereignissen zu identifizieren, und es zeigt sich zum ersten Mal, dass die Psyche auf diese Veränderung mit einem anderen Bewusstsein reagiert.

Sicherlich hat es Sie auch schon erstaunt, wie leicht kleinere Kinder mit Tragödien umgehen, wenn diese vor dem oder ganz zu Beginn des zweiten Septenniums eintreten. Nun kennen Sie den Grund: Die Identifikation mit dem Ereignis kann noch nicht in der Art vollzogen werden, wie sie bei einem etwas älteren Menschen stattfindet, weil das Kind das Ereignis noch nicht in vollem Maße auf s(ein)ich beziehen kann. Dieses späte Eintreten von Gefühlsbezogenheit ist ein von der Natur vorgesehener Schutzmechanismus, der bewirken soll, dass die Bildungskräfte sich voll und ganz auf das Wachstum des physischen Körpers konzentrieren können. Wieder müssen die Ausnahmen erwähnt werden, also die Kinder, die durch Schockerlebnisse, schwere Krankheiten und Ähnliches eine frühe Reifung des Seelenkörpers erfahren. Auf Kinderkrebsstationen blickt man oft in die alten und weisen Augen dieser ganz besonderen Kinderseelen.

Generell kann gesagt werden, dass ein zu frühes Erwachen dieser Fähigkeit der Ich-Erkenntnis immer eine Überforderung ist, die sich später möglicherweise als Überempfindlichkeit oder Gefühlskälte, aber auch als übertriebene Hilfsbereitschaft und Anteilnahme zeigen könnte.

Die Erfahrung lehrt jedenfalls, dass die Art, in welcher sich diese Bewusstseinserweiterung abspielt, nicht nur als eine indirekte Beendigung der Kindheit gewertet werden kann, sondern durch die Art und Weise, wie sie vom Kind angenommen und verarbeitet wird, eine viel tiefgreifendere Bedeutung gewinnt, als bisher angenommen wurde. Dieser Rubikon ist wohl als eine Art Charakterprüfung und Erprobung der Widerstandsfähigkeit anzusehen, an dem sich die Intensität künftiger Schicksalsereignisse messen wird. Wie aber erklären sich dann die viel zu häufigen Selbstmorde, die bei Jugendlichen nach dem zweiten Septennium vorkommen und die den klugen Spruch »niemand bekommt mehr aufgeladen, als er tragen kann« ad absurdum führen? Dass sich diese Dramen ereignen können, liegt nun nicht daran, dass beim Rubikon-Erlebnis eine fehlerhafte »Maßeinstellung« der Belastungsgrenze stattgefunden hätte, sondern an Einbrüchen der Schwachstellen, welche die Folgen falscher Erziehung oder traumatischer Erlebnisse sind und die dem Aufbau der seelischen Widerstandskräfte so zugesetzt haben, dass eine Gegenwehr nicht mehr möglich scheint. Die Scheinbarkeit der Hilflosigkeit muss hier auf jeden Fall betont werden, denn tatsächlich hätte auch jeder noch so junge Mensch die Möglichkeit, in solchen gefährlichen Lebenssituationen ganz besondere innere Kraftressourcen und äußere Hilfestellungen zu aktivieren, welche ihm von seiner Umgebung vermittelt werden könnten. Doch die Verzweiflung, die bei Menschen mit mangelhafter Ausbildung des Seelenkörpers zu beobachten ist, verhindert die Erkenntnis und auch die Bereitschaft, diese Hilfe in Anspruch zu nehmen.

Befragt man verschiedene Menschen nach ihrem Rubikon-Erlebnis, so gibt es nur ganz wenige, die sich an gar nichts erinnern können. Denn für die meisten ist das Rubikon-Erlebnis mit einer Zäsur verbunden, welche die bisher gewohnten Lebensumstände für immer und unwiederbringlich umgestaltet. Fast sieht es so aus, als wenn bestimmte einschneidende Veränderungen nur auf das Erreichen dieser Reifestufe gewartet hätten. Auch scheinbar unwichtige kleine Ereignisse stellen sich in der Rückschau als riesengroße Dramen dar.

Tatsächlich verhält es sich so, dass jedes Ereignis, das zum ersten Mal mit einer Ich-Identifikation einhergeht, als außergewöhnliche Besonderheit dargestellt wird, denn es ist der Eröffnungsakt auf der Theaterbühne der großen Gefühle. Dieses Erlebnis betrifft direkt die Seele, und das Ich kann ihm nicht ausweichen. Wenn die Menschen wüssten, wie schicksalsbezeichnend und bedeutend dieser Moment ist, und wie viel Aufschluss er über alles Gewesene und Kommende gibt, dann gäbe es bald genauso viele Rubikon- wie Rückführungs-Spezialisten samt Nebenprogrammen.

Es ist kein Zufall, dass in die zweite Hälfte dieses Zeitabschnittes die Vorpubertät fällt und mit ihr sehr oft die erste große Seelenberührung durch Liebe, die in dem Wirrwarr hormoneller Einflüsse dieser Entwicklungsphase fast immer eine bittersüße Erfahrung ist.

Haben sich vorher alle Kräfte auf den Aufbau des physischen Körpers konzentriert, so beginnen sie sich nun langsam, aber stetig auf die vollkommene Ausbildung des Seelenkörpers zu verlagern. In unserer Zeit erleben die Mädchen bereits in diesem Alter, nämlich zwischen elf und 14 Jahren, ihre erste Menstruation, während die Jungen mit ihrer ersten Ejakulation erfahrungsgemäß eher etwas später Bekanntschaft machen.

Nun, gegen Ende der Kindheit, entsteht in der Vorstellungskraft des Kindes ein Idealbild von sich selbst, dem es mit allen Mitteln versuchen wird, gerecht zu werden. Für die Eltern beginnt die qualvolle Zeit der Badezimmerblockade und der Telefonbesetzung.

Eine neue Ära kündigt sich an, die an Kinder wie Eltern gleichermaßen größte Anforderungen stellt, denn die kommende Entwicklungsphase bereitet die Selbständigkeit und die Trennung von der Familie vor. Eine eigene Welt bahnt sich den Weg.

Das 2. Septennium auf einen Blick

1. Heranwachsende Kinder benötigen eine klare und unmissverständliche Anleitung, welche das rechte Maß zwischen Autorität und Freiheit findet.
2. Der sogenannte Rubikon mit neuneinhalb Jahren verdient besondere Beachtung und Betreuung, da er den Maßstab für die Fähigkeit zur Schicksalsverarbeitung setzt.
3. Zwischen den Zeiten der Pflichterfüllung und den Stunden der Freizeit muss eine klare Trennung erkennbar

sein. Das sogenannte spielerische Lernen außerhalb der Freizeit erschwert unnötig die Erziehung zu Pflichterfüllung und Disziplin.

4. Die Schulung des Gedächtnisses ist die Grundlage von erfolgreichem Lernen und die Basis des logischen Denkens.
5. Die Würde des Kindes soll unantastbar sein. Jede Demütigung und jeder Übergriff hinterlässt in diesem Alter eine bleibende Verletzung und Narben in der Erinnerung.

Ein Kind, das nicht beizeiten lernt, was Disziplin und Pflichterfüllung bedeuten, wird später vom Schicksal umso mehr in die Pflicht genommen.

6. KAPITEL

Das dritte Jahrsiebt von vierzehn bis einundzwanzig:

Das Ich und der Rest der Welt

»Mit 14 Jahren und sieben Wochen ist der Backfisch ausgekrochen.« So steht es in älteren Büchern über den Beginn der »Adoleszenz«, also der Jugendzeit, geschrieben. Inzwischen haben sich die Reifezeiten durch die Einwirkung der äußeren Einflüsse (kollektives Bewusstsein, Bebilderung der Seele) nachhaltig verschoben. Würde man heute einem beinahe 15-jährigen Mädchen sagen, dass es sich eben am Beginn der Jugendzeit befindet, würde es wahrscheinlich schallend lachen. Denn Tatsache ist, dass Mädchen in diesem Alter bereits aussehen wie die heiratsfähigen jungen Damen vor 100 Jahren, wobei man zugeben muss, dass in europäischen Königshäusern die jungen Prinzessinnen früher sehr oft bereits vor Beendigung des 16. Lebensjahres verheiratet waren. Man denke nur an Marie Antoinette, die, noch nicht einmal 15-jährig, nach dem Grundsatz des Hauses Habsburg »tu felix austria nube« (Du, glückliches Österreich, heirate), an den späteren König von Frankreich, Ludwig XVI, verschachert wurde. Heute heiratet man eher zögerlich, doch die intimen Beziehungen fangen viel früher an, als manche Eltern vermuten. Spricht man mit den »frühen Früchtchen«, so wird man schnell merken, dass sie von sich aus eigentlich gar nicht so wild auf das »erste Mal« waren, sondern entweder durch Außeneinflüsse oder die Angst, das Objekt der ersten großen Liebe durch Ver-

weigerung zu verlieren, die durchaus noch vorhandene innere Hemmschwelle überwunden haben.
Zwar wollen die früher gemachten Erfahrungen mit bewunderten Vorbildern jetzt auf eine wirkliche Du-Beziehung übertragen werden, doch die Sehnsucht, mit einem anderen Menschen zu einem Ganzen zu werden, will eigentlich noch eine Zeitlang ein Traum, eine Vorstellung bleiben.
Auch bei den männlichen Jugendlichen ist der Mut, sexuelle Phantasien zu verwirklichen noch lange nicht so ausgeprägt, wie manche Jugendillustrierten uns suggerieren wollen. Denn so früh unsere Kinder auch äußerlich gereift scheinen, die Seele lässt sich in ihrem Wachstumsprozess nicht drängen. Und so bleibt bei Jugendlichen aus normalen Familienverhältnissen noch immer eine Barriere aus Scham und Unsicherheit wie ein Schutzwall bestehen, bis die Zeit wirklich reif ist. Die Gefühle müssen erst mit sich selbst ins Reine kommen, und der innere Aufruhr, der für diese Zeit symptomatisch ist, will überwunden sein, bevor dieser große Schritt stattfinden soll.
Durch das Wachsen und die Anpassung des Seelenkörpers an den physischen Körper werden jetzt Erinnerungs- und Wahrnehmungskräfte transformiert, die dem Kind ganz am Anfang seines Lebens noch eine Verbindung zu seiner vorgeburtlichen Existenz und auch zu der übersinnlichen Welt erhalten haben. Die Zeit, in der es noch einen für die Umwelt nicht wahrnehmbaren unsichtbaren Freund gab und in der noch Elfen gesehen werden konnten, ist für immer vorbei. Damit ist das Paradies der Kindheit unwiederbringlich verloren. Es muss also eine neue Heimat geschaffen werden, in der Körper, Geist und Seele sich der eigenen Vorstellung entsprechend wohl fühlen können. Dieser mühevolle Prozess setzt sich nur in Gang, wenn der Jugendliche die Bestätigung für seine Erwartung an dieses Septennium bekommt: **Der Mensch will glauben, dass er in einer Welt lebt, die ihn meint und die seiner Sehnsucht nach Zugehörigkeit eine wahrhaftige Heimat geben will.** Das be-

deutet vor allem geistiges Arbeiten und Streben. Auf diesen Moment hat der private Ahnensaal, über den jeder Mensch verfügt, nur gewartet. Denn diese im Erbgut mitgelieferte Gesellschaft hat die Angewohnheit, jede sich nur bietende Gelegenheit wahrzunehmen, um sich über ihre Nachkommen ihren ganz privaten Auftritt zu verschaffen. Diese Ahnenansprüche, die man als familiäres Unterbewusstsein bezeichnet, machen sich so lange im Bewusstsein eines Menschen breit, bis dieser so weit ist, dass er das Spiel durchschaut und seine bis dahin unbewussten Schicksalsmöglichkeiten gegen diese Untermieter durchsetzt oder gewinnbringend koordiniert. Erst dann kann er die Segnungen der freien und unbeeinflussten Wahl innerhalb seines Schicksalsprogramms genießen und zu seiner persönlichen Existenzform kommen.

Sollten Sie jetzt glauben, dass Sie selbst von diesem Phänomen nicht betroffen sind, dann wären Sie bei Besichtigung Ihrer Ahnengalerie wahrscheinlich hocherstaunt zu sehen, wessen Lebensgeschichte Sie bis jetzt mehr oder weniger wiederholt haben. Diese scheinbar erzwungene Kopistentätigkeit erinnert fatal an den Nachahmungsanspruch des Kindes im ersten Jahrsiebt. Dieser Eindruck ist völlig richtig, denn unbemerkt von der Außenwelt vollziehen sich in jedem übernächsten Septennium überraschend ähnliche Entwicklungen, die sich allerdings auf verschiedene Bewusstseinsebenen beziehen. War es beim Kleinkind das noch nicht oder eben erst erwachende Ich, das nach einer Orientierung verlangte, so will sich das heranwachsende ichbewusste Wesen in keiner Weise als gegängelt empfinden, obwohl es im Grunde ähnlich reglementiert wird wie im ersten Abschnitt seines Lebens. Ungeachtet dessen ist der Anspruch nach Unabhängigkeit und Freiheit nie größer als jetzt, was natürlich jeder zu spüren bekommt, der dieses Bedürfnis einschränken will.

Wie aber entkommt man dieser anscheinenden Fremdbestimmung? Zunächst sollten wir akzeptieren, dass nichts, was in uns enthalten ist, sich zufällig dort angesiedelt hat. Es hat dort Platz genommen, weil es Bestandteil unseres Wesens ist. Dieses Paradox der fremden Bestimmung, an der sich die eigene orientiert, stellt sich auf den ersten Blick so schwierig dar wie eines der berühmten Rätsel der Sphinx. Doch diese Aufgabe erfordert genauso dringend eine Lösung wie das damalige Problem der Belagerung der Stadt Theben durch dieses halbmenschliche Monster, das sich auf einem Hügel vor der Stadt häuslich niedergelassen hatte, um nichtsahnende Vorbeikommende mit kryptischen Befragungen zu belästigen. Doch nicht nur diese Aufdringlichkeit wurde negativ verzeichnet, vielmehr empfand man es als überaus unangenehm, dass dieses sagenhafte Wesen seine Grundversorgung sicherstellte, indem es jeden, der seine Fragen nicht beantworten konnte, kurzerhand verspeiste. Erst als der schicksalsbeladene Ödipus des Weges kam, konnte dem unerträglichen Zustand durch dessen Scharfsinn ein Ende bereitet werden. Die Sphinx stürzte sich vom Felsen in den Tod.

Diese Straße nach Theben haben wir mehrmals während unseres Lebens zu beschreiten. Das erste Mal treffen wir auf die Rätselfrage unseres eigenen Seins im dritten Septennium. Nur wenige Menschen sind sich ihrer Fähigkeiten und Zielstrebungen in diesem Alter so bewusst, dass sie in den entscheidenden Momenten einen kühlen Kopf bewahren, die Ahnenansprüche mit Hilfe eines selbstbestimmten Ich durchschauen und in die Schranken weisen können und damit also die Sphinx in den Tod stürzen.

In bedrückender Weise treten diese Besetzungen in den Momenten zutage, wo Menschen reiferen Alters gefragt werden, ob der Beruf, den Sie als junger Mensch gewählt und seitdem ausgeübt haben, der Beschäftigung entspricht, die für sie *eigentlich und wesentlich* ist. Nur ein geringer Prozentsatz kann diese Frage bejahen. Die anderen blicken betreten zu Boden und werden sich oft zum ersten Mal bewusst, dass sie an ihrer eigentlichen Bestimmung bis jetzt vorbeigegangen sind. Im dritten Septennium tritt die Frage der Berufswahl an jeden Menschen heran und fordert spätestens jetzt den vor langer Zeit erwachten Willen zum zielgerichteten Wollen und Denken heraus.

Wer bis jetzt seine eigenen Handlungen nicht beobachtet und gelernt hat, sie zu kontrollieren, wird mit der Wahl der künftigen Beschäftigung Schwierigkeiten haben. Denn entweder wird er abermals als »Ahnenmarionette« tätig werden oder sich, einem äußeren Druck nachgebend, in eine bestimmte Richtung drängen lassen und dabei wahrscheinlich gar nicht merken, dass er dabei ist, wiederum eine opportune Entscheidung zu treffen. Die Gratwanderung zwischen unbewussten Trieben und wachsendem Ich-Bewusstsein, das eine eigene Vorstellung von sich selbst erschaffen und in die Welt integrieren will, wird durch die symptomatische Strebung dieses Septenniums, **»Ich will beliebt werden«**, nicht gerade erleichtert. Die Innenwelt treibt, die Außenwelt lockt, und dazwischen steht ein werdender Mensch, der seinen einzigen wirklichen Halt in den bisher erfahrenen und vermittelten Werten finden kann.

Es ist bezeichnend für unsere Gesellschaft, dass eine sprunghafte Vermehrung von »Nesthockern« im späteren vierten Septennium zu beobachten ist, die ihren Ernährern auf der Tasche liegen und nicht daran denken, diesen Zustand zu beenden. Da die Eltern instinktiv erfühlen, dass dieses Verhalten in den meisten Fällen weder mit Faulheit noch mit Bösartigkeit zu tun hat, wird die einzige Möglichkeit, die helfen kann, nicht genutzt: Die geöffnete Haustür mit dem Wink nach draußen! Alles andere bewahrt nur einen Zustand, der die Entwicklung und Zielbestimmung des jungen Erwachsenen stark behindert.

Das Schlimmste, was einem Jugendlichen passieren kann, ist Untätigkeit. Denn nur über Beschäftigung kann er den angestrebten Reifegrad dieses Lebensabschnitts erreichen. Ohne

Tätigkeit entsteht eine innere Überforderung, welche die Angewohnheit des Ausweichens und Benutzens des »Weges des geringsten Widerstandes« erzeugt (Null-Bock-Generation). Die wachsenden Kräfte aber wollen verwendet sein und drängen nach außen. Werden sie nicht eingesetzt, wenden sie sich nach innen und bewirken im Seelenkörper das, wovor sich alle zu Recht fürchten: Alkoholismus, Drogenabhängigkeit, Spielsucht, Fanatismus und Selbstzerstörungsprogramme wie zum Beispiel Bulimie, Mager- und Fettsucht oder auch bis zur Erschöpfung betriebene Körperbetätigung (Sport, Ballett, Fitnesstraining).

Dieser kleine Auszug aus einer Liste von Möglichkeiten bezeichnet die heute gängigsten Fluchtverhalten, die Jugendliche an den Tag legen, wenn sie sich selbst in dieser Welt nicht wirklich vollständig integrieren können. Die notwendige Hilfe, die in vielen Fällen erst dann einsetzt, wenn es fast zu spät ist, kämpft gegen eine Phalanx von Fehlentwicklungen, die sich, trotz der Jugendlichkeit der Betroffenen, im Seelenkörper schon so festgesetzt haben wie Kletten in einem Wollpullover. »Give me a reason to live« ist der Hilfeschrei, den diese Zustände eigentlich signalisieren. »Gebt mir einen Lebenszweck, eine Bestimmung, eine seelische Heimat«, will der Jugendliche sagen und kann es oft nicht ausdrücken, weil die Introversion der Energien einen solchen inneren Angst-Schmerz erzeugt, dass die Kehle wie zugeschnürt ist. *Angst ist die Ursache jeder Krankheit.* Diese Behauptung ist keine oberflächliche Reduktion auf Schlagworte, sondern die finale Zusammenfassung der Erkenntnisse verantwortungsvoll arbeitender Mediziner und Psychologen.

Angstzustände kommen niemals aus dem Nichts, sondern werden lange vorbereitet, ehe sie sich, ausgelöst durch irgendwelche Erlebnisse oder Ereignisse, plötzlich als Dauererscheinungen wie zum Beispiel Depressionen, Phobien und Neurosen zeigen, die leider viel zu oft sogar im Suizid enden.

Die Fehler, die vor allem in den ersten sieben Jahren gemacht wurden, treten jetzt zutage und werden, zusammen mit den Ahnenstrebungen, oftmals zu einer unerträglichen Bedrückung. Und auch diejenigen, welche eine gute Kinder- und Jugendzeit durchlebt haben, werden sich ihren Platz entgegen vielen Einflüssen erobern müssen, denn der Bezug zwischen Welt und eigener Existenz wird jetzt hergestellt. Notfalls muss nun das nachgeholt werden, an dem es vorher gefehlt hat: Liebe, eiserne Konsequenz und Ritualprogramme. Der Halt, der vorher von innen nicht entstehen konnte, muss nun von außen so lange ersetzt werden, bis der Seelenkörper die Entwicklung nachgeholt hat. Die vielleicht nie erfüllte Sehnsucht nach einem Vorbild, einem zielsicheren Begleiter, muss jetzt gestillt werden, weil sich dieses Sehnen sonst in ein getriebenes und übertriebenes Suchen nach Idealen verwandelt. Daraus entsteht Anfälligkeit für Organisationen, die mit Uniformen zu tun haben, für Sekten und auch für kriminelle Gangs, kurz gesagt für Ersatzfamilien, die Halt und Geborgenheit versprechen.

Aber auch das Gegenteil, nämlich übertriebener Freiheitsdrang und exaltiertes Unabhängigkeitsstreben, sollte jetzt erkannt und korrigiert werden. Denn wenn diese Triebe nicht in die richtigen Bahnen gelenkt werden, dann entsteht der ewige »Revoluzzer«, der gegen alles und jedes revoltiert und zuletzt gar nicht mehr genau weiß, gegen wen und warum er sich auflehnt. Werden diese Kräfte richtig gelenkt, entsteht aus dem durchaus akzeptablen Widerspruchsgeist ein für die Allgemeinheit nützlicher Gegenspieler des ewigen Jasagers. Verantwortliche Tätigkeiten, etwa Verwaltungs- oder Organisationsarbeiten in der Schule, Übertragung der Betreuung bestimmter Bereiche am ersten Arbeitsplatz oder Übernahme von häuslichen Pflichten helfen beim Einordnen des Ich in eine Welt, in der man sich in diesem Lebensabschnitt entweder selbst überbewertet oder unterschätzt. Deswegen muss

Gelegenheit geboten sein, das richtige Maß im Umgang mit sich selbst und den anderen durch Erfahrungen, die durchaus auch Kollisionen mit der Umwelt beinhalten dürfen, zu erproben.

Mit 18 ½ Jahren durchläuft man eine Phase, welche die Geburtskonstellation genau wiederholt und welche die Gelegenheit von Erlebnissen entstehen lässt, die das Ich zu Aktionen veranlassen, die dem Bewusstsein ganz spezielle Impulse vermitteln. Diese Meldungen des Unterbewusstseins (oder ist es vielleicht doch ein höheres Bewusstsein?) sind bestrebt, die Menschen zu dem werden zu lassen, was sie selber immer sein wollten. Das »Bild« soll erwachen!

Für manche junge Menschen ist die Zeit nun reif für ein »Outing«, das erste öffentliche Bekenntnis einer Veranlagung oder die erste Demonstration eines Talents auf einer Bühne. Gar nicht selten habe ich auch erlebt, dass genau dann, manchmal sogar ganz kurz vor dem Abitur, die Schule »geschmissen« wurde, weil plötzlich die Vision einer anderen Bestimmung erschien. Überhaupt fängt die Welt zu locken an, und wenn es einen allgemeinen Traum in diesem Alter gibt, dann ist es eine Weltreise. Auch motorisierte Fahrzeuge, die sich nicht mehr nur durch die eigene Körperkraft bewegen lassen, sind jetzt hochbegehrt, denn die Energien wollen jetzt auf etwas übertragen werden, was auf andere Weise beherrscht und befehligt werden kann. Dass dabei so manches zu Bruch geht, wird von vielen Eltern kummervoll registriert. Der Satz: »Ich will das im Griff haben«, könnte von einem 18-Jährigen erfunden worden sein. Dieser Anspruch auf Erweiterung des eigenen Machtbereichs zeigt sich auch darin, dass der junge Mensch zwischen 14 und 21 ein eigenes Zimmer verlangt, einen privaten Bereich, zu dem nur bestimmten Personen Zutritt gewährt wird.

Die Machtentfaltung erfährt ihre natürliche Begrenzung durch Pflichtprogramme, wie Abschluss- und Aufnahmeprüfungen oder den Militär- oder Zivildienst. Die individuelle Reaktion auf dieses Abfordern von Leistung auf Abruf zeigt sehr genau, wie sich die geistig-seelischen Kräfte bis jetzt koordiniert haben. Unüberwindliche Prüfungsängste sind zum Beispiel Folgen von Vertrauensbrüchen in den ersten sieben Jahren und Enttäuschungen sowie Demütigungen im zweiten Septennium. Das persönliche Unterschätzen von Leistung und Fähigkeit ist genauso ein Mangel, der auf schädliche Einflüsse der Vergangenheit zurückzuführen ist, wie das Gegenteil, nämlich die totale Überschätzung der eigenen Person. Noch kann auf diese Ausnahmezustände eingewirkt werden, doch darf niemand glauben, dass sie aus dem Seelengefüge herausgenommen werden können wie Schubladen aus einer Kommode. Vielmehr muss die vorhandene Angst transformiert werden durch eine Stärkung und Bestätigung der Seelenkörper. Diese Empfehlung erinnert an die allseits beliebten Nachhilfestunden in den Fächern, die früher oft die Versetzung gefährdet haben. Doch hier handelt es sich nicht um eine Lernschwäche, sondern um eine instabile Konfiguration der verschiedenen Körper. Wie aber sieht eine Nachhilfestunde für eine beschädigte Kinderseele aus? Hier helfen nicht, wie oft angenommen, die in anderen Fällen erfolgreichen und in einem anderen Zusammenhang erwähnten Hilfsmittel Liebe, eiserne Disziplin und Rituale, sondern es muss erreicht werden, dass sich die verdorbenen Kontingente in Liebe verwandeln. Es ist mir durchaus bekannt, dass es hervorragende therapeutische Programme für verstörte Jugendliche gibt, doch habe ich im Lauf der Zeit festgestellt, dass es vor allem zwei Hilfsmittel sind, die auf frappierende Weise das Versäumte nachholen können: junge Tiere, die noch vollkommen dem Kindchen-Schema (Bezeichnung für Schlüsselreize, die durch große Augen, rundliche Körperformen und einen betonten Kopf den Pflegetrieb auslösen) entsprechen, und Musik, gepaart mit ganz bestimmten Bewegungen. Es ist unglaublich zu beobachten, wie sich die heilende Wirkung eines Gesprächs steigert, wenn man dem

Hilfesuchenden einen kuscheligen Welpen oder eine niedliche Promenadenmischung auf den Schoß setzt. Wer übrigens eine Möglichkeit sieht, mit Pferden und Delphinen arbeiten zu können, sollte diesen Segen einsetzen, koste es, was es wolle, denn der Umgang mit diesen Tieren erübrigt oft eine Vielzahl an Therapiestunden. Das Einsetzen der vierbeinigen Helfer hat sich vor allem in den verschiedensten Betreuungseinrichtungen für junge, aber auch für alte Menschen so unglaublich und positiv bewährt, dass viele dieser Betriebe inzwischen mit Tierheimen zusammenarbeiten. Tiere vermitteln eine Art von Tröstung, die kein Mensch zustande bringt, denn sie verfügen über kein Ich-Bewusstsein und bilden also mit einem Menschen ein ganz anderes Mischfeld, als zwischen Therapeut und Patient entsteht, wo sich naturgemäß immer zwei verschiedene Ich-Ansprüche zunächst als Kontrahenten begegnen, die sich, selbst unter besten Bedingungen, erst zueinander vortasten müssen. Da in der Beziehung Mensch–Tier nur *ein* Ich-Bewusstsein vorhanden ist, bestehen ganz andere Möglichkeiten, über relativ anspruchslose Mischfelder unkompliziert Impulse zu erlangen, die oft besser geeignet sind, Mängel auszugleichen, als die qualifizierteste Therapie. Diese Heilenergien entstehen durch eine Identifikation mit dem Kindchen-Schema (Erinnerungen an ein verlorenes Paradies!), die das junge Tier (übrigens sind auch Katzen jeder Altersklasse sehr geeignet) vermittelt und die im Menschen das Gefühl der Rührung auslöst. **Nur über den Seelenzustand der Rührung können Mängel ausgeglichen werden.** Denn wo Verkrampfungen nicht zuerst gelockert werden, kann später niemals eine wirkliche Umstellung erreicht werden.

Was die Musik- und Bewegungstherapie anbetrifft, so kann man natürlich ahnen, dass ich an erster Stelle die Eurhythmie empfehlen werde. Doch es gibt durchaus Jugendliche, die auf Bauchtanz- oder Steppkurse genauso intensiv reagieren wie andere auf hochwissenschaftlich fundierte Methoden. Das gibt meiner Hamburger Freundin Jutta, einer von Psychologie und Pädagogik völlig unbelasteten, im Umgang mit Menschen allerdings hocherfahrenen Dame, recht, deren Ausspruch »Und wenn Taubenscheiße auf dem Kopf hilft, dann nehmen wir diese!« ich hier unbedingt anführen möchte, auch auf die Gefahr hin, mich durch unbotmäßige Ausdrucksweise zu disqualifizieren. Tatsächlich ist (fast) jedes Mittel willkommen, das einem jungen Menschen zu einer Basis verhilft, die ihm einen geglückten Einstieg in das vierte Septennium möglich macht, in dem er seine vorläufig endgültige Form und Selbständigkeit erreichen muss. Diese Basis ist umso wichtiger, da ab sofort durch das gereifte Bewusstsein eine Fähigkeit ins Leben tritt, die sowohl ein Fluch als auch ein Segen ist: **Der Mensch wird ab jetzt nicht nur selbst Schicksal erzeugen, sondern es auch durch Erkenntnis verwandeln können.** Jetzt betritt er eine Arena, in der sich entscheiden wird, wer der Sieger im Kampf um die Verwirklichung des eigenen Schicksalsplans und Idealbildes sein wird. Das Spiel beginnt!

Das 3. Septennium auf einen Blick

1. Der Jugendliche muss lernen, dass derjenige, der um jeden Preis geliebt sein will, sich selbst preisgibt.
2. Auf der Suche nach seelischer Heimat ist Hilfe unverzichtbar, denn eine erfolglose Heimatsuche führt später zu Heimatlosigkeit in der Welt.
3. Die pubertäre Entwicklung setzt den Jugendlichen unter einen Druck, der oft extreme Introversion oder Aggression erzeugt. Ohne ein äußeres Beschäftigungskonzept kann kein seelischer Halt und keine Beherrschung von Gefühl und Willen erreicht werden.
4. Mit 18½ Jahren wiederholt sich die Geburtskonstellation (1. Mondknoten), wodurch das Bewusstsein mit Er-

eignissen konfrontiert wird, die helfen, ein klares Bild von sich selbst zu entwickeln.

4. Der beste Lehrmeister für einen Jugendlichen ist die Welt außerhalb des Elternhauses. Aber nur, wenn die Tür zu diesem immer offen steht.

Jugendliche ohne Vorbilder und ohne Zielstrebung werden zu Schicksals-Marionetten ihrer Ahnenstrebungen.

7. KAPITEL

Das vierte Jahrsiebt von einundzwanzig bis achtundzwanzig:

Die Welt formt das Ich

Es ist kaum mehr als 30 Jahre her, dass die Volljährigkeit in Deutschland von 21 auf 18 Jahre herabgesetzt wurde. Im Vergleich dazu stimmt die Tatsache, dass 150 Jahre vorher in verschiedenen Teilen Deutschlands das Erreichen dieser Reifestufe erst mit 25 Jahren möglich war, nachdenklich. Waren die jungen Menschen des 19. Jahrhunderts unreifer, oder waren Bewusstsein und Verantwortungsgefühl der Gesetzgeber ausgeprägter?

Wenn Sie älter als 45 Jahre sind, dann denken Sie doch jetzt einmal zurück an die Zeit, als Sie in der zweiten Hälfte des dritten Septenniums, also ungefähr 18 Jahre alt waren. Wären Sie wirklich »reif« für die Ehe gewesen, fähig, Kinder zu erziehen, Geschäfte jeglicher Art zu tätigen und außerdem die politische Situation zu durchblicken und zu beurteilen?

Wenn wir uns die heutige Jugend betrachten, dann erscheint sie in vielen Dingen reifer und durchsetzungsfähiger als noch vor 50 Jahren. Doch bei genauer Betrachtung und bei intensiven Gesprächen zeigt sich, dass die zur Schau getragene »Coolness« und Selbstsicherheit in den allermeisten Fällen nur scheinbar ist. Hinter der Maske des jungen Erwachsenen findet sich fast immer ein Menschenkind, das, bei aller Beanspruchung seiner Freiheiten und Rechte, noch immer Beistand benötigt, und zwar nicht nur auf finanziellem Gebiet. Allgemein wird am Beginn des vierten Septenniums, erwartet, dass der junge Mensch langsam »wirklich« erwachsen wird, welches aber, und das ist das Paradox, nur dann möglich ist, wenn ihm vorher genug Zeit gegönnt wurde, um diesen Zustand ohne Überforderung zu erreichen.

Wer sich mit der Entwicklung der unsichtbaren menschlichen Körper beschäftigt hat, wird wissen, dass es erst ab dem 21. Lebensjahr möglich ist, einen gewissen »Gesamtüberblick« zu entwickeln, was der junge Erwachsene natürlich ganz anders sieht. Er glaubt sich bereits im Vollbesitz seiner geistigen und seelischen Fähigkeiten, weil der physische Körper ausgereift ist und seine Kräfte beinahe unbegrenzt erscheinen. Tatsächlich ist der Seelenkörper, gemeinsam mit seinem Ich, aber eben erst im Begriff, sich zu einem homogenen Empfindungs- und Wahrnehmungsorgan zusammenzufügen, ein Prozess, der auch in diesem Septennium noch immer nicht vollständig abgeschlossen werden kann. Das Mysterium der Entwicklung dieser unsichtbaren Organe ist eines der größten Wunder des menschlichen Seins und auch die Erklärung vieler Vorgänge, die, nur in ihrem Zusammenhang gesehen, Aufschluss über bestimmte Verhaltensweisen in den verschiedensten Lebensaltern geben können.

Ab dem Beginn des vierten Septenniums bildet sich durch den bisher erreichten Reifegrad, neben vielem anderen, auch die Fähigkeit aus, Schicksal nicht nur im Bezug auf sich selbst fühlbar erleben zu können, sondern durch eigene Handlungen auch neues Schicksal zu erzeugen. Damit beginnt der Mensch automatisch in die Schicksalsabläufe anderer einzugreifen und in ihnen mitzuwirken. Das Ich-Bewusstsein wird verantwortlich für sein Tun und Lassen. Das ist kein Prozess, der mit einem Glockenschlag am 21. Geburtstag einsetzt und dessen Entwicklung mit der Stoppuhr vorauszusagen ist, sondern ein Vorgang, der umso mehr Zeit in Anspruch nimmt, je mehr die junge Seele vorher in die Reifung gedrängt

wurde. Dieses Drängen findet immer durch verfrühte Anforderungen im vorhergegangenen Septennium statt, die von körperlichem Missbrauch über Belastungen durch familiäre Missstände, bis hin zur schädlichen Bebilderung der Seele durch die verschiedenste Medien, reichen können. Ein durch diese Belastungen verformter Seelenkörper kann nur schwer eine harmonische Beziehung zu einem anderen, geschweige denn zu seinem eigenen Ich aufbauen, das nun, mit fortschreitendem Alter, immer mehr in den Vordergrund tritt.
In früheren und in vieler Hinsicht durchaus nicht immer besseren Zeiten war es Brauch, sich als junger Mann auf die Wanderschaft zu begeben, um Dingen zu begegnen, die fremd und neuartig waren. Die erwachten Ich-Kräfte fanden dadurch Gelegenheit, erprobt zu werden und dadurch zu einer Selbsteinschätzung zu kommen, welche die spätere Einordnung in die Gesellschaft und das Berufsleben erleichterte. Diese Gelegenheit bietet sich den jungen Leuten in unserer Zeit eher selten. Denn oft beginnt gleich nach dem Schulabschluss die Berufsausbildung oder das Studium, und es bleibt gar keine Zeit, in aller Ruhe über sich selbst nachzudenken. So entsteht, zusammen mit diesen Belastungen, eine nervöse innere Spannung, weil das Ich fühlt, dass es nun an der Zeit ist, zur eigenen Identität zu finden, was aber wiederum nur möglich ist, wenn der Mensch die Seelenkräfte entwickeln kann, die notwendig sind, um diesen Vorgang voranzutreiben. Wenn die Vorgeschichte fehlerhaft ist, dann werden sich jetzt die Folgen durch Unausgeglichenheit, Stressanfälligkeit und Labilität zeigen.

Doch was ist die Vorgeschichte?
Die meisten Betreuer verhaltensgestörter junger Menschen glauben, dass sich die Fehlentwicklungen durch bestimmte Ereignisse im bisherigen Lebenslauf erklären lassen. Damit mögen sie in vielen Fällen durchaus recht haben, aber wo ist der goldene Zeigestab, der auf das ursächliche Ereignis hinweist,

das der Auslöser, der Erzeuger des gegenwärtigen Elends ist? Denn die frappierende Realität zeigt, dass sich viele junge Männer und Frauen aus den wirklich unsäglichsten Familienverhältnissen und Umgebungen im vierten Septennium ganz hervorragend entwickeln, und zu belastungsfähigen, ausgeglichenen Persönlichkeiten heranreifen, die berufliche Zielstrebigkeit erkennen lassen, bereit sind, Verantwortung zu tragen und im Privatleben haltbare Partnerschaften eingehen, während sich sehr oft das genaue Gegenteil bei jungen Angehörigen von Familien zeigt, die anscheinend hervorragende Verhältnisse vorzuweisen hatten.
Diese Vorgänge widersprechen also scheinbar dem angeblichen Gesetz der Spiegelung der Septennien, das besagt, dass sich das dritte und vierte Jahrsiebt reflektierend gegenüberstehen. Genauer betrachtet, lösen sich aber die Widersprüche sehr schnell auf, allerdings nur dann, wenn man mit den Gesetzen der Reinkarnation vertraut ist. Es geschieht sehr oft, dass erfahrene und reife Seelen in nach unseren Maßstäben sogar asoziale Verhältnisse hineingeboren werden, aus denen sie sich dann, wie Phönix aus der Asche, eines Tages erheben, um ihren Uranspruch in einem entsprechenden Umfeld weiterzuleben. Jeder Mensch hinterlässt, wo immer er sich aufhält, unsichtbare oder sichtbare Spuren. Deswegen ist die Kindheit und Jugend eines solchen Menschen nicht nur eine Aufforderung für seine Umgebung, umzudenken, sondern immer auch eine Prüfung für das entstehende junge Ich, das unter diesen Umständen seine Standfestigkeit beweisen muss. An solche Jugendliche treten die Verlockungen und Angebote vor allem im dritten Septennium besonders intensiv heran, während im vierten Septennium die Prüfungsergebnisse präsentiert werden. Denn diese beiden Septennien reflektieren sich über eine unsichtbare Spiegelachse, die man sich am Punkt des 21. Lebensjahres vorzustellen hat, wie sich nachher im Kapitel über das Spiegelkabinett beweisen lassen wird. Und es ist beeindruckend zu verfolgen, wie sich

Entscheidungen und Gefühlsausbrüche der Jugendzeit im vierten Septennium als Ereignisse und Stimmungslagen zeitgenau spiegeln. Tatsächlich verhält es sich so, dass sich die Ereignispunkte des dritten Septenniums, also in der Zeit zwischen 14 und 21, beim Eintritt in das vierte Septennium spiegelbildlich aktivieren. **Diese durch den Rhythmus der Septennien ausgelöste Aktivierung wird sich ab sofort auf den gesamten Lebensplan auswirken und immer wiederkehrende, sich gleichende Ereignisse und Situationen nach sich ziehen.**

Wie aber sieht nun die Spiegelung genau aus? Wiederholen sich die Ereignisse oder sind sie sich nur ähnlich? Sind es dieselben Menschen, die bei diesen Wiederholungen eine Rolle spielen?

Zunächst sei gesagt, dass keine Spiegelung auf dieser Welt eine exakte Wiedergabe des Ganzen zustande bringt. Wenn Sie sich selbst im Spiegel betrachten, fällt ihnen zuerst auf, dass sich Ihre rechte und linke Seite vertauscht hat. Ferner sehen Sie zwar alles, was hinter Ihnen liegt, dagegen aber nur Ihre eigene Vorderseite. Wollen Sie sich gleichzeitig von allen Seiten sehen, benötigen Sie drei Spiegel. Bei nur zwei Spiegeln, selbst wenn sie günstigst plaziert sind, würden Sie sich immer drehen müssen, um sich von allen Seiten begutachten zu können. **Das Schicksal hält immer drei Spiegel für Sie bereit: den Spiegel der Vergangenheit, den Spiegel der Gegenwart und den Spiegel der Zukunft.** Sie hätten also theoretisch Gelegenheit, sich immer ganzheitlich beurteilen zu können. Doch mit grauer Theorie allein werden wir das Geheimnis der Spiegel nicht lüften, sondern nur durch lebendige Beobachtung und Vergleiche.

Da das vierte Septennium das erste ist, das eine Wiederholung erkennen lässt, lohnt es sich, die Entwicklungsschritte während dieser Zeit sehr genau zu beschreiben und in der Folge zu vergleichen. Sollten Sie glücklicher Besitzer eines kontinuierlich geführten Tagebuches sein, dann werden Sie jetzt die Früchte Ihrer Ausdauer ernten können. Aber nur, wenn Sie

	23			62	
	24			61	
	25			60	
	26			59	
	27			58	
	28			57	
	29		3. MK	56	
	30			55	
	31			54	
	32			53	
	33			52	
	34			51	
	35			50	
	36			49	
	37	2. MK		48	
	38			47	
	39			46	
	40			45	
	41			44	
	42			43	

Jahr	LJ	Ereignis	Ereignis	LJ	Jahr
	1			84	
	2			83	
	3			82	
	4			81	
	5			80	
	6			· 79	
	7			78	
	8			77	
	9			76	
	10	Rubikon	4. MK	75	
	11			74	
	12			73	
	13			72	
	14			71	
	15			70	
	16			69	
	17			68	
	18			67	
	19	1. MK		66	

täglich *alles* notiert haben: Ereignisse, Zufälle, Gefühle, Empfindungen, Gedanken ...
Seien Sie nicht enttäuscht. Kein Mensch betreibt heutzutage eine solch akribische schriftliche Selbstbetrachtung. Doch Sie führen etwas viel Besseres mit sich, nämlich Ihr Gedächtnis. In dieser ganz persönlichen Videothek ist alles, was sich in Ihrem Leben ereignet hat, ganz genau aufgezeichnet. Die Sache hat nur zwei Haken, die gleichzeitig Fluch und Segen sind: Wir vergessen gerne und – wir verändern willkürlich. Diese Veränderungen haben mit unserer Selbstwahrnehmung und unserer Schmerzempfindlichkeit zu tun. Denn würden wir alle Ereignisse genau so, wie sie sich tatsächlich abgespielt haben, in unserem Gedächtnis aufbewahren, würden wir unter der Last des Erlebten zusammenbrechen. So scheint es, als würden wir einen Teil in unser Unterbewusstsein schieben, einen weiteren Teil in eine »Gehirn-Schublade« mit der Aufschrift »nur im Notfall öffnen«, und den Rest bringen wir als sogenanntes Gegenwartsbewusstsein bei Bedarf jederzeit mehr oder weniger mühelos ans Tageslicht. Doch Tatsache ist, dass alle Information im Vital-Körper gespeichert ist und unser Ego eine individuelle Selektion vollzieht, die seinem, also unserem Charakter entspricht. Sage mir, an was und wie du dich erinnerst, und ich sage dir, wer du bist.
Im vierten Septennium fängt das Gedächtnis an zu »lügen«, das heißt durch die zunehmende Wachheit des Ich auszuwählen, wie die Realität im Nachhinein auszusehen hat. Deswegen werden Sie es bei der Erinnerungsarbeit in dem Zeitabschnitt ähnlich schwer haben wie im ersten Jahrsiebt, wo anfänglich noch gar kein und später erst ein erwachender Ich-Bezug vorhanden war.
Hält man bis kurz vor Ende des 3. Septenniums noch alle Lebenden jenseits der 25-Jahres-Grenze für »uralt«, so fängt diese Perspektive nun ziemlich schnell an, sich zu verändern. Die Gleichgesinnten finden sich jetzt gegenseitig in der Alters-

spanne bis 30 durchaus akzeptabel und beginnen Wohngemeinschaften zu gründen und auch eheähnliche Beziehungen einzugehen. Jetzt will die Welt erobert sein, und kein Rat eines Älteren kann wirklich helfen, denn die Erfahrungen müssen selbst gemacht werden. Das Ich wird jetzt lernen müssen, die Balance zwischen intensivem persönlichem Bezug und dem berühmten »hormonellen Irresein«, das so oft mit Liebe verwechselt wird, zu finden. Denn die erste Eheschließung findet erfahrungsgemäß in diesem Lebensabschnitt statt, und wenn diese erste wirklich tiefe Lebensgemeinschaft, aus der zumeist auch Kinder entstammen, nicht in einer Enttäuschung enden soll, muss der Seelenkörper gelernt haben, sich auch mit geistigen Dingen zu erfüllen, um das weitere Wachstum der Seelenorgane zu unterstützen. Wer sich bisher nicht mit geistigen Dingen beschäftigt hat, läuft nun Gefahr, in einen gefährlichen Kreislauf zu geraten, wenn nämlich alle Bezugskräfte auf die Arbeit konzentriert oder in die Partnerschaft investiert werden. Da sich Seelenkörper und Ich noch immer in statu nascendi befinden, kann diese Fokussierung gefährlich werden, wenn eine dieser beiden Säulen, Arbeit oder Partnerschaft, brüchig wird oder gar beide ganz in sich zusammenfallen. Denn damit bricht auch ein wesentliches Resonanzfeld weg, über das sich die Identifikation des Ich weiterentwickeln und in die Welt einbringen will. Wenn der Stellenwert des Geistigen bis jetzt am unteren Ende der Skala der Eigenbewertung eingestuft wurde, hat der junge Mensch sich selbst einer der besten Möglichkeiten der Kompensation beraubt. Denn es ist das Geistige, das hilft, seelische Haltung zu bewahren, Schmerz zu verarbeiten und tröstliche Zuversicht aus sich selbst erstehen zu lassen. Leider verhält es sich, wenn man den Statistiken Glauben schenken möchte, momentan eher so, dass die seelisch-geistige Pflege in Bezug auf Literatur, Kunst, Theater und Musik vernachlässigt wird zugunsten von Vergnügungen, die schon im dritten Septennium zur lieben Gewohnheit geworden sind, und sich damit als scheinbar unverzichtbares »must«, als zwingendes Bedürfnis, im Vitalkörper eingelagert haben. Dazu kann man die obligaten »Clubbings«, also Diskotheken-Besuche, ebenso rechnen wie die sinnlos vor dem Fernsehgerät mit blödsinnigen Serien, blutrünstigen Filmen und Comedy-Shows vergeudete Zeit. Wer nie angehalten wurde, seine Zeit mit der Lektüre eines guten Buches zu erfüllen, seine Abendfreizeit mit einem Theater- oder Konzertbesuch zu verbringen und die Wochenenden der Erholung in der Natur oder anderen erfreulichen Unternehmungen zu widmen, sieht sich jetzt auf ein kleines Terrain von Verarbeitungsmöglichkeiten zurückgedrängt, das ihm, lassen Sie mich ein veraltetes Wort verwenden, keine wirkliche Erbauung liefern kann.

Ein glücklicher Mensch, der durch Nachahmung, Vorbild und Nachfolge in den ersten 21 Jahren ein Fundament erhalten konnte, das ihm jetzt ermöglicht, sein Ich nach den Maximen des Schönen, Guten und Edlen auszurichten und auszubilden! Doch auch für diejenigen, die bis jetzt dachten, den »Kram« nicht nötig gehabt zu haben, und die ihr Seelenheil in Fitnessstudio und »Music-Lounge« beim »Chillen« (moderne Ausdrucksform für »sich gehen lassen«, früher auch mit »relaxen« bezeichnet) zu finden glaubten, ist es noch nicht zu spät. Es gibt allerdings nur mehr zwei Möglichkeiten der »Rettung«: eigene Erkenntnis und – Liebe! Der schwerere Weg der eigenen Erkenntnis wird meist durch eine erwachende Ahnenstrebung ausgelöst, während der leichtere Pfad der Liebe dasselbe Endresultat aufweist. **Ahnenstrebungen werden immer prominent in Momenten des besonderen Glücks oder Schmerzes.** Denn in beiden Ausnahmesituationen ist der Seelenkörper besonders empfänglich und aufnahmefähig. Wenn in Momenten seelischer Qual die Ich-Empfindung sich stark nach innen wendet, der Seelenkörper sich also zusammenzieht und dadurch Beklemmung erzeugt, werden genau so ruhende Ahnenkontingente aufgeweckt wie in Zeiten außergewöhnlichen

(Liebes-)Glücks. Dieses Aufscheuchen der »schlafenden Hunde«, die hier natürlich nicht ihren allerersten Weckruf erhalten, wird völlig individuell erlebt. Während der eine seelische Kräfte mobilisiert, die ihm zu einer Überwindung der Krise und einer Sublimierung der Persönlichkeit verhelfen, wird ein anderer vielleicht eine innere Kapitulation erleben, die ihn völlig aus der Bahn werfen kann. Über die unbezweifelbare und mitunter höchst einflussreiche Mitwirkung unsichtbarer Wesenheiten möchte ich in diesem Buch nicht im Besonderen eingehen. Die Unterlassung des Hinweises auf die Existenz solcher Mächte und Kräfte jedoch wäre innerhalb dieser Abhandlung fahrlässig. Diesbezügliche Literaturempfehlungen kann Ihnen jede gute Buchhandlung geben.

Die größte Schwierigkeit in diesem Lebensabschnitt besteht darin, das eigene Ich gegen eine Absorption durch Ahnenansprüche durchzusetzen, während auf der anderen Seite Ahnenstrebungen akzeptiert und eingegliedert werden sollten, welche die eigene Bestimmung unterstützen und die positive Entwicklung fördern. Dieser Vorgang der Selektion von positiven und negativen Ahnenforderungen sowie die Erkenntnis der damit verbundenen Eigenmächtigkeit sind im besten Sinne schicksalsbestimmend. Dieser Erkenntnisvorgang, der immer aufwühlend und mit Arbeit am Selbst verbunden ist, bereitet eine Tätigkeit des Ich-Bewusstseins vor, von der in Zukunft die Qualität des Schicksalserlebens weitgehend abhängen wird. Das Ich muss sich nämlich in diesem Septennium entscheiden, welche Charakteranteile es zur Darstellung seiner Persönlichkeit verwenden will. Darf ich Sie an das »verlogene Gedächtnis« erinnern, das ich in diesem Kapitel bereits einmal erwähnt habe und zu dem sich Friedrich Nietzsche folgendermaßen äußert: »Man vergisst manches aus seiner Vergangenheit und schlägt es sich absichtlich aus dem Sinn; das heißt, man will, dass unser Bild, welches von der Vergangenheit her uns anstrahlt, uns belüge und unserem Dünkel schmeichele. Also man zerbricht den Spiegel, dichtet sich in eine Person hinein, die man bewundert, und genießt das neue Bild seines Ichs.« Eine Lüge ist immer das Ergebnis einer Wahl zwischen Wahrheit und Erfindung. Nun muss das Bewusstsein aus der Vielzahl der charakterlichen Anlagen diejenigen herausfiltern, welche sich für die Präsentation nach außen, also für die Persönlichkeitsdarstellung, eignen. Die Bildung dieser Maske (lat. persona) erzählt viel über die Wachheit des Verstandes ihres Besitzers und seinen Charakter. Denn die Wahl dieses »Ausgehmantels« ist durchaus ein Ergebnis schlauer Berechnung und/oder beobachtender Intelligenz. Nicht nur in der Politik ist die Diskrepanz zwischen Vorzeige-Ich und Privat-Verhalten mitunter beschämend, sondern auch im ganz gewöhnlichen Alltag zeigt sich unter bestimmten Bedingungen, sehr oft bei meist unpassender Gelegenheit, die peinliche Wahrheit. Es muss gar nicht immer Alkohol im Spiel sein, um das Fallen der Masken zu erleben, sondern oft reicht schon ein missverstandenes Signal, das die erschreckende Wahrheit ans Tageslicht bringt. Sicher kennen Sie die oft verfilmte Geschichte von Dr. Jekyll und Mister Hyde, in der von der seltsamen Mutation des »guten« Menschen Jekyll zum »bösen« inneren Doppelgänger Hyde berichtet wird. In dieser Erzählung von Robert Louis Stevenson ist es ein speziell zubereiteter Trank, der die verborgene dunkle Seite der Seele die Herrschaft über das edle Ich gewinnen lässt und es zuletzt in den Suizid treibt. Diesen Kampf zwischen den verdrängten Kräften des eigenen Schattens und den Forderungen der lichten Persona erlebt jeder Mensch täglich bei den verschiedensten Gelegenheiten und wird öfter, als ihm lieb sein kann, der eigenen inneren Hyde-Tendenz nachgeben. **Wer in der Zeit des vierten Septenniums mit einer bewussten Selbsterziehung beginnt, wird immer öfter und ohne Verdrängung die Transformation seiner eigenen Dunkelseiten, also auch der negativen Ahneneinflüsse, erreichen.** Falls Sie Anhänger des »Positiven Denkens« sein sollten, wäre es gut, jetzt darüber nachzudenken, wie weit man durch das Wegschieben von negativen Gedanken daran beteiligt ist, dass sie nicht nur wie lästige, zum Stillhalten gezwungene Kinder immer zudringlicher werden, sondern wie durch die Weigerung, sich selbst zu konfrontieren, letztendlich die ignorierten, unbearbeiteten Kontingente an andere weitergegeben werden, die dann die doppelte Last zu tragen haben. So war das nicht gemeint mit dem an anderer Stelle bereits zitierten Bibelwort »Einer trage des anderen Last«! Deswegen wäre es nützlich, falls die Tätigkeit der selbsterziehenden Beobachtung noch nicht zum Wesensbestandteil geworden ist, lieber heute als morgen damit zu beginnen – egal, in welchem Septennium. Der junge Erwachsene muss sich mit dieser Klärung seines Selbst auseinandersetzen, denn diese Betrachtung wird ihm nicht nur eine nützliche Kontrolle seiner Gedankenwelt, seiner Einflüsse und seiner Handlungen verschaffen, sondern ihm vor allem Einblick in seine selbstkonstruierte Lügenwelt geben, deren Bearbeitung den tiefsten Sinn des Lebens darstellt. **Erst wenn Charakter und Persönlichkeit in einer bewussten authentischen Darstellung vereint sind, können Ahnenanteile wirklich erlöst und das eigene Ich zur Vollendung gebracht werden.** Oscar Wildes wunderschöne Erzählung vom »Gespenst von Canterville« berichtet von einem solchen Erlösungsweg durch Befreiung von uralten und störenden Mustern, die durch lächerliche Konditionierungen ein eigentlich edles Wesen bis zur Unkenntlichkeit verzerrt haben. Wer, wie am Schluss der Geschichte, den verdorrten Apfel-(Ahnenstamm-)baum zum Blühen bringen will, der muss in die »Verliese« steigen, um sich selbst und anderen die Vergebung zu bringen. Dieser innere Jakobsweg verspricht eine Reinigung und auch eine Klärung der Differenzen zwischen den Ansprüchen der ureigenen Strebung und Schicksalsverarbeitung einerseits und der alten, immer wiederkehrenden Familienmuster andererseits. Die Klärung dieser sehr persönlichen Quelle der Unruhe ist umso wichtiger, weil am Ende des Septenniums die »Zeit der sterbenden Talente« gekommen ist. Was bis zu diesem Zeitpunkt nicht nach außen gebracht, also verwendet worden ist, verschwindet und kann danach höchstens noch als Hobby in Erscheinung treten. Es ist also mit 28 Jahren das Jahr gekommen, in dem man spätestens dafür sorgen muss, dass die ersten Gedichte oder das erste Buch nicht nur in der Schublade liegen, sondern im wahrsten Sinne des Wortes *erscheinen,* wenn man wirklich Schriftsteller werden will oder das erste Gemälde wirklich zur Ausstellung kommt. Wer es bis 28 nicht geschafft hat, sein Talent für die Allgemeinheit sichtbar zu machen, für den hat sich, so hart es klingen mag, das Talent erledigt. Es nützt mir auch nichts, wenn ich bei Elisabeth Schwarzkopf oder Dietrich Fischer-Dieskau Gesangsunterricht gehabt habe und mit 32 noch immer im Büro sitze. Der Traum muss begraben werden. Erst nach 63, also in der zehnten Sequenz, kann man an eine Wiederbelebung denken, dann allerdings meist in anderer Weise als ursprünglich geplant. Warum sich das so verhält, wird später im Kapitel über dieses Septennium genau besprochen werden.

Vorerst aber ist es wichtig, dass dieses Bedürfnis erfüllt wird, wenn eine bestimmte Strebung fühlbar nach außen drängt. Dazu muss noch etwas bemerkt werden, was immer wieder gern überhört wird: Wer mit seiner Talentstrebung immer wieder auf Ablehnung stößt und gleichzeitig Widerstände erfährt, die andauernd und unübersehbar einem Fortkommen entgegenwirken, der möge bitte in sich gehen und nach seiner wahren Bestimmung forschen. Denn es könnte möglich sein, dass die Urgroßtante eine wahrscheinlich zu Recht verhinderte Sopranistin (Tänzerin, Schriftstellerin, Malerin usw.) war, die sich nun über ihre Nachfahren die einst verhinderte Anerkennung zu verschaffen versucht. Diese fast an Besetzung grenzenden Strebungen zeigen sich immer verbunden mit einem profilneurotischen, oft fast bis zum Exhibitionismus übersteigerten Darstellungstrieb, der momentan bei den Menschen entwürdi-

genden Talent-Castings der Fernsehanstalten die peinlichsten Auswüchse zeigt.
Jetzt oder nie lohnt es sich, mit den Eltern oder Verwandten über die familiäre Vorgeschichte zu sprechen, um solche »genetischen Vampire« aufzustöbern und zu identifizieren. Je vielseitiger ein Mensch begabt ist, desto mehr läuft er Gefahr, von solchen Blindgängern benutzt und in den Irrgarten der Verzettelung getrieben zu werden.
Doch auch das genaue Gegenteil kann geschehen, was die Sache mit der Klarstellung von Ansprüchen nicht gerade einfacher macht: Es können in dieser letzten Zeit des vierten Septenniums sämtliche Ahneneinflüsse auf die Verwirklichung eines Talents fokussiert sein, das wirklich an die Öffentlichkeit soll und von Ihnen selbst bis jetzt vielleicht total unterschätzt wurde. Dann werden sich, gepaart mit den üblichen Schwierigkeiten, jetzt seltsame Fügungen ergeben und unerwartete Helfer finden, um diesen Plan zu verwirklichen. Diese unerwarteten Mitstreiter werden ab jetzt eine viel größere Rolle spielen, als die meisten Menschen ahnen. Haben sich ab dem Anfang des vierten Septenniums die Menschen gefunden, mit deren Hilfe wir uns selbst finden und formen sollen, so tauchen jetzt Begleiter auf unserem Lebensweg auf, die eine noch viel tiefere Bedeutung haben, als nur Mitwirkende an der Gestaltung unserer Persönlichkeit zu sein. Es sind alte »Bekannte« aus den Kindheitstagen früherer Existenzen, die sich jetzt in unseren Schicksalsablauf einmischen. Wenn wir tatsächlich in unserem Leben auf unsere früheren Eltern, Geschwister oder andere Bezugspersonen der ersten Septennien einer vorhergehenden Inkarnation treffen, dann ist es jetzt, während die wichtigen Menschen der frühen Tage unserer momentanen Existenz in der Mitte der eben angesprochenen Verkörperung zu finden sind. Reinkarnation hin oder her – die ergreifendsten Begegnungen und wirkungsvollsten Mitstreiter finden sich ab dem Ende des vierten Septenniums. Die Bestätigung dafür

kann uns nur unser Gefühl geben. Doch Gefühle, wie wir wissen, neigen oft dazu, uns das vorzuspielen, was wir uns mit den Trugbildern unserer Phantasie zusammengebastelt haben. Wenn wir eine Chance haben, diese Chimären in den Griff zu kriegen, dann ist es vor allem diese Lebenssequenz, die uns die Gelegenheit bietet, eine Reinigung unserer Selbstwahrnehmung und Beurteilung zu erreichen. Das »Schicksalsweben« sorgt dafür, dass sich scheinbar erstklassige Angebote und Aufstiegsmöglichkeiten für Privatbereich und Gesellschaft ergeben, die jedoch immer eines gemeinsam haben: Sie fordern eine vollkommene oder teilweise Verleugnung der bisher erkannten Ideale und persönlichen Richtlinien. Es wäre durchaus kein Fehler, diesen Weg versuchsweise zu beschreiten, um die eigene Käuflichkeit zu testen, doch wer, frage ich Sie, ist in diesem Alter geistig so gefestigt, dass er den Durchblick bewahrt? Also wird meist mit beiden Händen zugegriffen, was sich im Nachhinein immer als ein Tatvorgang erweist, den der Sänger Herman van Veen sehr treffend als den »Griff ins Klo« bezeichnet hat. Das Schlimmste, was passieren kann ist, dass der Irrläufer das Drama seiner Verführung nicht durchschaut und, selbst nach eindrücklichen Widerstandsdemonstrationen seiner Seele auf dem Weg in die Sackgasse beharrt.
Die Stimme der Seele könnte immer die richtige Wahl empfehlen, wenn sie nicht durch die Gier des Wollens zum Schweigen gebracht würde. Diese Unterdrückung kann man jahrelang praktizieren, ohne sichtbare Widerstände. Doch dann, eines schönen Tages, beginnt es sich zu zeigen, dass auch bei den Hütern des Schicksals die Geduld ihre Grenzen hat: Sie melden sich mit der Aufforderung zur Umkehr. Diese Wendemarken zeigen sich zuerst als Schnupfen (Schnauze voll), Husten (Reizatmosphäre) und immer öfter auftretenden Erkältungen, die dann von unerklärlichen Rückenschmerzen (Überlastung) abgelöst werden. Ignoriert man diese Signale, treten die verschiedensten Körpersymptome auf, deren bekanntestes die en-

dogene Depression ist. Dieser psychische Erschöpfungszustand ist immer ein Hinweis darauf, dass der ursprünglich geplante Schicksalsweg durch Triebhandlungen verfälscht und behindert wird. Greifen die Betroffenen dann zu Alkohol und Drogen (auch Antidepressiva sind Drogen!), wird eine Rückkehr in das Ursprüngliche nur mehr möglich, wenn die Seelenkräfte nicht schon durch Charakter- und Willensschwäche so angegriffen sind, dass der Mensch sich mit dem Leidenszustand als angeblich »unvermeidlich« arrangiert hat.

Heilung ist nur durch Erkenntnis und weiterhin durch Stärkung des Ich-Körpers möglich, und zwar genau in der Reihenfolge. Denn welches Fühlen und Wollen will ich denn stärken, wenn ich die Zielrichtung meiner zukünftigen Handlungen nicht erkennen kann? Erkenntnis erlangt man durch die Bereitschaft, Fehler einzusehen und sie korrigieren zu wollen. Erst dann kann auch die Stabilisierung der Seelenkörper einsetzen, die, wenn der Weg der Einsicht und Erkenntnis eingeschlagen wird, in diesem Alter mit ungeahnten Selbstheilungskräften überraschen. Falls Sie sich gerade in einer solch misslichen Lebenssituation befinden, kann ich mit nur einem einzigen Ratschlag aufwarten, der immer hilft: Versuchen Sie nicht, den Standard und das Ambiente der bisherigen Umgebung beizubehalten! Denn diese Beharrung beschwört das Vergangene zu jeder Stunde von neuem herauf und wird sich als starker Gegner Ihres Neuanfangs erweisen. Und noch eins: Vermeiden Sie Wiederholungen des Vorhergegangenen durch Selbsttäuschung! Über den »Verlust« dieser Fehlbesetzung müssen Sie sich nicht durch Ähnliches hinwegtrösten, sondern durch Ihr Ursprüngliches an das Eigentliche erinnern. Dieser kryptische Satz lässt sich mit vier Worten zusammenfassen: Back to the roots! Finden Sie Ihre Wurzeln dadurch wieder, dass Sie mit dem Neubeginn genau dort ansetzen, wo der Irrtum begonnen hat. Diese lästige »Ehrenrunde« ist notwendig, um Ihre Seelenkörper in Sicherheit zu bringen. Denn bewusst oder unbewusst ist uns allen völlig klar, dass die Unsterblichkeit nur für den Preis des erweckten Ich zu erlangen ist. Nur durch diese Initiation kann eine Identifikation mit dem Göttlichen stattfinden, was niemand schöner ausgedrückt hat als Augustinus, der schon vor Hunderten von Jahren erkannte: »Unruhig ist mein Herz, bis es ruht in Dir, Herr.« Im nun erscheinenden fünften Septennium werden Sie sich entscheiden müssen – für sich selbst und auch dafür, wessen Diener Sie zukünftig sein wollen. Und selbst wenn Sie eines Tages der Präsident von Amerika sein sollten oder die Lordsiegelbewahrerin der ganzen Welt, es wird immer noch einen Höheren über Ihnen geben. Und Sie werden entscheiden müssen, welchen Namen Sie dann diesem Höheren geben wollen – im fünften Septennium.

Das 4. Septennium auf einen Blick

1. Ab dem 21. Lebensjahr ist der Mensch fähig, eigene Schicksalsabläufe zu erkennen, neue zu erzeugen und in die Schicksale anderer einzugreifen.
2. Die Zeit der Selbsterziehung beginnt und damit die Transformation der Schattenseiten des Charakters und der Persönlichkeit.
3. Der Seelenkörper vermittelt die volle Bewusstheit des Ich und fordert zur vollen Verantwortlichkeit auf.
4. Das Elternhaus muss jetzt verlassen werden, um eigene Reviere und Partnerschaften erschaffen zu können.
5. Wahrnehmung und Erinnerung schaffen eine eigene Realität, die sich an der Idealvorstellung des Ich orientiert.

Talente, die bis zum 28. Lebensjahr nicht verwirklicht werden, sind vom Schicksal zum Sterben verurteilt.

8. KAPITEL

Das fünfte Jahrsiebt
von achtundzwanzig bis fünfunddreißig:

Das Ich formt seine Welt

So wie die Zahl Vier im vorhergehenden Lebensabschnitt für die Gestaltung einer persönlichen Form durch Selektion der Charakteranteile und für die Errichtung von »Re-4-en«, also Betätigungsfeldern, steht, weist auch die Fünf auf Eigenschaften hin, die dem speziellen Charakter dieses Zahlensymbols entsprechen. Es ist durchaus keine Laune der Evolution, dass die menschliche Hand fünf Finger aufzuweisen hat, und es ist auch kein Zufall, dass die Grundform des menschlichen Körpers einem Pentagramm ähnlich ist. Durch diese Ausdrucksformen in der Gestaltung des Menschen ist eine Grundidee manifestiert, die nach einer Verwendung der inneren Kräfte nach außen verlangt. Das Erlernte, Begriffene und Erprobte soll nun als Handlung in die Welt eingebracht werden. »Was kostet die Welt!« ist demnach auch das entsprechende Lebensgefühl des (immer noch nicht ganz!) Erwachsenen, der allerdings zur gleichen Zeit zum ersten Mal Ahnungen von Dingen in sich aufsteigen fühlt, die zur obengenannten Grundstimmung weniger zu passen scheinen.

Mit dem fünften Septennium treten nämlich Veränderungen im Menschenleben auf, die sich nicht mehr durch jugendlichen Elan beiseiteschieben lassen: Die ersten Vorboten des Alterungsprozesses stellen sich ein und machen bemerkbar, dass jeder Körper, und sei er noch so gepflegt, trainiert und gehät-

schelt, dem unvermeidlichen Prozess des Verfalls unterworfen ist. Nichts ist der vom Jugendwahn befallenen Gesellschaft mehr suspekt als der Hinweis auf Vergänglichkeit. Durch diese Haltung wird sich der junge, aber nicht mehr jugendliche Mensch aufgefordert fühlen, den Alterungsprozess so lange und intensiv zu negieren wie nur irgend möglich. Als bestes Mittel, um den langsam beginnenden Abbau zu ignorieren, erscheint jede Betätigung, die geeignet ist, gemäß der oben beschriebenen Handlungsaufforderung nach außen hin zu signalisieren: Ich bringe meine Kräfte in die Welt, um auf sie einzuwirken und um sie zu verändern. Im Berufsleben sind die Anforderungen jetzt am höchsten, denn jetzt entscheidet sich, ob man auf der Karriereleiter nach oben steigt oder für immer auf den mittleren oder unteren Bereich beschränkt bleiben soll. Der Existenzkampf wird offensichtlich. Und er wird inzwischen mit Mitteln ausgetragen, die sich hinter der Bezeichnung »mobbing« verbergen. Wo früher noch meist fairer Konkurrenzkampf zu beobachten war, bei dem Chancengleichheit herrschte und der Beste siegen konnte, so hat heute die allgemein vernachlässigte geistige Ausbildung ein Abstumpfen der Empfindungen des Seelenkörpers zur Folge, was sich in kühler Gewissenlosigkeit Partnern und Mitarbeitern gegenüber äußern kann.
Der Individualisierungsprozess, die Hoch-Zeit des Menschenlebens, wird dadurch nicht zu einem bereichernden Ereignis, sondern zu einem bedrückenden Marathonlauf mit Gegnern, die ganz offensichtlich weder bereit sind, sich an die Spielregeln des guten Geschmacks noch an die Gesetze von Moral und Ethik zu halten. Die verobjektivierten Geistesformen, wie zum Beispiel das Computer-Denken, zeigen ihre Macht, und zwar nicht nur im Verhalten, sondern auch als Weltanschauung und Lebensgefühl.
Wie aber soll sich ein Mensch während der Jahre seiner weltlichen Verwirklichung in Würde gegen diese Entwicklung wehren?

Zunächst muss betont werden, dass jeder Mann und jede Frau in dem Moment unwiderstehlich werden, wo sie das tun, was sie sollen und können. Erkenne das, was du bist, könnte die Losung dieses Septenniums und gleichzeitig die Aufforderung sein, jetzt die Lebensorganisation und Planung in beide Hände (!) zu nehmen. Allen, die diesen Text lesen, sei gesagt, dass diejenigen, die sich ihren Weg durch Rücksichtslosigkeit, Intrige und Berechnung erkämpfen, zuletzt auf der Strecke bleiben werden. Denn die Gesetzlichkeit des Universums, die sich, wie die Vergangenheit unmissverständlich gezeigt hat, auf Dauer nicht nach eigenem Gutdünken zurechtbiegen lässt, fordert jetzt, dass der noch immer geistig und seelisch Heranwachsende bestimmte »Programmpunkte« erfüllt, die zur Vollendung seines Ich führen sollen.

Ohne eine bewusste Pflege der Selbsterziehung können ganz bestimmte Entwicklungspunkte nicht erfüllt werden, die zur Weiterführung der Vereinigung von Charakter und Persönlichkeit notwendig sind.

An erster Stelle dieser Seelenausbildung steht die Beobachtung des eigenen Toleranzverhaltens. Das lateinische Wort tolerare, welches dem Begriff zugrunde liegt, wird mit erdulden und erleiden übersetzt. Erst gegen Ende des 19. Jahrhunderts änderte sich die Bedeutung und stand künftig für eine unvoreingenommene Geisteshaltung. Doch wie Gliedmaßen entstehen auch Wörter nicht zufällig, und so ist ein toleranter Mensch nach wie vor jemand, der seine Schmerzgrenze möglichst nach dem Anspruch und Bedarf seiner Umwelt ausrichtet. Sosehr die Eigenerziehung darauf bedacht sein sollte, das Ego auf einen angemessenen Platz zu verweisen, so falsch ist es aber auch zu glauben, dass ständiges Erdulden der Verbesserung der Charakterqualitäten dient. Die Beispiele aggressiver Reaktionen nach zu lange geübter Toleranz häufen sich zunehmend und machen das Missverständnis dieser Form der praktizierten Nächstenliebe offensichtlich. Ist es nicht auffal-

lend, dass immer, wenn Grenzen in Innenbereichen (Verhaltensregeln) nicht beachtet, gepflegt und bewahrt werden, Übergriffe auf wirkliche oder vermeintliche äußere Beschränkungen (Gesetz und Ordnung) stattfinden? Wir sehen also: Es muss nicht nur feste Bräuche, es muss auch Grenzen geben.
Es wäre also nur klug und vorausschauend, gewissen unverschämten Forderungen, die andauernden inneren Schmerz und Widerwillen auslösen, von Anfang an eindeutig entgegenzutreten. Dazu gehört ein zweiter Punkt auf der Ausbildungsliste: Zivilcourage! Im fünften Septennium muss der Mensch endlich sein inneres Sturm-und-Drang-Geschehen unter Kontrolle bekommen, um es in Liebesfähigkeit und Mitgefühl verwandeln zu können. Das eine hat mit Verliebtheit so wenig zu tun wie das andere mit Toleranz oder Mitleid. Liebesfähigkeit (Hingabe) und Mitgefühl (Güte) ergeben intelligenten Mut und bei wirklich verinnerlichter Ausbildung sogar die Fähigkeit zu einem Heldentum, das nicht einem Profilierungsanspruch, sondern dem Gebot der Nächstenliebe dienen will.
Denken und Fühlen dürfen sich nicht mehr wie zwei um den Titel ringende Kämpfer gegenüberstehen, sondern müssen sich jetzt langsam zu einem ganzheitlichen Persönlichkeitsbild, zu einer harmonischen Persona, vereinen. Diese Integrationsarbeit verhindert unter anderem auch das Entstehen des allgemein gefürchteten und wirklich unangenehmen Menschentyps des unberechenbaren und launischen Despoten, der sein Mütchen gerne an Schwächeren kühlt und die Menschen in zwei Klassen aufteilt: die Oberen und die Unteren. Seinesgleichen kennt er nicht.
Die natürlichen Grenzen, die sich in diesem Lebensabschnitt auf *jedem* Gebiet zeigen, werden in der Regel zwar mehr oder weniger bewusst erkannt, aber nur von denjenigen eingehalten, die ihre Kritiklust und -fähigkeit im Laufe der Zeit gegen den Entschluss eingetauscht haben, zukünftig zuerst vor den eigenen Türen zu kehren. Wer die innere Größe zu dieser

Selbstbetrachtung aufbringt, bezahlt für die Erweiterung seiner Seelenfähigkeiten einen nicht gerade geringen Preis: Seine Träume werden desillusioniert und führen zu einer Entmystifizierung der visionären Vorstellungswelt.

Wurde bisher in Bezug auf die eigene Persönlichkeit so manches dargestellt, was der Tatsächlichkeit nicht immer ganz entsprach, so wird nun eindringlich die Notwendigkeit der Verschmelzung von Möglichkeit und Wirklichkeit bewusst. Die Notwendigkeit, Charakteranlagen und Persönlichkeitsdarstellung für immer zu vereinen, sollte jetzt erkannt werden, schon allein, um eine Entwicklungsrichtung zu vermeiden, die zwangsläufig auf den Weg des geringsten Widerstandes zurückführt. Will man sein Maskenspiel jetzt noch immer nicht aufgeben, wird man Anwärter für eine höchst fragwürdige, jedoch sehr beliebte Rolle auf der Bühne des Lebenstheaters: den Opportunisten. Diese lächerliche und würdelose Charge kann man sich durch einen ehrlichen Blick in den Spiegel ersparen und durch das Bewusstsein ersetzen, das alles, was sich ab jetzt im geistig-seelischen Bereich durch Erkenntnis heranbildet, den Körper im Alter zeichnen wird. Sicher haben Sie schon öfter den charmanten Spruch vom Altersgesicht, das sich jeder selber verdient, gehört. Es wäre besser, ihn jetzt als zutreffend zu akzeptieren, als in den späten Jahren den Wahrheitsgehalt an sich selbst erfüllt sehen zu müssen.

Die Kräfte des Menschen sind am Zenit angekommen, und deswegen wäre es nicht mehr als vernünftig, sich spätestens jetzt, im fünften Septennium, den Kinderwunsch zu erfüllen. Doch genau hier, in der Mitte des Sommers unseres Daseins, glauben viele Frauen (und natürlich auch Männer), dass sie für »das« noch genug Zeit übrig hätten. Beliebter und in den letzten zwei Jahrzehnten *sehr* oft gehörter Satz war: »Ich habe eine Freundin, die ihr erstes Kind mit 43 (!) Jahren bekommen hat, und es geht beiden prima!« Ich riskiere jetzt, in eine frauenfeindliche Schublade zu geraten, was ich aber gerne auf mich nehme, weil

ich Frauen liebe (nein, nicht so ...!) und ihnen das Elend ersparen möchte, das ich selbst durchlebt habe.
Ja, es gibt Mütter mit 40 Jahren, und ja, es gibt in diesem Alter auch gesunde Kinder. Aber diese Kinder werden es dann im eigenen Alter nicht so leicht haben, denn die neunmonatige Entstehungszeit benötigt alle Kräfte des physischen, des Vital- und auch des Seelenkörpers der Mutter, und es ist *nicht gut*, Kinder in einer Lebenssequenz zu zeugen, wo die Kräfte sämtlicher Körper in der Physis nicht mehr vollkommen zur Verfügung stehen. Jetzt, zwischen 28 und 35, ist die letzte Terminspanne, in der Sie noch optimale Bedingungen für Schwangerschaft und Geburt vorfinden. Danach nicht mehr! Entscheiden Sie jetzt, was für Sie wichtiger ist, und handeln Sie dann konsequent, auch in Bezug auf die Erziehung Ihres Kindes, über die in vorhergehenden Kapiteln ausführlich gesprochen wurde. Die Einhaltung dieser Regeln hat nichts mit reaktionärem Konservativismus zu tun, sondern, bei allem Respekt vor der Emanzipationsarbeit unserer Frauen, vornehmlich mit dem Wissen um Notwendigkeiten und Konsequenzen.
Es ist wirklich auffallend, dass diese Weisheiten im Bereich des Leistungssports diskussionslos akzeptiert werden, weswegen das fünfte Septennium auch die Zeit der ehrenvollen Abdankungen ist. Anscheinend ist die eigene Befindlichkeit in dieser Sparte besser beobachtet und deswegen auch bewusster als bei der Zeugung von Kindern, wo es offensichtlich nicht so wichtig ist, ob sich die Beteiligten im Zenit ihrer Kräfte für die Disziplin der Elternschaft befinden.
Doch leider muss gesagt werden, dass es zum Recht des jungen Menschen bis 35 gehört, nichts, aber auch wirklich gar nichts von den Liedern glauben zu wollen, welche die »Alten« singen. Und er hat auch das Recht, jegliche spirituelle Botschaft als Humbug abzutun, denn seine gesamten Geistes- und Seelenkräfte sollen vorerst in die Ich-Werdung investiert werden. Akzeptiert! – Aber ein Kind ist ein Du, und deswegen muss umge-

dacht werden, weil sich sonst in den Seelenkörpern unserer späteren Kinder und Enkel Schäden zeigen könnten, deren Ursprung im Egoismus der Eltern zu finden ist. Das Wesentliche ist unsichtbar. Also hinterfragen Sie sich, wenn es um dieses Thema geht, mit dem Herzen und nicht mit dem Verstand.

Wer im vierten Jahrsiebt nur drauflosgelebt hat und sich selbst nie die Zeit geben wollte, die notwendig gewesen wäre, um Erlebnisse zu verarbeiten und einzuordnen, wird nun durch eine von außen erzwungene Ruhepause zur Kontemplation veranlasst. Diese Besinnungszeit wird durch das eigene Verhalten schicksalsmäßig ausgelöst und deswegen in unvorhersagbaren Dekorationen und Inszenierungen stattfinden. Ist es bei manchen eine erste schwere Krankheit oder ein Unfall, kann es bei anderen eine Veränderung der Lebensbedingungen, wie Scheidung, Ortswechsel oder eine völlig neue Partnerschaft sein, was die Seele zu dem vernachlässigten Reifeprozess veranlasst.

Es soll eine reichere Gefühlsqualität erreicht werden, ein tiefes Gemüt, das fähig ist, auf die Impulse des nun bald vollständig erwachten Ich-Bewusstseins so zu reagieren, dass die Erfüllung des Lebensplans in optimaler Weise vor sich gehen kann. Wenn sich dieser Einschnitt ereignet, sind die Betroffenen selten dankbar und einsichtig. Nie hört man den Klageruf »ich weiß nicht, warum das ausgerechnet mir passiert« öfter als in diesem Lebensabschnitt. Leider wird die Antwort, die sehr oft sogar ziemlich eindeutig erfolgt, nicht gerne zur Kenntnis genommen, weil in diesem Alter, aus den vorher schon beschriebenen Gründen, gutgemeinte Ratschläge eben einfach nicht ankommen. Der Weg der Selbsterkenntnis fängt jetzt an, richtig mühsam zu werden, und macht nur dem Wanderer Freude, der darauf geachtet hat, sein »Schuhwerk« in gutem Zustand zu halten, und der seine Sinne pfleglich benutzt hat. Der berühmte »Riecher« kommt nun zur vollen Entfaltung, der signalisiert, welche Wegweiser der Selbstverwirklichung die-

nen und welche nur wieder in längst bekannte Sackgassen locken.
Obwohl alle Wege angeblich nach Rom führen, soll sich schon so mancher in den Vororten hoffnungslos verlaufen haben. Um diese »Strafrunden« zu vermeiden, gibt es mehrere erlaubte Hilfsmittel, wie zum Beispiel das Gebet, die Meditation oder, falls Sie noch immer Atheist sein wollen, das autogene Training. Wenn Sie auch nur das geringste Talent haben, ist jetzt die Zeit gekommen, um malen oder singen zu lernen. Diese beiden Tätigkeiten wurden den Menschen von den Göttern geschenkt, um Selbstheilungskräfte zu wecken und zu aktivieren. Und dann gibt es auch noch den Königsweg nach Rom: die sogenannte Narrenreise, welche nur zwei Bedingungen stellt: kleines tragbares Gepäck und keine Planung (siehe auch in meinem Buch »Der Schattenspringer«). Motto: der Beckenbauerspruch »Schau'n mer mal, dann seh'n mer schon«. Denn es muss nicht immer der Jakobsweg nach Santiago de Compostela sein, der als Hilfsmittel zur Klärung der Sinne und der Konsolidierung des Gemüts in letzter Zeit ungemein an Beliebtheit gewonnen hat. Und es müssen auch nicht Gruppenreisen in die fernen Gefilde des Himalaja organisiert werden. Es würde genügen, wenn Sie in dieser Zeit zwischen 28 und 35 ein einziges Mal vierzehn Tage lang schweigen würden. Wenn Sie sich auf dieses Experiment einlassen, wage ich zu behaupten, dass Sie nie mehr darauf werden verzichten wollen. Man kann dazu an einen Ort fahren, wo einen keiner kennt, und dort einfach nur den Mund halten. Sie glauben gar nicht, wie die Welt sich verändert, wenn angenommen wird, dass Sie stumm sind! Kein Fernseher, kein Notebook, keine Lektüre – das ist die weitere Auflage. Nur Sie mit sich selbst allein, wenn's gar nicht anders geht, sogar zu Hause. Ich selbst liebe Klöster. Je spartanischer, desto lieber. Ein anderer Lebensrhythmus, Arbeit mit den Händen, kein Laut außer Gebet. Nach spätestens drei Tagen weint man sich die Augen aus.

Nach einer Woche hört das Weinen auf, der Schmerz geht, und es geschieht etwas im Inneren. Kein normaler Urlaub, und sei er noch so schön, hat eine solch bleibende Nachwirkung!

Eine bessere Vorbereitung auf das sechste Septennium kann ich nicht empfehlen. Und es *muss* gut vorbereitet sein, denn wir haben die Möglichkeit, im 38. Lebensjahr einem Hüter der Schwelle zu begegnen. Nein, nicht dem großen und gewaltigen Hüter, der sich nur unter ganz bestimmten Bedingungen zeigt. Sondern seinem kleinen Bruder, den man auch den »Doppelgänger« nennt. Aber bis zu diesem Programmpunkt ist noch ein bisschen Zeit, und jeder Mensch hat die Wahl, zu glauben, zu verneinen und zu staunen. Wem diese Erkenntnistheorien nicht gefallen wollen, der sollte zumindest jetzt beginnen, sein Denken zu beobachten. Das sorgsame Beachten der Gedankenvorgänge, das vor allem von Menschen geübt sein sollte, die mit dem Abstrakten auf Kriegsfuß stehen, ist *das* Mittel, um von der Selbsterziehung zur Selbstvervollkommnung zu gelangen.

Empfohlene Übung am Anfang: Leere Glasflasche auf den Tisch, setzen, absolute Ruhe, Glasflasche betrachten, keinen anderen Gedanken zulassen, nur: Glasflasche. Drei Minuten. Nicht verzweifeln!

Alle Gedanken des Universums blitzen im Gehirn auf, wollen sich nach vorne drängen. Nein! ICH bin der Herr meiner Gedanken! Nach zehn bis 14 Tagen gelingt es. Dann kann man den Gegenstand wechseln und die Zeit auf fünf Minuten erhöhen. Nur an den Gegenstand denken und an das, was mit ihm zu tun hat. Wenn Sie diese Übungen durchhalten, reifen Sie vom *Be-8-en* ins *Beob-8-en.* Diese völlig neue Denkposition, die Ihr Ich aus dem Fluss der allgemeinen Denkvorgänge heraushebt, wird Sie lehren, acht(8)zugeben, damit Sie später die M-8 bekommen, die Sie brauchen, um Ihren Schicksalsplan zu optimieren. Sie erinnern sich, dass die 8 das Symbol für die beiden Gehirnhälften ist, für unsere Hemisphären?

Der tiefe Sinn des Achtgebens meint die bewusste Beobachtung der drei großen Seelenkräfte des Menschen: des Denkens, des Fühlens, des Wollens.
Wer diese drei Kräfte zu verwenden weiß, kann mit Freude auf die Septennien der Zukunft zugehen, denn er könnte Anwärter auf einen hohen Titel werden: Meister des Schicksals. **Anwärter!** Denn bis zum Meistertitel steht noch viel Arbeit ins Haus, Arbeit am Ich.
Wer bin ICH? Was ist das ICH? In der Zeit des fünften Septenniums beginnen diese Fragen, weil sich der Individualisierungsprozess langsam und unmerklich in uns vollzieht. Ich bin eine Frau. Wie viel Männliches trage ich in mir? Und wie sehe und finde ich es in den Männern wieder? Ich bin ein Mann. Trage ich Weibliches in mir? Wie spiegelt sich das Weibliche meiner Seele in den Frauen?
Animus und Anima, das zutiefst männliche und weibliche Seelenwesen, möchte jetzt hinterfragt werden, um bei der vollständigen Ich-Entfaltung mitwirken zu können.
Wer Frieden mit seinen Seelenwesen schließt, bekommt Frieden mit seinem Partner. Das ist der erste Schritt, um den Frieden in die Welt zu bringen. Denn wo im Inneren ungelöste Probleme rumoren, ist die Unruhe im Äußeren vorprogrammiert.
Seit 40 Jahren beobachte ich folgendes Phänomen, das immer mehr um sich zu greifen scheint: Im fünften Septennium wird manchen Männern plötzlich klar, dass sie vielleicht doch lieber mit ihresgleichen zusammenleben möchten, desgleichen die Frauen, die sich plötzlich neben dem weitergeführten Eheleben eine Freundin »anschaffen«. Diese Wahl berichtet von der vermiedenen Auseinandersetzung mit Animus und Anima. Rührende Ersatzhandlungen (Ich suche mein inneres Kind, usw.) führen noch weiter weg von der geplanten Ver-*wir*-kl-*ich*-ung, dem Weg vom Kollektiven (wir) zum Individuellen (ich). Ratschlag: Suchen Sie bitte nicht länger als unbedingt

nötig nach inneren Kindern. Suchen Sie lieber zuerst nach unerlösten Ahnenanteilen, denn Ihre Kinderseele existiert in seiner damaligen Form nicht mehr, weil Ihr Seelenkörper mit 21 Jahren »voll da« ist. Kinderseelen haben ihren Seelenkörper, wie im 4. Kapitel ausführlich erklärt, noch nicht vollständig im physischen Körper entwickelt und deswegen kein erwecktes, sondern erst im Lauf des ersten Septenniums langsam erwachendes Ich. Wer mit 30 noch immer sein inneres Kind aufscheucht, versucht s-*ich,* im tiefsten Sinn des Wortes. Denn nichts ist sinnloser, als die verletzten Gefühle der Gegenwart mit den schmerzlichen Erfahrungen und Empfindungen des ehemaligen kleinen Kindes zu überlagern. Da, wo man steht, findet man sich am schnellsten und sichersten. Da, im Hier und Heute, ist die Realität der bisher gelebten Existenz greifbar. Und alles, was Sie an Information brauchen, ist *jetzt* vollkommen vorhanden. Werden Sie sich jetzt der Würde Ihres Erwachsen-Seins bewusst, Ihrer Weiblichkeit, Ihrer Männlichkeit, und – bitte – schließen Sie *jetzt* Frieden mit Ihren beiden Eltern, damit Sie selbst Vater oder Mutter sein können! Natürlich können Sie diesen Prozess des Verzeihens hinausschieben bis ans Sterbebett. Doch das wird weder Sie noch Ihre Eltern erlösen. Im Alter von 35 ist man reif genug, um dankbar dafür zu werden, dass man lebt. Zu diesem Wunder haben zu 50 Prozent Ihre Mutter und zu 50 Prozent Ihr Vater beigetragen. Lassen Sie also Ihre Widerstände *gut* sein. Alles andere behindert Ihre Ich-Werdung und – Ihr Nervensystem.
Ob Sie es glauben oder nicht, Sie haben sich Ihre Eltern ausgesucht und haben auch an der Zusammenführung der beiden mitgewirkt. Fangen Sie jetzt mit der Beobachtung der Realität an. Realität in der fünften Sequenz betrachtet, ist nicht lieb, nicht kuschelweich und nicht gefällig. Realität ist wie Gott. Sie existiert. Es liegt an Ihnen zu handeln.
Einer Handlung sollte ein Entschluss vorangehen. Also entschließen Sie sich jetzt, zu *Ihrem* Vorteil zu handeln.

Verz-*ich*-ten Sie auf Schmerz und leben Sie mit dem, was möglich ist. Dasselbe Verhalten sollte ab jetzt spätestens mit Lebenspartnern geübt werden. Jetzt! Der Partner ist Ihr Spiegel, genau so wie Ihre Eltern sich gegenseitig Spiegel waren. Entschließen Sie sich, wenn Sie sich über Ihren Mann oder Ihre Frau unschlüssig sein sollten, jetzt, bevor das sechste Septennium beginnt, ihn/sie zu lieben oder zu verlassen – in Frieden. Sie kennen den lakonischen Spruch: »Etwas Besseres kommt nicht nach.« Volksweisheiten stimmen leider *immer*, denn sie kommen aus der Kollektiverfahrung. Hier weiß man, dass die Ahnengesellschaft, die Sie hinter sich herschleppen, dafür sorgen wird, dass der nächste Partner mit genau derjenigen Erlösungserwartung auftauchen wird, die gerade im Vordergrund steht.

Und genau das ist auch die Chance. Denn entgegen allen Behauptungen wage ich jetzt ausnahmsweise den Fuchs zu spielen und sage Ihnen ein Geheimnis: Nicht das Herz, sondern die unbeherrschten Gefühle treiben uns in Liebesbeziehungen ohne Basis. Unbeherrschte Gefühle haben *immer* (oh, Desillusion!) mit Ahnenansprüchen zu tun, die genau das erledigen, was vor 150 Jahren die Familie auch schon glaubte, inszenieren zu müssen: Sie bestimmen die Partner.

Wer diesem Reglement entkommen will, sollte lieber früher als später für ein waches und klares Ich-Bewusstsein sorgen, dessen Grundlage ein kühles Denken, ein gütiges Fühlen und ein mutiges Wollen ist.

Im fünften Septennium wäre man reif genug für das Glück. Aber was ist das Glück? Ahnenansprüche wirken unter anderem auch mit dem hormonellen Geschehen zusammen. Und wenn Sie in Ihrer Ahnenreihe eine unverheiratete Urgroßtante (1867!) sitzen haben, die ihren feurigen ungarischen Geiger nicht heiraten durfte, weil er nicht in die Familie passte, dann kann es sein, dass Sie ganz wild auf Magyarensöhne sind, auch wenn die inzwischen nicht mehr geigen, sondern z. B. ein

Umzugsunternehmen haben oder als Manager in der Weltgeschichte herumfliegen. Und kein Mensch wird erklären können, warum es ausgerechnet *dieser* und kein anderer sein muss, nicht einmal Sie selber. Und wenn Sie ein Mann sind, läuft die gleiche Story mit dem Ururgroßvater, der eine Studienreise nach Ägypten machte (1812!) und dort eine dunkle Schönheit beglückte, von der er sich losreißen musste, usw. usf.

Meist ist die Geschichte nicht so exotisch, sondern viel banaler und langweiliger, und vor allem hat sie nichts mit Ihrem ganz persönlichen Lebensplan zu tun. Aber manchmal, da steht das Ich auf, weil es sein Gegenüber erkannt hat, und dann können 140 Ahnenanteile dagegen arbeiten – sie werden keine Chance haben! Denn wenn ein Ich bewusst ist, dann ist es stärker als Hannibal. Und dann ist es das, was Liebe sein sollte. Und wenn der Sexus der ersten Jahre verbraucht ist, dann bleibt alles das, was Liebe wirklich ausmacht – Zuneigung, Sympathie, Zärtlichkeit und Güte.

Doch wie sag ich's denen, deren Ohr noch nicht geneigt der frohen Kunde? Hier beißt sich die Katze in den Schwanz, um ehrlich zu sein. Und deswegen werden so viele Ehen geschieden, die bis 35 geschlossen wurden. Unabhängig vom Septennium: Warum kommt es vor, dass wir plötzlich jemanden lieben, den wir zwei Jahre vorher nicht einmal mit der Kneifzange angefasst hätten? Dafür gibt es zwei Erklärungen: Entweder Ihr Ich-Bewusstsein ist zwischenzeitlich voll aktiviert oder das Ahnenkarussell hat sich gedreht. Kein Anspruch dauert ewig. Denn jeder der Anwärter will seine »Schäfchen« ins Trockene bringen. Wenn also ein Ahnenanspruch erfüllt ist, hat er sich erledigt. Alles Karma? Das Einzige, was hier vielleicht als Karma erscheint, ist das Glück und Unglück, das durch Unbewusstheit bewirkt und, in dieser Form ganz nebenbei, auf die Nachkommen übertragen wird, die bei dieser Gelegenheit gezeugt wurden. Ja, Sie haben richtig gelesen: Auch Glück kann so entstehen. Denn es gab ja auch glückhafte Verbindungen in unserer genetischen Vorgeschichte. Doch das ist wie Roulette: Wohin fällt die Kugel? Wenn wir das Spiel beenden wollen, also uns wirklich für die Freiheit entschließen, dann muss das menschliche Bewusstsein von diesen Dingen Kenntnis erhalten und wählen können. In dem Moment, wo wir diesem Marionettenspiel entkommen sein werden, wird sich etwas ändern, was das Freiheitsgefühl der gesamten Menschheit beeinflussen wird: Der Reinkarnation wird nicht mehr eine Triebstrebung zugrunde liegen, sondern ein freier Entschluss. Die Menschen des sechsten Septenniums könnten dieses Erlösungswerk beginnen ...

Das 5. Septennium auf einen Blick

1. Das innere Sturm-und-Drang-Geschehen soll sich in Liebesfähigkeit und Mitgefühl verwandeln.
2. Die Entmystifizierung der eigenen Visionen und Vorstellungen findet statt.
3. Charakteranlagen und Persönlichkeitsdarstellung verlangen nach Vereinigung und einer authentischen Darstellung nach außen. Der Individualisierungsprozess neigt sich dem Ende zu.
4. Der Zenit der körperlichen Kräfte ist erreicht.
5. Die inneren Seelenwesen Animus und Anima verlangen nach Klärung, damit die Beziehungen zum Männlichen und Weiblichen sowohl im Innen- wie auch im Außenbereich ins Gleichgewicht kommen können.

Die Fähigkeit zur beobachtenden Schicksalsgestaltung entsteht nur durch das Bewusstsein der Wahlfähigkeit auf absolut jedem Gebiet des Lebens.

9. KAPITEL

Das sechste Jahrsiebt von fünfunddreißig bis zweiundvierzig:

Das Ich im Zenit des Seins

Das Erlösungswerk könnte beginnen? Ja, wenn alle Voraussetzungen in idealer Form bisher erfüllt worden wären. Auf einer solch idealen Basis könnten die Forderungen, die jetzt an den Menschen herantreten, nicht nur klar erkannt, sondern auch erfüllt werden. Denn dieses Septennium, das zu der Kategorie der »mageren Jahre« gezählt werden muss, will, dass die ersten Ernteergebnisse abgeliefert werden. Die Zeit des Nehmens, des Abkassierens geht zu Ende. Es ist fast so, als wenn sich eine Türe langsam, aber unaufhaltsam, zu schließen beginnt, durch die bis jetzt ständig zugeliefert wurde. Das selbstverständliche Funktionieren der inneren Quellen, die in der Vergangenheit ohne Mühe angezapft werden konnten, verweigert sich plötzlich dem Selbstverständnis und stellt damit die Gewohnheiten des gesamten bisherigen Verhaltens, der Lebensführung, aber auch die bisherige innere Anschauung in Frage. Man fühlt sich immer mehr auf unerklärliche Weise vom Gewohnten ausgeschlossen und übergangen und erlebt dabei »Dunkelstunden, in denen sich die Sinne vertiefen«, wie Rilke diesen Zustand beschreibt, und wo er »in ihnen, wie in alten Briefen sein Leben schon gelebt findet«.

Als junger Mensch glaubt man, dass man sich bis zu einem bestimmten Zeitpunkt »in Sicherheit« gebracht haben wird, um dann weiterhin in Ruhe und Frieden »sein« Leben ungestört weiterleben zu können, so wie im Märchen »glücklich und zufrieden bis ans Ende aller Tage«. Diese Illusion zerbricht spätestens zwischen 35 und 42 und macht der Ahnung Platz, dass, solange gelebt wird, mit Ruhe, Glück und Störungsfreiheit nicht gerechnet werden kann. Diese unausweichliche Erkenntnis ist nicht nur ein tiefes Erfassen der Realität durch die unvermeidliche vollständige Entfaltung des Ich, sondern auch für die meisten von uns ein Schock, der umso tiefer sitzt, je weniger die geistig-seelischen Belange bis zu dieser »Lazarus-Erweckung« beachtet wurden. Wieder einmal dämmert es dem Bewusstsein, dass es nie mehr so sein wird wie früher, und das erzeugt Traurigkeit und Isolationsgefühle. »Was? Das soll es jetzt schon gewesen sein!?«, sagt der innere Rebell und rüstet sich in seiner Schmollecke zum Angriff, der den Gegenbeweis liefern soll. »Doch mit des Geschickes Mächten ist kein ew'ger Bund zu flechten«, flüstern die Schicksalsgötter und servieren genau in diesem Abschnitt den ersten Akt der Midlife-Crisis, der sich die Energien der zweiten Wiederkehr der Geburtskonstellation zunutze macht, die wir schon vor 18 ½ Jahren nicht ganz unproblematisch durchlebt haben. Damals schien es so, als erhielte man einen mehr oder weniger sanften Tritt, um in eine Welt befördert zu werden, in der die eigenen Ansprüche verwirklicht werden sollten. Jetzt dagegen empfindet man den Impuls wie eine Aufforderung, von der mühsam eroberten Welt wieder in sein eigenes Inneres zurückzukehren, um sich selbst Rechenschaft abzulegen. Doch worüber? In jedem ruht ein Bild, des, was er werden soll ...

Nur für eine bestimmte Zeit öffnet sich das Fenster zu der Seelenkammer, in der dieses Bild aufbewahrt ist, und diese kurze Spanne muss genügen, um die Erinnerung so zu aktivieren, dass sie nicht nur bewahrt werden kann, sondern dass der Eindruck so nachhaltig ist, dass er *die* Veränderung bewirkt, die durch diese Konfrontation mit dem »Eigentlichen« bezweckt wird. Jeder von uns bekommt diese Imago des Erreichbaren vor Augen gehalten, doch nicht alle, genauer gesagt eher wenige, wagen es, die Augen wirklich zu öffnen, um dann den alles entscheidenden Schritt in *die* Freiheit zu tun, die ursprünglich gemeint war. **Dieses Vorhaben kann nur gelingen, wenn das Ich seine Position als Pontifex oppositorum erarbeiten und verwendungsfähig machen konnte.**

Was ist unter einer Position des Ich als Pontifex oppositorum zu verstehen?
Wenn, wie zu beweisen war, der Mensch ein Geschöpf der Gegensätzlichkeiten und der Austragungsort divergenter Ahnenansprüche ist, dann muss es eine übergeordnete Instanz geben, welche nicht nur die Kooperation, sondern auch den Ausgleich zwischen den diametralen Polen der bewussten und unbewussten Anteile des Seelenkörpers übernimmt. Diese organisatorische Vermittlerrolle obliegt dem Ich, das als Verbindungsbrücke zwischen Gott und Mensch, zwischen Fühlbarem und Sichtbarem, dafür sorgen muss, dass die Kräfte der Seele sinnvoll an die machtorientierten Instanzen des Seins weitergegeben werden. Die Administration der Energien von Kontrahenten wie Objekt – Subjekt, Geist – Materie, Mann – Frau, kann nur eine unparteiische Obrigkeit sein, die sich allem entgegenstellt, was Ungleichgewicht erzeugt. Diese opponierende Ausgleichsfunktion des Ich wird vor allem in der Schicksalspsychologie als »Pontifex oppositorum« bezeichnet. Das Ich kann seine Rolle des Machtverteilers jedoch nur spielen, wenn der Seelenkörper, also das Bewusstsein des Menschen, ihm dazu Gelegenheit gibt. Ein egozentrierter, materialistisch denkender Kleingeist stellt kein verlockendes Betätigungsfeld für einen Pontifex dar. **Das Ich ist immer großartig. Nur der Mensch macht es klein durch seine Gesinnung und durch seine Unfähigkeit, Gott (an-)zuerkennen.**
Deswegen bieten sich am Schicksalsweg immer wieder »Werkstätten« an, die bereit sind, dem Unbewussten nachzuhelfen.

Der Zeitpunkt des zweiten Mondknotens mit 37 Jahren ist so ein »Werkstatt-Angebot«, aber nur für diejenigen, die sich dazu durchringen können, spirituelle Aspekte in ihr Leben einzubringen.
So unwichtig diese Geistesschulung vorher zu sein schien, so notwendig muss sie jetzt erfolgen. Denn eine Selbstvervollkommnung *ohne* das Bewusstsein der Geistigen Welt ist nicht möglich. Die individuelle Idee des Ich *muss* zu einer Entfaltung im Äußeren gebracht werden, sonst wird das Leben immer sinnloser. Jetzt, anlässlich der Wiederkehr unseres Geburtsmoments, haben wir die Möglichkeit, die Bilder unserer Verwirklichung in unserer Seele auferstehen zu lassen. Die Umsetzung dieser Ideenbilder kann einige Zeit dauern, doch Sie können mutig und sicher sein, denn die Mächte des Schicksals unterstützen niemanden mehr als denjenigen, der sich entschließt, den Weg der ursprünglichen Planung zu gehen.
Doch wie zeigt sich die Ur-Idee? Und woher weiß ich, dass ich nicht einer weiteren Illusion auf den Leim gehe? Es gibt keinen Garantieschein für erfolgreiche Schicksalsgestaltung, Glück und Reichtum inbegriffen. Doch wer dem inneren Ruf folgt, wird seine Berufung erkennen und dabei feststellen, dass er vorher unzählige Hinweise übersehen hat, die schon viel früher versuchten, ihm den richtigen Weg zu zeigen.
Nicht jedes Bewusstsein erkennt diese klaren Signale, die nichts anderes sind als die Relikte unserer ursprünglichen Strebung und eigentlichen Bestimmung. Meist entsteht nur ein unerklärliches Sehnen nach »etwas anderem«, das aber keine Bezeichnung findet und durch seine Unfassbarkeit einen ständigen Unruheschmerz erzeugt. Ich habe lange nach einem wirklich bezeichnenden Wort gesucht, das die Empfindung vollkommen erfasst, und das einzige, was den Vorgang wirklich beschreibt, ist eben die Komposition »Unruheschmerz«. Ja, da sind sie plötzlich wieder, die Ahnengestalten unserer Vorgeschichte, diese mehr oder weniger hilfreichen Canterville-

Gespenster. Doch diesmal erscheinen sie unter anderen Bedingungen als bisher. Jetzt, mit 37 Jahren, werden zu diesem ganz speziellen Wiegenfest *alle* geladen, die an Ihrem Schicksal beteiligt waren und sind, und zwar nicht nur die »Ahnengeister«, sondern vor allem Ihre »Plangestalter«, also die unsichtbaren Befürworter Ihrer Selbstverwirklichung. Jetzt oder nie können Sie sich entscheiden, und zwar zum ersten Mal ganz allein Sie selbst, das zu werden, was Sie *wirklich* sein wollen und was Ihrem Schicksalsplan entspricht.

In der Realität hat diese Entscheidung unzählige Gesichter: Ein Bankangestellter kündigt und studiert Theologie, eine Hausfrau macht Abendabitur und wird Logopädin, ein Familienvater geht zum Zigarettenholen und kehrt nie mehr zurück – und ein Topmanager wird zum Penner, während seine Frau mit einem 18 Jahre jüngeren Musiker im Wohnwagen durch die USA brettert.

Die unerwarteten Wendungen in den Lebensläufen der Menschen sind umso überraschender, je ruhiger und unauffälliger ihr Dasein bis jetzt war. Und sie sind umso spektakulärer, je widerspenstiger man sich gebärdet. Gott würfelt nicht – und das Schicksal hat auch nichts (mehr) für Spielchen übrig. Das wird jetzt jeder merken, der glaubt, alles im Griff zu haben.

Mein Lehrer Anthony Kinsella sagte mir einst bei passender Gelegenheit: »It hits you exactly where it hurts most.« Frei übersetzt heißt das: Man bekommt genau dort eins übergebraten, wo man es am wenigsten gebrauchen kann.

Nur damit Sie nicht glauben, ich sei verschont worden: Ich bekam meine Tochter am Tag (!) des 2. Mondknotens, verlor 14 Tage darauf mein ganzes Erspartes durch Betrug und bekam meine Verträge nicht mehr erneuert. Unnötig zu erwähnen, dass der Vater meiner Tochter gleichzeitig das Weite suchte und erfolgreich fand. Ich dachte damals auch, dass die Welt einstürzt und mich jemand an beiden Beinen in den dunklen Orkus ewiger Umnachtung hinunterzieht.

Aber ich habe in aller Verzweiflung eines sehr klar gespürt, nämlich die Kraft einer unsichtbaren Unterstützung und Leitung. Diese Zeit war, selbst im Rückblick nach mehr als zwanzig Jahren, wie ein Aufenthalt im Vorhof der Hölle. Aber ich habe mich darauf eingelassen und damals auch begriffen, dass es ein Spiel ist. Allerdings ein Spiel auf einer Ebene, die etwas höher anzusiedeln ist. Und – ohne Bewusstwerdung – kein Gewinn.

Aber wozu dieser Prozess? Dem immer mehr das Bewusstsein dominierenden Ich ist inzwischen jedes Mittel recht, um die eigene Verwirklichung durchzusetzen. Dieser Schicksalsgenerator Ich hat die bemerkenswerte Eigenschaft, völlig zukunftsorientiert die Entwicklung voranzutreiben, denn er, der überbewusste Faktor unseres Seins, »erinnert« sich unentwegt an die Abmachungen, die so oft als Determinismus verschrien werden und die Befürworter der menschlichen Freiheit auf den Plan rufen. Gegen Ende des sechsten Septenniums beschleicht den Menschen die Ahnung, dass es sich mit der Willensfreiheit vielleicht doch nicht so großartig verhält, wie er bisher geglaubt hat, und diese Erkenntnis deprimiert und verunsichert zunächst gewaltig, denn sie stellt die Eigenmächtigkeit als Lebensgestalter in Frage: Wenn ich es nicht bin, wer ist es dann? Neben allen Krisen, die für diese sieben Jahre symptomatisch sind, ist es auch die plötzlich auftauchende Nachfrage der spirituellen Befindlichkeit, die uns zwingt, die Sinne auf das innere Geschehen zu konzentrieren.

Auf einen nicht gleichaltrigen Freundeskreis kann diese Phase der Verinnerlichung befremdlich wirken, weil die Lust am »Spaß« unübersehbar dem Bedürfnis nach Allein-Sein weicht. Es kann passieren, dass man gesagt bekommt, dass man sich zum Nachteil verändert habe und »langweilig« geworden sei. Es ist das größte Kompliment, das Sie bekommen können, denn es zeigt, dass der Erkenntnisweg planmäßig beschritten wird.

Keine Angst! Die anderen, jüngeren werden mehr oder weniger schnell nachreifen, und wer »abhanden«kommt, also aus Ihrem Umfeld verschwindet, hat seine Rolle in Ihrem Schicksalsplan ausgespielt. *Panta rhei* – alles verändert sich und fließt einem fernen Ziel zu, sagt der griechische Philosoph Heraklit und spricht damit von einem ständigen Werden, das, wie ein Fluss, sich nur in eine Richtung bewegen kann, nämlich vorwärts. Das Ich kennt dieses Ziel und wird auf Ihr tiefes Bedürfnis, stehen bleiben zu wollen oder »das Ganze noch ein bisschen hinauszuschieben«, mit der Herstellung hilfreicher Situationen aufwarten. Das Ich ist kein Regisseur, sondern Regieassistent. Denn solange Ihre Einschätzung der Vorgänge sich noch am Materiellen orientiert oder am Vergangenen festhält, sind sie beide, der bereits erwachte und der noch unerweckte Teils Ihres Ich, auf eine höhere Regie angewiesen.
Zum Glück ist Ihr Bewusstsein inzwischen so weit gediehen, dass es dieses Wirken höherer Mächte fühlen und erkennen kann.
Der Zeitpunkt ist günstig, um Ihr Verhältnis zu dieser höheren Instanz nun neu zu überdenken und zu gestalten. Das bedeutet nicht, dass Sie bigott werden sollen oder zu einer anderen Religion überwechseln müssen. Auch das Gegenteil, nämlich von jeglichem Glauben abzufallen zugunsten des Gottes Materie, wird keine Not wenden. Sie haben die unglaubliche Freiheit, Ihren völlig eigenen Weg zu Ihrem Gott zu finden und noch dazu in der Weise und mit den Mitteln, die Ihnen richtig erscheinen. Es ist die schlimmste Art der Selbstbehinderung, dem inneren Drang nach geistiger Heimat, nach religiöser Innigkeit durch Verneinung und Verdrängung entgegenzuwirken. Denn nicht nur, dass es Ihre religiöse Entwicklung sein wird, die im Alter auch junge Menschen Ihre Nähe suchen lassen wird, sondern es wird auch in einer erneuten Existenz in einer fernen, für Sie heute nicht vorstellbaren Zukunft die

Qualität Ihrer jetzigen Bemühungen um geistige Integrität sein, welche die Qualität Ihres physischen Körpers bestimmen wird. Blödsinn? Phantasiegebilde? Fangen Sie an, in dieser Lebenssequenz in sich hineinzuhorchen, Ihre Gedankengänge zu beobachten und Ihre Gefühle zu observieren. Wenn Sie dann zu einem späteren Zeitpunkt in eine Wahrnehmung hineingereift sein werden, die jedem Menschen geschenkt wird, der »strebend sich bemüht«, dann wird es Ihnen selbstverständlich möglich werden, die Mitwirkung der verschiedenen Wesenheiten an Ihrer Menschennatur zu durchschauen. Dann, und keinen Tag früher, werden Sie sich selbst beweisen können, wie gut Sie die Fächer »Freiheit und Freier Wille« beherrschen, denn jetzt müssen Sie wählen, wem Sie in Ihrem Seelenkörper Asyl gewähren oder gar an der Regie(rung) Ihrer Verwirklichung teilhaben lassen wollen. Alles unwillkürliche Handeln ist nicht Gedankenlosigkeit, sondern das Zeichen dafür, dass ein Teil Ihres Ich in Bewusstlosigkeit gefangen ist, weil der Platz, der ihm eigentlich gebührt, von Spektren besetzt ist, die daran interessiert sind, Ihren Willen als Spielzeug zu gebrauchen. Vergessen Sie es ab jetzt nie mehr: Das Wesentliche als das Mächtige ist und bleibt unsichtbar. Und es ist Aufgabe und Prüfungsinhalt dieses Septenniums, sich über die Eigenartigkeit der Verhaltensweisen dieser unsichtbaren Wesenheiten im Gegensatz zu Ihrem *eigentlichen* Wollen und Streben klar zu werden. Sicher spüren Sie, dass es sich dabei nicht nur um die oft zitierten Ahnenanteile handelt, sondern inzwischen um eine ziemlich große Gesellschaft mehr oder weniger gebetener Gäste, deren Einladungskarten Sie nun endlich zu Gesicht bekommen sollten. Wir alle haben schwache Seiten, dunkle Nischen in unserer Persönlichkeit, die im Laufe unseres Daseins so manche »Untermieter« angelockt haben, die wir, ohne den geringsten Gedanken an schwarze Magie und Teufelsaustreibung, als Dämonen bezeichnen können. Nur, um ein wenig zur Klarstellung dieser Spezies beizutragen, hier ein kleiner Auszug der deutschen Bezeichnungen für das Wort *daimon (*daimon), nachzulesen in meinem Altgriechisch-Schulwörterbuch von 1964: Gott, Gottheit, göttliches Wesen, Schutzgottheit, böser Geist, Teufel, Geist eines Toten, Gespenst, Schicksal, Glück, Unglück usw. usw. Die Vielzahl dieser Synonyme zeigt, dass die Menschheit sich der Gegenwart dieser Wesen immer bewusst war, und zwar in ihrer unbeschreiblichen Vielfältigkeit und Verschiedenheit ihrer Charaktere. Erst in der Neuzeit reduzierte das Allgemeinverständnis die »daimones« auf eine Begrifflichkeit des Dunklen und Teuflischen. Damit tut man ihnen, wie obige Auflistung zeigt, bitter Unrecht, denn tatsächlich sind diese Dämonen ja auch die Genien, welchen man gerne einen hohen Stellenwert im Menschentum einräumt. Dämonen oder Genien, wie immer wir diese Wesen nennen wollen, existieren so reell wie Elektrizität, die man auch erst bei Verwendung »sehen« kann. Naturwissenschaftliche Beweise können bei Ersteren genau so wenig erbracht werden wie über die Existenz der Seele, deren Gewicht von klugen Leuten inzwischen auf 21 Gramm geschätzt wird, was genau dem Gewichtsverlust eines Körpers nach Eintreten des Todes entspricht. (Zwischenfrage aus den hinteren Reihen: Wohin, bitte, verlagern sich diese 21 Gramm, wenn Energie nicht verlorengeht?) Demzufolge: Genien hin – Dämonen her, es ist jetzt angesagt, dass Sie sich ein klares Bild von sich selbst erarbeiten, und zwar sowohl in Bezug auf Ihr äußeres Handeln (Ihren »Stil«!) als auch auf den Umgang mit Ihrem Denken und Ihren Gefühlen. In einem Satz zusammengefasst: Lassen Sie sich nicht mehr gehen! Übernehmen Sie das Kommando! Je klarer Ihnen die Notwendigkeit dieser Kontrollfunktion wird, desto wahrscheinlicher werden die Verwirklichung Ihrer ursprünglich geplanten Existenz und – die Verhinderung von Krankheiten. Wenn es denn der Wahrheit entspräche, dass Älterwerden und Krankheit untrennbar miteinander verbunden sind, dann frage ich mich, woher die vielen gesunden 80- bis 90-Jährigen kommen, die ich aus meinem Umfeld kenne. Diese »Alten« zeichnen sich durch zwei Gemeinsamkeiten aus:

1. Sie führen ein streng geregeltes Leben.
2. Sie nehmen rege am Kulturleben teil, und:
3. Sie interessieren sich für *alles*.

Und so waren sie schon immer. Trotz Krieg, Witwenschaft, Alleinerziehung mehrerer Kinder, Berufstätigkeit und pflegebedürftiger Ehehälften. Viele von ihnen sind nicht religiös, beten nicht, aber glauben an eine höhere Macht, die mit dem Vatikan nichts zu tun hat. Einige sind tiefgläubige und ausdauernde Kirchengänger, mit denen die Frage, ob es Gott gibt, schnell ausdiskutiert ist. Auf die Frage, wann sie ihre jetzige Lebenseinstellung gewonnen haben, antworten alle: ungefähr in der Mitte des Lebens. Also genau hier, wo wir uns gerade befinden, im sechsten Septennium. Mehr als die Hälfte der Menschen mit 40 sagen laut Statistik, dass sie jetzt einer Disziplinierung nachkommen, die sie schon immer in ihr Leben bringen wollten. Sie werden z.B. zu Vegetariern, halten bestimmte Schlafenszeiten ein oder legen sich Pflichten auf, die mit bestimmten Aktionen zusammenhängen. Einfach ausgedrückt könnte man auch sagen: Es ist Zeit, vernünftig zu werden, denn es ist der Spätsommer des Lebens, in dem Sie sich befinden.

Wenn Sie Ihr Ich vollständig in Ihrer Seele unterbringen wollen, müssen Sie Platz schaffen und entrümpeln. Die großartigste Hilfestellung und Unterstützung bei diesem Vorgang kann Ihnen etwas geben, was die meisten Leute scheuen wie die Pest: einen Umzug!

Wie innen, so außen!, wussten schon die Philosophen des Altertums, und Sie könnten, wenn Sie sich in dieser Altersspanne befinden, dem Purgatorium, dem Großreinemachen in Ih-

rem Lebensraum, nicht nur gedanklich Zeit und volle Aufmerksamkeit schenken. »Was brauche ich wirklich?« ist die wichtigste Frage auf der Liste der Introspektion.
Verkaufen oder verschenken Sie, was Sie nur irgend können, und entlasten Sie sich von all dem angesammelten Überflüssigen Ihres bisherigen Lebens. Lassen Sie los! Die Lieblingsausrede bezüglich materieller Dinge ist: »Aber DAS könnten die Kinder vielleicht später noch brauchen!« Fragen Sie »die Kinder« doch einmal direkt. Sie werden die Stunde der Wahrheit erleben: Bis auf Immobilien besteht kaum Interesse an irgendetwas, außer es ist ein Betrieb, in den sie schon in früher Jugend eingebunden wurden. Aber selbst in diesem Fall könnte es größere Überraschungen geben, wenn Sie darauf verzichten, weiterhin in der Illusion zu leben, Sie hätten alles nur für die Kinder aufgebaut, erhalten und sich abgerackert. Selbst wenn es ein Familienunternehmen seit 1864 ist: Seien Sie wahrhaftig und fragen Sie sich, ob Sie selbst damals *wirklich* Lust hatten oder ob Sie nur Papi und Mami nicht enttäuschen wollten, die vielleicht selbst nur Pflichtesel waren.
Die Götter haben die Zeit um den zweiten Mondknoten dazu bestimmt, dass Menschen ihr wesentliches Leben verwirklichen können. Die Gefühle, die sich in dieser Zeit entwickeln, sind also keine Launen und Phantasiegebilde, sondern ein Angebot von höchster Stelle. Aber: Bitte, keine Missverständnisse! Wer glaubt, jetzt noch schnell Primadonna oder erster Liebhaber am Stadttheater werden zu können, hat die frohe Botschaft nicht ganz richtig gedeutet. Es geht nicht um Flucht aus dem Alltag. Es geht um das volle Leben – jetzt oder nie!
Und was ist mit den Glücklichen, bei denen alles in Ordnung ist oder schon immer war? Die mit 18 Jahren wussten, was sie werden wollten, mit spätestens 26 die Berufsausbildung hinter sich gebracht hatten, sofort eine Stelle erhielten, glücklich heirateten und (1, 2, 3, 4 ...) Kinder bekamen. Seien Sie nicht

neidisch, denn auch das könnte Karma sein, also das Ergebnis einer mehr als tadellosen früheren Existenz. Doch zur Beruhigung der heutigen Gerechtigkeitsgefühle sei dazu auch gesagt: Wenn diese vollkommenen Leute tatsächlich so vollkommen wären, hätten sie sich nicht noch einmal verkörpert.
Also können wir sicher sein, dass noch Aufgaben anstehen. Vielleicht soll ein Amt übernommen werden, oder ein Kind braucht ganz besondere Adoptiveltern oder – Sie werden zu Auslösern oder Vollstreckern in einem Schicksalsgeschehen. Diese beiden Rollen haben meistens ellenlange Vorgeschichten, die nur in Gottes unsichtbarer Bibliothek nachzulesen wären. Es ist selten, dass diese Menschen von ihrer Funktion Kenntnis haben oder sich im Moment des Geschehens ihrer Rolle bewusst sind.
Ich komme auf dieses Thema nur deswegen zu sprechen, weil ich inzwischen eine nicht mehr zu übersehende Anzahl solcher speziellen Schicksalseingriffe vorliegen habe, die im Leben der vorher beschriebenen »Glücklichen« *genau* zum Zeitpunkt des 1., 2. oder 3. Mondknotens (bei 18 Jahren und 7 Monaten, 37 Jahren und 2 Monaten, 55 Jahren und 11 Monaten) eingetreten sind. Hier einige Beispiele:
Mit 18½ Jahren fuhr der Sohn einer mit mir befreundeten Familie aus unerklärlichen Gründen frontal in ein entgegenkommendes Fahrzeug, dessen Fahrer sofort tot war.
Mit 37 Jahren sorgte ein Bekannter dafür, dass er sich mit einer ganzen Gruppe junger Menschen zu einem Auftritt nach Zürich fliegen ließ. Das Flugzeug stürzte ab.
Ebenfalls mit wenig mehr als 37 Jahren mimte ein bekannter Sänger tiefste Heiserkeit, um einem jungen Kollegen seinen Auftritt als Tamino in der *Zauberflöte* überlassen zu können. Das war der Beginn der Karriere des Ausnahmetenors Fritz Wunderlich.
Im gleichen Alter besuchte der sagenhafte »Seeteufel« – Kapitän Felix Graf von Luckner – im Krieg ein Berliner Freuden-

haus, als gerade Bombenalarm gegeben wurde. Alles war schon in den Keller gestürzt, und ein SS-Mann hatte in der Eile einen Stoß deutscher Pässe liegen lassen. Einer Intuition folgend, nahm der Offizier einen (!) dieser Pässe an sich und ging trotz Alarms wieder auf die Straße. Dort traf er auf eine völlig verzweifelte junge jüdische Frau, der er diesen Pass gab, der sowohl dem Alter als auch dem Aussehen nach absolut passte. Sie konnte damit nach Amerika fliehen.

Viele Gesichter und Masken haben die Schicksalsengel, und manchmal benützen sie uns Menschen dann, wenn wir am ahnungslosesten sind! Nicht nur zu Zeiten des Mondknotens.

Wir alle erzeugen, vermitteln und vollstrecken Schicksal. Im sechsten Septennium aber, ab dem zweiten Mondknoten, erwacht in uns allen das Erkennen für dieses Tun, und wir werden zu bewussten Verwaltern. Aber nur, wenn das Bewusstsein bisher beachtet und gepflegt wurde. Stellen Sie sich jetzt aber bitte nicht vor, dass man in solchen Momenten erkennt: »Ah, jetzt bin ich der große Schicksalsmacher!« Vielmehr ist es das Erspüren eines zarten Drängens, eines unerklärlichen Handlungstriebes, der aber trotzdem keinen Zweifel darüber aufkommen lässt, was zu tun ist. Selten, dass die »Auftragsarbeit« jemanden betrifft, der uns nahesteht. Ich selbst hatte die unvergesslichsten »Treffen« z.B. mit einem schwarzen Taxifahrer in New York, mit einer Flughafenangestellten in Frankfurt, mit einer Frau in einem Festzelt in einem bayerischen Dorf und mit einem Buskontrolleur in Wien. Bei keinem von den paar genannten Fällen blieb auch nur ein Stein auf dem anderen. Und alle – weinten. Ich tat nichts Besonderes. Meistens sagte ich nur etwas, ohne nachzudenken, oder gab eine Adresse weiter, weil ich plötzlich wusste: *Dort* muss er hin – schnell!

Manchmal ist aber auch eine schwere, in ihrer Tragweite uns völlig bewusste, Entscheidung zu treffen, die jemand anderen betrifft, bei der wir über den eigenen Schatten springen müssen, oft höher, als wir eigentlich können. Da lösen wir eigenes Schicksal auf, um es gleichzeitig an jemand anderen weiterzugeben. Meist haben diese Momente mit Verzicht zu tun und dann in der Folge mit dem Verhalten des anderen. Erwarten Sie keinen Dank. **Denn alles, was bedankt wird, ist ausgeglichen durch die Dankbarkeit. Doch der Schicksalspunkt ist nicht gewendet.** Jede Spende, die registriert oder öffentlich gemacht wird, spielt in der Schicksalsverwaltung keine Rolle. Das Wesentliche ist unsichtbar ...

Nur wer unbemerkt hilft, dem danken es die Götter. Und am meisten, wenn selbst derjenige, dem geholfen wurde, nichts von seinem Gönner weiß.

Alle diese Wunder geschehen genau so vor dem sechsten Septennium, wie auch nachher. Aber hier, in dieser Sequenz, werden uns die Zusammenhänge bewusst. Zum ersten Mal *ahnen* wir nicht nur die Führung einer mächtigen Hand, sondern wir *spüren* sie. Das ist das Geschenk, das wir vom Schicksal am Ende des Sommers unseres Lebens erhalten. Doch nur diejenigen werden es annehmen können, deren Arme ausgebreitet und deren Hände leer sind. Wer glaubt, sich festhalten zu müssen, der weiß nicht, was ihm entgeht. Ab dem siebenten Septennium beginnt der Herbst, also die Erntezeit. Wer fährt schon mit vollem Wagen zur Ernte?

Das 6. Septennium auf einen Blick

1. Das Ich übernimmt eine dominante Rolle, um die eigene Verwirklichung durchzusetzen.
2. Die Zeit des »Großreinemachens« ist gekommen. Das Überflüssige muß dem Notwendigen weichen.
3. Mit 37 Jahren wiederholt sich abermals die Geburtskonstellation und macht eine totale Lebensveränderung oder eine Expansion möglich.

4. Der Mensch wird zum bewussten Schicksalsgestalter und -verwalter.
5. Ein neuer Lebensrhythmus und eine neue Lebensdisziplin werden gefunden.

Die Zeit des Frühlings und Sommers des Lebens ist beendet und damit auch die Phase des Nehmens. Das Schicksal der kommenden Jahre ist die Antwort auf das bisherige Leben.

10. KAPITEL

Das siebte Jahrsiebt von zweiundvierzig bis neunundvierzig:

Das Ich als Vorbild

Wer käme auf die Idee, den Beginn des 43. Lebensjahres als Besonderheit zu feiern? Sicherlich niemand! Denn in unseren Breitengraden ist es Brauch, die »runden« Geburtstage als festliches Ereignis zu begehen. Also lassen Sie mich noch genauer fragen: Erinnern Sie sich an irgendeinen 40. Geburtstag (der eigentlich der 41. Geburtstag ist, weil der Tag der Geburt der 1. Geburtstag ist), der mit »Pomp und Circumstances« begangen wurde?

Lassen Sie mich raten: Es ist wahrscheinlich ein »männlicher« Geburtstag, der in Ihrer Erinnerung auftaucht, denn für das stärkere Geschlecht beginnen jetzt die »besten Jahre«, die erst kurz nach 80 langsam zu Ende gehen. Also kein Grund, nicht in froher Runde auf diese blendenden Zukunftsaussichten anzustoßen, während tief im Innersten die Stimme der Weisheit sagt: Du bist im Herbst des Lebens angekommen! Herbst? Herbst bedeutet doch, dass die Kraft der Sonne nachlässt, dass die Ernte langsam vorbereitet werden will und man sich mit dem Gedanken an fallende Blätter vertraut machen sollte. Mir ist kein männlicher Geburtstag in Erinnerung, bei dem auch nur ein Hauch dieser Gedanken zu spüren war. Im Gegenteil! Die Stimmung sagte: Jetzt geht es noch einmal richtig los, jetzt fängt das wahre Leben an.

Wenn Sie eine Frau sind, dann sei Ihnen jetzt gesagt, dass die

Männer recht haben. Allerdings von einer etwas anderen Warte aus gesehen, als die Herren der Schöpfung glauben. Die Vertreterinnen der weiblichen Spezies sollten also milde und wissend lächeln, denn die Erdanziehungskraft macht vor keinem halt, und der Schicksalshobel setzt ohne Ausnahme sein Werk fort, das unübersehbar erkennen lässt, dass die »Jugend« endgültig vorbei ist. In diesem Alter könnte jeder von uns bereits Oma oder Opa sein – theoretisch betrachtet. Sagen wir also die Wahrheit: Das Alter rückt unaufhaltsam näher, und keiner will es wahrhaben.

Der Berufsstand der kosmetischen Chirurgen weiß zu berichten, dass er seinen Wohlstand vor allem dieser Altersgruppe verdankt. Falten werden unterspritzt, Tränensäcke entfernt, Fettablagerungen abgesaugt, und auch »Liftings« sind absolut keine Seltenheit, sowohl bei Männern als auch bei Frauen. Bloß nicht zum alten Eisen gehören, scheint die Devise zu sein, die um sich greift wie eine Epidemie.

Aber *warum* ist das so? Ist ein alterndes Gesicht, ein überreifer Körper eine Beleidigung?

Ja, darf die Antwort sein, und zwar für alle, die sich jahrzehntelang an Äußerlichkeiten orientiert haben und die sich einreden ließen, dass nur »junges Fleisch« begehrenswert ist.

Diese Überbewertung von Materie zieht Folgen nach sich, die das restliche Leben im wahrsten Sinn des Wortes zeichnen werden. Denn sie verschließt die Sinne für das Normale, das Gesunde und für alles, was gut und wertvoll ist.

Das Peinlichste, was einem alternden Menschen widerfahren kann, ist zu glauben, dass es möglich oder notwendig sei, in Konkurrenz zu den Jüngeren gehen zu können oder zu müssen. Denn die Rolle, die den Menschen dieser Altersklasse vom Schicksal zugedacht ist, entpuppt sich als eine ganz andere und viel schönere, als sich der Jugendwahn nur träumen lassen kann: Sie dürfen zu Lehrern und Helfern der Jüngeren heranreifen, sollen ihnen ihr Wissen und ihre Erfahrung weitergeben und den Weg ebnen, auf dessen Mitte sie sich selbst längst befinden. Doch diese Einstellung kann nur akzeptiert werden, wenn der eigene Weg bereits gefunden und das Ziel klar vor Augen ist. Denn sonst ist die nachkommende Generation mit ihrer ständigen Demonstration jugendlicher Frische eine permanente Bedrohung, gegen die mit allen Mitteln angekämpft werden muss.

Seitdem der Allgemeinheit suggeriert wird, dass der Mensch ab 50 nur mehr bedingt brauchbar ist, hat sich der Arbeitsmarkt dramatisch verändert. Wer in diesem Septennium seine Arbeit verliert, sieht sich nicht selten der peinlichen Situation der Arbeitslosigkeit ausgesetzt. Ein Weg der Demütigung ist in der Folge wahrscheinlicher als ein Triumphzug, der dem erfahrenen und qualifizierten Fachmann eigentlich zustehen würde. Die Existenzkrise in der eigentlichen Erntezeit des Lebens trifft diejenigen umso härter, die sich sattelfest gefühlt haben und sich eine Existenz aufgebaut zu haben glaubten, die noch vor kurzem eine gesicherte Zukunft erwarten ließ.

Das Erreichte will gehalten, das Gewohnte weitergeführt werden. Doch alles hat seinen Preis, der sich plötzlich als nicht mehr bezahlbar herausstellt. Diese Krise trifft Männer wie Frauen gleichermaßen hart und erzeugt oder bestätigt Ängste, die den ursprünglichen Mut und die Zuversicht lähmen.

Doch natürlich sind nicht alle von dieser Schicksalsvariante betroffen. Andere erleben im Gegenteil eine Hoch-Zeit ihrer Karriere, erfahren Beförderung und Bestätigung, Ehrungen und Erfüllung der früher gesteckten Ziele. Sind nun die einen »besser« als die anderen, begabter, beglückter und vom Schicksal mehr begünstigt?

Dieses siebente Septennium, das unter anderem auch ein Spiegel der Zeit zwischen 21 und 28 ist, zeigt einige Zusammenhänge auf, welche die Misere zwar nicht beseitigen, doch zumindest erklären könnten. Im vierten Septennium hat sich der Mensch normalerweise zu einer bestimmten Betätigung entschlossen. In der Wahl dieses Tuns liegt die Wurzel für spätere Blüte oder Missernte verborgen, denn nun, in der jetzigen Sequenz, zeigt sich, ob man sich damals für einen Job oder einen Beruf entschieden hat. Ein Job hat immer einen Hintergrund, der mit Berechnung und Zufälligkeit einhergeht. Der Not oder der Verlockung gehorchend wurde ein Angebot zur »Fügung« erhoben und im Laufe der Zeit als »Endlösung« akzeptiert, trotz innerer Warnung und äußerer Hinweise. **Das Gefällige ist es, was uns zu Fall bringt.** Diese Urweisheit bewahrheitet sich nun, obwohl nach so langer Zeit der Zusammenhang nicht mehr gesehen werden will.

Derjenige, der seiner Berufung folgte, wird möglicherweise den Anfang seines Berufsweges als steinig empfunden haben, vielleicht sogar von Zweifeln geplagt worden sein, deren Überwindung sich jetzt jedoch als bestandene Feuerprobe erkennen lässt.

Sein oder Nichtsein?

Ich selbst war Sängerin mit Leib und Seele. Doch nicht erst im siebenten Septennium, sondern schon mit 36 Jahren stand ich vor dem Aus. Ich hatte klassischen Gesang gelernt, konnte vom Blatt singen, war mit Auszeichnungen gefeiert und dekoriert worden und sah mich dennoch mit der Tatsache konfrontiert, dass kein Mensch mich mehr sehen noch hören wollte. Es ging alles schief und daneben, was ich auch nur anpackte.

Warum? Dieses Buch ist ein Buch mit vielen Wahrheiten, und deswegen ist es auch an mir, die Wahrheit zu sagen: Ich hatte *genau* die Fehler gemacht, die oben im Zusammenhang mit dem Begriff »Job« beschrieben wurden, und zwar schon ziemlich lange, *bevor* ich die sogenannte tolle Karriere machte, die, genau besehen, eigentlich nur die Quittung für meine Serienfehler im Vorfeld war. Die Schuld lag allein bei mir. Ja, ich sollte Sängerin werden. Das war im Schicksalsplan durchaus vorgesehen. Aber nicht im Show-Geschäft, und schon gar nicht als Schlagersängerin. Doch dann ging alles so schnell, und der Erfolg gab scheinbar recht. Und *obwohl* ich die ganze Zeit *wusste,* dass ich falsch am Platze war, machte ich weiter.

Nicht nur aus dieser eigenen Erfahrung entstand die Erkenntnis: **Erfolg ist weder Maßstab noch Beweis für Berufung.** Die kühle und unbeirrbare Beurteilung durch das Schicksal wird *spätestens* zwischen 40 und 50 offenbar.

Vielleicht interessiert es Sie noch, wie der Ur-Plan in meinem Fall ausgesehen hat. Nein, ich wäre *keine* Anna Netrebko geworden, denn weder hätte die Stimme noch das Aussehen gereicht. Das war im Schicksalsplan durchaus einkalkuliert worden. Ich hätte also meine Ausbildung beendet, wäre eine gute Chorsängerin oder Liedinterpretin geworden, und dann, mit ca. 33 Jahren hätte ich eine Zusatzausbildung gemacht und wäre, angeregt durch die beste aller meiner Gesangslehrerinnen, Anneliese Hoffmann de Boer, ebenfalls Gesangspädagogin und Logopädin geworden, mit dem Schwerpunkt Stimmheilung. Denn *das* war der Auftrag: Verwende dein Talent zur Freude und zur Heilung anderer. Und dieses Buch? Es wäre genau so entstanden, wie Sie es vor sich sehen, nur die Geschichte mit der ach so tollen Showbiz-Karriere – die würde darin fehlen.

Freier Wille und Versuchung sind *das* Thema des siebenten Septenniums und auch die Grundlage der Umwege, die uns zuletzt immer wieder nach Rom bringen. Aber nur unter einer Bedingung: Dem Impuls, der mit 33 angeklopft und mit 37 gedrängt hat, *muss* stattgegeben worden sein. Sonst ist die Lebenschance der Verwirklichung des ursprünglichen Schicksalsplanes vertan.

Und was ist nun zu tun, wenn dieser Impuls unterdrückt und negiert wurde? Und was sollen Sie unternehmen, wenn Ihnen plötzlich klar wird, dass Sie sich definitiv auf dem falschen Dampfer befinden?

Lassen Sie mich zuerst aufführen, was *nicht* zu tun ist:

1. Versuchen Sie nicht, irgendetwas zu erzwingen.
2. Vermeiden Sie jegliche Verwirklichung von Berufsidealen, die mit profilneurotischer Darstellung zu tun haben.
3. Beschuldigen Sie niemanden – auch nicht sich selbst – und
4. melden Sie sich, wenn nur irgend möglich, nicht arbeitslos.

Sicher bietet es sich zunächst an, öffentliche Mittel als Überbrückung in Anspruch zu nehmen. Doch schon damit werden Sie Teil einer Maschinerie, welcher der Geruch der Unselbständigkeit und Abhängigkeit anhaftet. Es liegt an Ihnen, zu entscheiden, ob dieser Schritt wirklich unumgänglich ist. Denn: Was du billigst noch so fern, ist nach Tagen oder Wochen dein, als ob du's selbst gesprochen.
Selbst wenn Sie einen akademischen Grad haben sollten, ist es vielleicht besser, Taxi zu fahren oder putzen zu gehen, als sich der sozialen Abhängigkeit auszuliefern. Wer den Mut hat, sich freiwillig dieser scheinbaren Degradierung zu stellen, wird in den Genuss eines Phänomens gelangen, von dem alle anderen nur träumen können: der Gunst der Götter. Es scheint eine unsichtbare Macht zu geben, die sowohl bedingungslosen Mut als auch bedingungslose Liebe rückhaltlos honoriert. Das Ergebnis wird sich wahrscheinlich nicht sofort zeigen und damit den Glauben an sich selbst und das Vertrauen in das Wirken unsichtbarer Kräfte auf die Probe stellen. Der Lohn für den Mut, gegen den Strom zu schwimmen, ist so sicher zu erwarten wie das Amen in der Kirche. Mit einer solchen Aktion fordert der Mensch das Wunder der Fügung heraus, dessen hervorragendste Eigenschaft es ist, den Suchenden dem Platz zuzuführen, der ihm wirklich bestimmt ist.

Das Wichtigste, was in einer solchen Lebenssituation zunächst zu befolgen ist, klingt relativ banal, aber öffnet den Weg aus der Misere:

1. Jede Arbeit, die Sie so gut erfüllen wie nur möglich, ist besser als keine Arbeit.
2. Willigen Sie ein, zu dienen.
3. Prüfen Sie jetzt, was Sie wirklich zum Leben brauchen, und verzichten Sie auf überflüssigen Ballast.
4. Zweifeln Sie keinen Tag daran, dass die Situation sich zu Ihrem Besten wenden wird.

Wie Beratungsarbeit und eigene Erfahrung lehren, ist diese Vorgehensweise keineswegs graue Theorie, sondern nachweislich der optimale Weg zur Lösung der Probleme.
Doch was ist der Hintergrund all dieser möglichen Geschehnisse, die sich um uns und in uns ereignen?
Sie sollen in diesem Septennium Ihrer selbst würdig werden. Würdig? Dieses Wort ist zweifelhaft geworden in den letzten Jahren und Jahrzehnten. Denn dort, wo sich eine Gesellschaft nur mehr an Materie orientiert, verliert die Würde automatisch ihre Bedeutung. Wo Würde bedeutungslos wird, verändert sich die Qualität menschlicher Beziehungen.
Lassen Sie uns damit zum Thema Sex kommen. Was, werden Sie jetzt denken, haben Materie und Sex miteinander zu tun, und warum kommen wir ausgerechnet jetzt darauf zu sprechen?
Wir hätten ab Mitte 40 die Möglichkeit, dem hormonellen »Treibstoff« nicht mehr in der Weise ausgeliefert zu sein wie zuvor. Unser Ich-Körper löst sich nämlich langsam aus den Organen, was unsere Kräfte immer mehr ins Geistige verlagert. Dieser zumeist unbekannte Vorgang hat mehrere Auswirkungen, die es wert sind, ausführlich beschrieben zu werden.
Wenden wir uns zuerst den physischen Auswirkungen dieser

Geschehnisse zu. Durch das langsame Herausziehen der Kräfte aus dem unteren Körperregionen entsteht ein besonders intensives sexuelles Empfinden, das die meisten Menschen (Männer?!) dieser Altersklasse als Aufforderung missverstehen, es »noch einmal richtig krachen zu lassen«. Wenn wir glauben wollen, dass »post coitum omne animal triste«, also jedes Tierlein nach dem Koitus traurig ist, dann ist es jetzt, im siebenten Septennium, tieftraurig, wenn es diesen Energierückzug missversteht. Die Torschlusspanik ist bei falscher Einschätzung der Gefühle keine Seltenheit und kann zu Depression und Altersangst führen. Männer trennen sich aus diesem Grund in diesen Jahren oft von ihrer »alten« Lebenspartnerin, um sich dann mit unpassend jungen Frauen zu umgeben, von denen sie die Bestätigung der vermeintlich frisch erwachten Kräfte erhoffen. Das Spiel klappt in diesem Fall erstaunlich lange, und zwar nicht, weil sich die Sexualkräfte des Mannes anhand dieser Verjüngungskur regenerieren, sondern weil über den Vitalkörper Kräfte von der jungen Frau abgezogen werden, was dazu führt, dass diese dann im achten Septennium schneller, als es ihr lieb sein könnte, altern wird. Amor vincit omnia? ... überwindet Liebe wirklich alles?
Das langsame Entschwinden der Energien zieht auch die leidigen, allseits bekannten Verdauungsbeschwerden nach sich, die, zusammen mit dem Nachlassen der Stoffwechselfunktionen, sehr oft zu den typischen Gewichtszunahmen dieses Lebensabschnitts führen und sich am Ende mit Diät und Sport nicht mehr so leicht korrigieren lassen wie früher. Meine Mutter, die Zartfühlende, empfahl mir angesichts dieser Problemstellung, mich entweder durch konstantes Hungern zur Ziege oder durch weiteren ungebremsten Lebensmittelkonsum zur Kuh zu entwickeln. Ich habe mich für die »gemilderte Kuh« entschieden, ein durchaus zu empfehlendes Erscheinungsbild, das selbst bei hartnäckigem Zuspruch kulinarischer Genüsse mit etwas Disziplin zu erhalten ist.

Den Ich-Körper beeindrucken all diese Aktionen wenig. Er entfernt sich mehr oder weniger unmerklich immer weiter, und natürlich bekommen wir das auch anderweitig zu spüren: Die Sehkraft lässt ein wenig zu wünschen übrig, der Zahnarzt bekommt zu tun, die Straffheit des Körpers lässt nach – wir werden langsamer. Das zeigt sich vor allem dann, wenn etwas völlig Neues erlernt werden soll. So schnell wie früher sind die »Vokabeln« nicht mehr im Kopf, und auch vieles andere wird nun lieber dem Notizbuch als dem Gedächtnis anvertraut. Die Erscheinungen sind noch lange nicht gravierend, aber dennoch nicht mehr aufzuhalten.

Doch nichts in unserem Universum verschwindet ersatzlos. Wir bekommen auch etwas geschenkt, das wir vorher nicht hatten, wie zum Beispiel ein psychologisches Feeling, einen »Riecher« für seelische Abläufe, Zeichen und Zusammenhänge. Wer sich nicht von Anbeginn als Elefant im Porzellanladen gefallen hat, der könnte nun Beruf und Privatleben eine Dimension hinzufügen, die seine Persönlichkeit bereichert und seine Wahrnehmung erhöht.

Das verleitet viele Menschen, vor allem Frauen, dazu, bis jetzt durchaus gute und erfüllende Berufe aufzugeben, um Lebensberater, Heiler, Reiki-Meister u.Ä. zu werden. Zu früh, kann man dazu nur sagen, denn dieser Wunsch ist kein Ruf, sondern die Begleiterscheinung einer normalen Entwicklung, die in dieser Phase zum ersten Mal registriert und als besonderes Talent missverstanden werden kann. Natürlich gibt es Ausnahmen wie z.B. den großartigen Gustav Hossenfelder, der anlässlich des zweiten Mondknotens »den Ruf« bekam, sein gutgehendes Graphik-Büro verließ, das medizinische Handwerk erlernte und fortan unübersehbar erfolgreich heilte. Der Ruf! Nichts wird so gerne missverstanden wie dieses Phänomen, das, wenn es wirklich erfolgt, Höchstleistungen auf den vorher genannten Gebieten des Beratens und Heilens erwarten lässt, vorausgesetzt, dass derjenige, der von dieser Be-Rufung ereilt wird, auch bereit ist, der Aufforderung zu folgen. Wie unterscheidet man aber Beruf und Berufung? Niemand beschreibt das besser als eben Gustav Hossenfelder, der sagt, dass er gar keine Wahl hatte. Und noch etwas fällt auf, nicht nur bei ihm: Er hat sich um dieses »Amt« nicht gerissen und empfindet es, bei aller Freude und Dankbarkeit, auch als Last, die er aber vorbildlich und gerne trägt. Genau so fühlt es sich an, wenn es wirklich der Ruf und nicht nur das ganz allgemeine Gefühl des entschwindenden Seelenkörpers ist.

Die Anweisung heißt generell: Verschonen Sie Ihre Mitmenschen mit Ihren Vorstellungen von Welterrettung und karitativer Mächtigkeit, wenn es sich nicht erweist, dass es wirklich Ihre Bestimmung ist. Sollte das nämlich nicht der Fall sein, ist Frust vorprogrammiert oder, was noch viel schlimmer ist, ein zweitklassiger Berater oder ein eingebildeter Heiler. Der gute Wille genügt leider nicht immer und schon gar nicht in diesem Septennium, in dem, bei guter Entwicklung fast wie automatisch, altruistische Ambitionen erwachen. Das Ich, welches nun, nicht mehr total organgebunden, seine Kräfte verwenden kann, wird jetzt im Geistigen immer mehr wirksam und dadurch immer unabhängiger von Ahneneinflüssen. Neue (alte!) Ideen tauchen auf und formieren sich zu Bildern, die zur Verwirklichung reizen. Der Schritt in die Selbständigkeit, die Eröffnung der eigenen Firma, deren Lockrufe schon im vorherigen Septennium unüberhörbar waren, lassen jetzt ungeahnte Kräfte erwachen, die den Mut zur Verwirklichung geben. Söhne und Töchter übernehmen spätestens zu dieser Zeit die Firma der Eltern, den Betrieb, das Geschäft und vollziehen so den oft überfälligen Generationswechsel. Nicht selten werden dabei Damoklesschwerter weitergereicht, die erst im Laufe der Zeit ihre wahre Bedeutung erkennen lassen.

Eine meiner Freundinnen, von Beruf Lehrerin, wurde auf diese Weise mit 42 Jahren zur Tankstellenbesitzerin, worüber sie zunächst hocherfreut war. Doch je länger sie »besaß«, desto mehr

entpuppte sich der Betrieb als Büchse der Pandora. Personalschwierigkeiten ergaben sich, Abrechnungssysteme mussten durch neue komplizierte Computerprogramme ersetzt werden, und längst fällige Renovierungsarbeiten waren nicht mehr aufzuschieben. Die berufliche Doppelbelastung wurde unerträglich, und sie erkrankte so schwer, dass sie für das Lehramt untauglich wurde. Die Tankstelle siegte, da die alten Eltern einem Verkauf nie zugestimmt hätten. Drum prüfe, wer sich bindet, vor allem in dieser Altersspanne, die mindestens einmal ein klares »Nein, danke!« herausfordert. Vordergründig hat die Absage immer mit Besitz zu tun. Doch bei näherer Betrachtung stellt sich genau so oft heraus, dass es eigentlich um die Klärung von Beziehungen geht. Es ist wirklich zu empfehlen, *zuerst* die persönlichen Hintergründe restlos zu erhellen und *dann* Geschenke, Schenkungen und Erbschaften anzunehmen. Die Einhaltung dieser Reihenfolge könnte die jetzt anstehende Prüfung der Urteilskraft erleichtern, die sich bei einer Konfliktsituation bereits in einer ähnlichen Weise zwischen dem 21. und 28. Lebensjahr oder im vorhergehenden 6. Septennium schon einmal ereignet hat.
Je mehr man davon überzeugt ist, seinen ganz speziellen »way of life« gefunden zu haben, desto eindringlicher wird jetzt eine verlockende oder zweischneidige Situation zu einer Stellungnahme herausfordern, die möglicherweise die bisherige Lebensführung in Frage stellt oder verändert.
Ach, werden Sie jetzt denken, das passiert doch immer!
Nein, nicht in dieser Form. Es geht jetzt noch einmal um Käuflichkeit und Standhaftigkeit, und zwar im emotionalen wie auch im materiellen Bereich. Das liebe Schicksal klopft an und möchte vorläufige Bilanz ziehen. Und diesmal gleichzeitig im Zusammenhang mit den beiden Themen Gefühl und Verstand. Letztendlich wollen die Schicksalsgötter nur wissen, wie weit der Charakter sich in Zusammenarbeit mit dem Ich entfaltet hat und wie bewusst Sie inzwischen mit sich selbst umgehen.

Sollten Sie Beispiele benötigen, so bietet sich jede Biografie in ihrem Bücherschrank als Demonstrationsobjekt an, und im Besonderen die Geschichte der Familie des Dichters Thomas Mann. In Marianne Krülls bemerkenswertem Buch »Im Netz der Zauberer« zeigt sich das Wirken des Schicksalsgesetzes in seiner ganzen unerbittlichen Gesetzestreue über Generationen hinweg. Wenn Sie nur die jeweils 7. Septennien der Kinder von Thomas Mann betrachten, werden Sie ziemlich schnell über die Verschiedenartigkeit des Ablaufs der vorher beschriebenen Prüfung kommen. Manche Menschen scheitern an ihr so nachhaltig, dass der Tod als einziger Ausweg erscheint. Und damit ist durchaus nicht immer der Selbstmord gemeint. Auch J. F. Kennedys Tod ereignete sich nicht zufällig genau in dieser Sequenz. Mörder – Opfer – Vollstrecker? Jeder Mensch verfügt innerhalb seines Lebenslaufes über mehr als nur einen einzigen Todespunkt, also eine Möglichkeit, das irdische Leben zu beenden. Jeder dieser Grenzpunkte kann, muss aber nicht zwangsläufig die letzte Konsequenz bedeuten.
Würden Sie mir glauben, wenn ich behaupte, dass sich innerhalb dieses Septenniums unsere Todesart ankündigt und dass dieser Vorgang mit der »Zwischenprüfung« im Zusammenhang steht? Es ist fast wie eine unbewusste Vorbesprechung, wie ein intimes Abkommen zwischen dem Todesengel und unserem erwachten Ich anzusehen, das nun abgeklärt genug sein sollte, um mit diesem Thema umgehen zu können.
Antoine de Saint-Exupéry, dessen kleiner Prinz mit seinen Planetenstationen nichts anderes als die biographischen Stützpunkte der Menschenseele durchläuft, lässt seinen unirdischen Helden dieses Abkommen mit einer kleinen gelben Schlange treffen, deren Gift in 30 Sekunden wirkt. Sie ist es, die ihm wenig später die Rückreise auf seinen Heimatplaneten möglich machen wird. »Du wirst sehen, wo meine Spur im Sand beginnt«, sagt sie zu ihm, »dort brauchst du nur auf mich zu warten.« Und er wird zur Stelle sein, dann, wenn das Heimweh

am größten ist. Kein Zufall, dass zur gleichen Zeit auch Saint-Exupérys Flugzeug wieder repariert und startbereit sein wird. Jeder kehrt in die Heimat zurück, der er angehört.
Was sich für die einen wie eine Initiation darstellt, ist für die anderen schlichtweg nur die Midlife-Crisis. Die Seele will den Blick nach innen wenden, der Geist will spirituelle Morgenluft wittern – nur das willensbesetzte Ego beharrt auf seiner althergebrachten Position. Alles soll so bleiben, wie es ist, zumindest körperlich gesehen. Doch die Zeit der Kredite ist vorbei, und die Rückzahlung der während der ersten 6 Septennien gewährten Darlehen läuft schon länger, als wir glauben wollen. In diesem 7. Abschnitt unseres Lebens häufen sich die Mahnschreiben unseres Schicksals. Aber auch diese Hinweise nimmt niemand gerne wahr, wobei andererseits wohlgefällig vermerkt wird, dass es jetzt leichter wird, sich mit seiner Meinung und seinen Ratschlägen durchzusetzen. Man findet immer mehr ganz selbstverständlich Gehör und wird ins Vertrauen gezogen. Wer geneigt ist, seiner spirituellen Seite zu entsprechen, der kann und wird bemerken, dass die Gedanken verschiedene Muster und Färbungen tragen. Die nach innen gerichtete scharfe Beobachtung stellt vermehrt fest, dass man nicht der alleinige Denker im eigenen Kopf ist.
So, wie mit circa drei Jahren das Bewusstsein des eigenen Ich erwacht, so sollte nun die Fähigkeit zur Differenzierung zwischen den verschiedenartigen Denkvorgängen möglich werden. Nein, das ist keine beginnende Geisteskrankheit, sondern ein Zeichen für ein reifes und zentriertes Bewusstsein, dass diese Kunst der Gedankenbeobachtung nun zu beherrschen beginnt. Ich bin, und in mir und um mich existieren noch viele andere.
Das eigene Sprechen in der Folge dieser Erkenntnis wird vorsichtiger und bedachter. »Was du nicht willst, das man dir tu'...« wächst zu einem immerwährenden Bestandteil des persönlichen Denkens heran, und das nicht nur, weil man selber

empfindlicher geworden ist, sondern weil eine Ahnung der Seele langsam zur Gewissheit heranreift: Alles, was ich tue, kommt irgendwann zurück in mein Leben. In demselben Maße, wie die anderen wichtiger und intensiver wahrgenommen werden, nimmt die Bewertung der eigenen »Wichtigkeit« ab. Es fällt leichter, sich über sich selbst lustig zu machen, während man sensibler auf Peinlichkeiten reagiert, die anderen widerfahren oder die sie verursachen. Angesichts der fortschreitenden Selbsterkenntnis wird das Urteil, das man über andere fällt, milder. Apropos Urteil: Wenn Sie noch nie vor Gericht waren, dann werden Sie jetzt mit dieser Institution zu tun bekommen, wobei es interessant ist zu beobachten, ob Sie als Kläger, Angeklagter oder Zeuge zu einem Prozess geladen werden, der in jedem Fall interessant für Sie sein sollte. Achten Sie auf das Thema, egal ob Sie eine aktive, passive oder neutrale Rolle im Gerichtssaal spielen, und beobachten Sie Ihre Emotionen. Denn das Schicksal sorgt soeben dafür, dass Sie mit einem Grundthema Ihres Seins konfrontiert werden. Es wäre direkt schade, »nur« seinen Anwalt vorzuschieben, denn das »Teilnehmen« könnte eine Erkenntnis nach sich ziehen.

Beispiel: Einer meiner Freunde, ein absolut unbescholtener Mann, bekam genau in dieser Phase Ärger mit seiner Vermieterin, weil er wegen offensichtlicher Mängel nicht den vollen Mietpreis bezahlt hatte. Erst nach längeren Verhandlungen kam er ganz knapp an einer Kündigung vorbei. Man muss ein geübter Beobachter sein, um den Schicksals-Hintergrund zu durchschauen. Es geht nicht, wie man oberflächlich urteilend glauben könnte, um Revier-Bedrohung, sondern um offene und angemessene Konfrontation in Konfliktsituationen. Man kann und darf in diesem Alter einfach nicht mehr glauben, dass man von allen liebgehabt wird und dass, angesichts der eigenen Tadellosigkeit, sich die anderen ebenso verhalten werden.

Ich selbst stand als Klägerin wegen zweier Elefanten vor Gericht, die mir ein »Lebensabschnittspartner« trotz mehrmaliger Aufforderung nicht zurückgeben wollte. Es waren natürlich keine lebenden, sondern Porzellan-Elefanten, und es ist vielleicht noch erwähnenswert, dass ich den Prozess erst gewann, als ich selbst das Wort ergriff. Mein scheinbares Thema: Leichtgläubigkeit, die anderen den Betrug nahezu anbietet. Damals war es zum ersten Mal, dass ich mich wehrte und um den mir entwendeten Besitz kämpfte. Nie hätte ich geglaubt, dass ich jemals wegen materieller Dinge auf die Barrikaden gehen würde. Doch an diesen beiden Elefanten hing mein Herz aus persönlichen Gründen. Ab diesem Tag fing ich an zu begreifen, dass auch Materie wertgeschätzt sein will, wenn man möchte, dass sie bleibt. Leichtgläubigkeit? Das eigene Besitztum ist Spiegel unseres Selbst. So wie wir mit unseren Dingen umgehen, gehen wir auch mit uns selbst um. In Wirklichkeit ging es also nicht um Achtsamkeit in Bezug auf »Dinge«, sondern um den Umgang mit mir selbst, meinem Körper. Das tatsächlich angesprochene Thema war also die dankbare Wahrnehmung und Wertschätzung. Wer betrogen wird, hat eine mangelhafte Selbstwahrnehmung und Eigenverantwortlichkeit. Wer sich selbst nicht schätzt, neigt dazu, seine Mitmenschen falsch einzuschätzen, was zwangsläufig zu Enttäuschungen führen muss. Das siebte Septennium ist hochgeeignet, die Selbsteinschätzung zu korrigieren und die eigene Persönlichkeit zu hinterfragen. Es steht jetzt genug Vergangenheit zur Verfügung, die bei einiger Bereitschaft zu ehrlicher Selbstbetrachtung die schädlichen Muster der Selbstverhinderung durchschauen lässt. Alles, was uns widerfährt, ist sinnreiche Information über unser Verhalten und eine Aufforderung, bewusst die Lebensgestaltung zu beurteilen und der Realität anzugleichen.

Wenn uns dieses Septennium im weitesten Sinn zu Lehrern der jüngeren Generation heranreifen lässt, dann sollte der »herbstliche« Mensch sich jetzt auch seiner Vorbildfunktion bewusst werden. Dieser Erkenntnisprozess darf nichts mit Darstellung zu tun haben, die darauf ausgerichtet ist, in der Öffentlichkeit ein gutes Bild abzugeben, sondern sollte ein inneres Bedürfnis nach authentischem Sein erfüllen. Zwangsläufig wird es dabei zu einem Treffen kommen, das bis dato wahrscheinlich vermieden oder in seiner Tragweite nicht richtig eingeschätzt und erkannt werden konnte: Man tritt seinem Doppelgänger gegenüber.

Dieses Zwillingswesen ist durchaus kein Gespenst, dem es beliebt, uns in diesem Septennium zu unterhalten, sondern ein im Laufe der Zeit verselbständigter Teil unserer Persönlichkeit, der sich durch konstante Verdrängung wie ein zweites Ich formiert hat und nun, wie eine von außen einwirkende Macht, an uns herantritt. Doch wie ist dieser »Klon« entstanden, und wer gibt ihm seine Macht? Wiederum ist es niemand anderer als wir selbst, der diesen ungeliebten Verwandten aus all den Eigenschaften, die unser Gewissen weder akzeptieren noch ertragen konnte, hat entstehen lassen.

Dem bewussten Ich entzieht sich dieser dunkle Geselle genauso konsequent, wie der im 6. Kapitel beschriebene »Jekyll« dem ehrenwerten »Dr. Hyde«. Die Konfrontation wird umso intensiver, je mehr wir darauf bedacht waren, unsere persönliche Darstellung den äußeren Anforderungen unserer Umgebung gefällig anzugleichen. Wer sich bis jetzt seinen Dunkelseiten entzogen hat, bekommt nun Gelegenheit, sich mit seiner eigenen Schattenwelt auseinanderzusetzen, denn diese Lebensspanne serviert Situationen, welche zur Integration der persönlichen Realität herausfordern. Zum besseren Verständnis gebe ich Ihnen ein typisches Beispiel aus meiner Umgebung: Zu einer Gesellschaft der »Reichen und Schönen« war auch ein Ehepaar geladen, das sich die Abende zwar immer schon mit reichlichem Alkoholkonsum verschönt hatte, aber nie unangenehm aufgefallen war. Im Gegenteil – man gab sich dann besonders fröhlich und charmant. Ich weiß nicht mehr, wer oder was zu später Stunde den Anlass gab, dass der Mann plötzlich wie ein Wahnsinniger zu toben anfing, seine Frau in übelster Fäkalsprache bloßzustellen begann und nur durch Eingreifen beherzter Freunde von Handgreiflichkeiten abzubringen war. Anstatt nun schnellstens das Weite zu suchen, setzte sich die Frau mitten in die schockierte Versammlung und berichtete jammernd und klagend von des Gatten jahrelang verübten Schandtaten, die sich hinter den kostbaren Vorhängen ihres edlen Eigenheimes zugetragen hatten. Auch so können Gerichtsverhandlungen aussehen! Hinweise auf Michael Jackson und Co. erübrigen sich ebenso wie Erwähnungen politischer Enthüllungsszenarien bisher unbescholtener Vertreter des Volkes.

Doch, Gott sei's gedankt, auch dieser Doppelgänger hat eine Kehrseite, über die bemerkenswerterweise so gut wie nie geschrieben wird, was meine Behauptung bestätigt, dass das Negative viel mehr Aufmerksamkeit herausfordert als das Gegenteil.

Im Falle des verdrängten Zwillings zeigt sich nämlich oft etwas ebenso Erfreuliches wie auch Erstaunliches: Der unentdeckte Held. Wie aus dem Nichts tauchen in dieser Altergruppe zwischen 42 und 49 plötzlich Menschen auf, die in den unglaublichsten Situationen so reagieren, wie man es sonst nur im Kino sieht. Ich denke jetzt vor allem an die bei den letzten Zugkatastrophen selbst betroffenen Opfer, die ungeachtet ihrer eigenen Verletzungen als Lebensretter tätig wurden und vorher noch nie auch nur einen Finger bei Unfällen krumm gemacht hatten. Da ich Gelegenheit hatte, mit einigen dieser Leute zu sprechen, weiß ich, dass sie bis zu diesem Ereignis nicht blind und taub waren, sondern ihre innere Hemmschwelle nicht überwinden konnten, weil sie sich nicht »trauten«. Erst der eigene Schock löste diese Blockade.

Sie sehen also, dass Ihnen jede Möglichkeit offensteht, sich selbst die Karten auf den Tisch zu legen und zu beschließen, der Welt mutig Ihr wahres Gesicht zu zeigen. Nein, nein – keine Tobsuchtsausbrüche und andere peinliche Auftritte, bitte! Sondern einfach nur mutig die Wahrheit sagen und tun. Seien Sie einfach nicht mehr opportun und wagen Sie, zu widersprechen, wenn es gut und angebracht ist. Sie sind alt genug!

Eine Neugestaltung des eigenen Seins kann aufregender sein als eine Trekking-Tour durch das wilde Kurdistan. Und eines ist außerdem garantiert: Niemand, der sich an diese persönliche Renovierungsarbeit macht, bleibt vom Wohlwollen der Herren des Schicksals unbemerkt. Die anderen aber werden in Gewohnheit und ihrer eigenen Bedeutungslosigkeit versinken.

Noch einmal, um es nie wieder zu vergessen: **Nicht der Beifall der Menge ist das Maß aller Dinge, sondern das, was Ihnen bleibt.** Der Dichter Joachim Ringelnatz bringt es mit einem einzigen Satz auf den Punkt: »Alles, was lange währt, ist leise ...« Und noch etwas sollten Sie wissen: Jeder stille und unbemerkte innere Fortschritt sorgt für mehr Meriten als jedes Verdienstkreuz dieser Welt. Wer das begriffen hat, kann getrost sein achtes Septennium beginnen, das dem gereiften Menschen die Möglichkeit gibt, die zwei Seelen in seiner Brust in friedlicher Koexistenz zu vereinen.

Jedes Schicksal sucht seinen Meister. Das kommende Jahrsiebt wird zeigen, ob Sie dieser Meister sind.

Das 7. Septennium auf einen Blick

1. Die Zeit des Gebens, des Vermittelns, des Lehrens beginnt. Das Erworbene soll verbreitet werden.
2. Die eigene Würde muss gefunden und bestätigt werden.
3. Die Körperkräfte fangen an, langsam nachzulassen. Die Gedankenwelt beginnt, sich in Gesicht und Körper unmissverständlich widerzuspiegeln.

4. Die Kunst der Gedankenbeobachtung gibt die Fähigkeit, den Ruf nach der eigenen Berufung richtig zu deuten.
5. Auf dem Weg zum Vorbild findet die Begegnung mit dem zweiten Ich, dem »Doppelgänger«, statt.

Das Schicksal zieht Zwischenbilanz und fordert sowohl Schuldscheine und Kredite ein, wie es auch Gewinnausschüttungen und Bonusleistungen gewährt.

11. KAPITEL

Das achte Jahrsiebt von neunundvierzig bis sechsundfünfzig:

Das Ich und sein Schatten

Hätte jedes der Septennien ein »Zunftbanner«, dann wäre auf dem jetzigen eine große Waage abgebildet, umgeben von dem Schriftzug »Gerechtigkeit«. Automatisch denkt man an das Jüngste Gericht, wo der Schöpfergott die Guten zu seiner Rechten versammeln und die Bösen der ewigen Verdammnis anheimgeben wird. Abgesehen davon, dass Sie sicher sein können, dieses Schauerszenario niemals zu erleben, sei an dieser Stelle doch noch einmal erwähnt, dass Gott weder daran interessiert ist, Sie in Versuchung zu führen, noch irgendwelche Bestrafungen oder Verurteilungen gegen die Menschheit im Allgemeinen im Schilde führt. Selbst wenn Sie sich noch nie von diesen oder ähnlichen Themen angesprochen gefühlt haben, würde es sich jetzt anbieten, über die Hintergründe jener religiösen Vorstellungen nachzudenken. Warum, so darf man sich fragen, wird der Menschheit seit Jahrhunderten Angst vor einem Gott eingeflößt, der das reinste Sein, also auch die reinste Liebe ist? Die einzige Erklärung dafür werden Sie nur in sich selber finden, in Ihrem Gewissen, das Ihren persönlichen Maßstab für alles Denken und Handeln darstellt. Da sich Ihr geistiges Sein unaufhaltsam von der Körperlichkeit entfernt, erreicht Ihre Seele nun einen Reifegrad, der es Ihnen möglich macht, Ihren eigenen Werdegang zu überschauen und zu beurteilen. Selbst ohne die Anleitung durch spirituelle Lehrer wird Ihnen nun immer klarer werden, dass die Menschen, mit denen Sie umgehen, nicht nur auf Ihre gesprochenen Worte und die offensichtlichen Handlungen reagieren, sondern dass es noch viel subtilere Reaktionen und Zusammenhänge gibt, die sich nur durch das Zusammenspiel von Außenwelt und bewusstem Ich erklären lassen. Je mehr sich Ihr Ich am Geistigen orientiert, desto fühlbarer wird Ihre Gedankenarbeit für Ihre Umgebung, die diesen Vorgang zumeist gar nicht realisiert. Vor allem Gleichaltrige und Ältere werden Sie jetzt nicht mehr bluffen können, denn die Antennen sind spätestens ab fünfzig so sensibilisiert, dass auch das Verborgenste sich mitteilt.

Wenn sich Ihre Selbsterziehung schon längst auf das Streben nach Wahrhaftigkeit konzentriert hat, dann dürften Sie sich durch diese Mitteilung in keiner Weise beunruhigt fühlen. Alle anderen sind jedoch gut beraten, wenn sie spätestens jetzt mit einer verschärften Selbstbeobachtung ihrer Gedankenwelt beginnen würden. Nicht umsonst tauchen in diesem Lebensabschnitt, scheinbar zufällig, Menschen aus der Vergangenheit auf, die längst Vergessenes heraufbeschwören. Dazu gehören ehemalige Bekannte ebenso wie Arbeitskollegen, ausgewanderte Freunde wie auch Liebespartner, die nun, nach längerer Abwesenheit in einem anderen Licht erscheinen. Es kommt gar nicht so selten vor, das sich ausgerechnet jetzt auch uneheliche Kinder melden, die ihren Vater oder ihre Mutter endlich kennenlernen wollen. Überhaupt finden in diesen Jahren die unerklärlichsten Zusammenkünfte mit Menschen aus der Vergangenheit statt, die man in den seltsamsten und unerwartetsten Situationen wiedertrifft. 90 Prozent dieser Begegnungen scheinen ohne tiefere Bedeutung zu sein: Man trifft aufeinander, wie sich die Figuren zweier gegenläufig drehender Karusselle zu einem bestimmten Zeitpunkt zwangsläufig gegenüberstehen. Doch nimmt man sich die Zeit, die Erinnerung aufzufrischen, dann zeigt sich, dass es nicht um die Menschen per se geht, sondern

um Situationen, die mit verschiedensten Lebensstationen und den damit verbundenen Gefühlen, Perspektiven und Ergebnissen in der Vergangenheit zu tun haben, die sich jetzt auf einer anderen Wahrnehmungsebene wiederholen. Bestimmte Akte unseres ganz persönlichen Lebenstheaters wiederholen sich, wie wir angesichts dieser Treffen bemerken, im Rhythmus von 14 Jahren, und zwar durchaus nicht fragmentarisch und beliebig, sondern haargenau und unmissverständlich. Wie in jedem Theaterstück gibt es auch in unserem Lebensdrama Komparsen und Hauptdarsteller, die zu bestimmten Zeiten auftauchen müssen, damit die Handlung weitergehen kann.
In diesem Jahrsiebt fängt man an zu begreifen, wie eng scheinbar unzusammenhängende Vorkommnisse miteinander verwoben sind und wie unglaublich differenziert die Rollen unter den Personen verteilt sind, die in unserer Lebensinszenierung mitzuwirken haben.
Wir neigen dazu, uns immer nur die Hauptdarsteller zu merken, und vergessen, dass es vor allem die unsichtbaren Drahtzieher sind, ohne die das Stück nicht beginnen kann. Wie auf der Bühne schenken wir auch im Leben den Nebenrollen viel zu wenig Aufmerksamkeit und übersehen, dass diese unscheinbaren »Stichwortgeber« in der Regel wesentliche Szenenhöhepunkte ankündigen. Es lohnt sich also, eine Rückschau anzustellen, die nicht nur die »Hauptrollen« beachtet, sondern vor allem das Auftauchen der scheinbar »unwichtigen Komparsen« registriert. Denn sie sind die Herolde ganz bestimmter Schicksalsakte, die wir wegen der Verschiedenartigkeit der »Kulissen« und Kostüme nicht als gleichartig erkennen und deswegen viel zu oft nicht nutzen können. Und so geht es vielen von uns wie Parzival, der die Forderung und die Gunst der Stunde nicht zu erkennen weiß und erst, nachdem er nach längerer Zeit wiederkehrt, seinen Platz findet.
Auch für uns kehren nun bestimmte Situationen wieder, damit wir sie diesmal richtig beurteilen, richtig handeln oder auch

vielleicht nur, um sie verarbeiten zu können oder die Wahrheit zu finden. Die Menschen, die uns dabei helfen, sind durchaus nicht immer nur die offensichtlichen Akteure, sondern oft auch Hintergrunddarsteller, die wir nicht registrieren können oder wollen, zu denen aber dennoch eine Verbindung besteht, die, obwohl sie nicht wahrgenommen wird, trotzdem ein schicksalsmäßiges Zusammenspiel erzeugt, das wissentlich lange nicht durchschaut werden kann. Im achten Septennium aber bekommen wir ein »Gespür« für diese Großfamilie, die sich gegenseitig die Karten zuspielt – bis über den Tod hinaus. Dieses Gespür kann sich aber nur entfalten, wenn die damit verbundenen Gedanken und Gefühle zugelassen werden. Wenn im siebenten Septennium das Beobachten der Gedanken nie geübt wurde, dann können die nun immer klarer auftauchenden inspirativen Eingebungen weder als solche erkannt noch richtig eingeordnet werden. Selbstverständlich hat jeder Erdenbewohner während seines ganzen Lebens die verschiedensten Eingebungen. Doch sie tauchen meist wie Schatten auf und verschwinden, bevor sie im Bewusstsein ein Bild erzeugen konnten. Jetzt aber, wo der Seelenkörper nicht mehr so eng an den physischen Körper gebunden ist, kann er diese Inspirationen ganz anders empfangen und mitteilen.

Die Beobachtung unseres Selbst scheint sich in dieser Phase zwischen 49 und 56 Jahren zu verselbständigen oder, genauer gesagt, in eine höhere Position zu verlagern. Das würde jedem Menschen dieses Alters eine ungeahnte Erweiterung der Wahrnehmung und der geistigen Expansion möglich machen, wenn nicht lebenslang geglaubt worden wäre, dass diese Vorgänge die reine Einbildung oder sogar psychische Fehlfunktionen sind.

Wir sind und bleiben bis ans Ende aller Zeiten vor allem geistige Wesen, die es eigentlich – genau betrachtet – mit jedem Computer und dem Internet aufnehmen könnten, wenn wir nur aufhören würden, genau diesen Fakt in Frage zu stellen.

Doch so lange wir die Sterblichkeit als unabwendbares Faktum akzeptieren, wird uns das Bewusstsein auch in Bezug auf die geistigen Fähigkeiten nur so weit entgegenkommen, wie wir es ihm gestatten.
Es sind keine Genies, die sich Hunderte von Zahlenfolgen merken können, Bücher in 15 Minuten lesen und Musikstücke nach einmaligem Hören wiedergeben, sondern lediglich Zeugen dafür, dass diese geistige Leistung möglich ist.
Die schlimmste Beschränkung, die dem menschlichen Geist widerfahren konnte, ist die Erfindung aller technischen Geräte, die ihm vorgaukeln, sie könnten ihn nicht nur ersetzen, sondern sogar übertreffen. Die dadurch vorgespielte Notwendigkeit und Unverzichtbarkeit verleitet zu einer Bequemlichkeit der Wahrnehmung und Schwerfälligkeit des Denkens, die, durch Hunderte von Nebensächlichkeiten abgelenkt, Wesentliches einbüßt – das Wissen um ihre Grenzenlosigkeit. Wir *glauben,* dass wir im Alter geistige Einbußen hinzunehmen haben. Wir *glauben,* dass wir nicht mehr so leistungsfähig sein können und – wir *glauben* an den Verfall. Denn wir glauben am ehesten eben das, was wir sehen.
Deswegen werden Sie mir auch nicht glauben, dass Sie sich in diesen Lebensjahren anfangen zu verjüngen. Vom materiellen Standpunkt aus gesehen müssen Sie mir natürlich widersprechen. Doch dieser Standpunkt steht auf einem vergänglichen Fundament. Das Unvergängliche werden Sie und auch sonst niemand mit Augen jemals sehen können. Doch genau dieses Unsichtbare sollte Ihnen jetzt, spätestens jetzt, in der ganzen Unermesslichkeit seiner Möglichkeiten bewusst werden. Das achte Septennium führt uns den Tod unserer Vorfahren vor Augen und lässt uns unter normalen Umständen jetzt unsere Eltern zu Grabe tragen. Bei allem Schmerz über den Verlust sollte diese Konfrontation mit dem Tod auch als Chance gesehen werden, um mit diesem ewigen Lebensbegleiter in Zukunft angemessen umgehen zu können.

Haben Sie Angst vor dem Tod? Jetzt hätten Sie Gelegenheit, sich mit diesem Thema angemessen auseinanderzusetzen, denn Ihre Reife macht Sie zum fähigen Sterbebegleiter. Sicher sind die Menschen, die jetzt aus Ihrem Leben gehen, nicht die ersten Todesfälle, von denen Sie betroffen sind. Doch es werden die ersten sein, deren Ableben Sie wirklich konstruktiv mit dem Thema Trauer umgehen lassen.

Der Schmerz wird deswegen nicht weniger, doch Ihr Umgang mit dieser Gefühlssensation wird ein anderer sein als in jüngeren Jahren. Die Ahnung, dass diese physische Trennung vielleicht doch nicht das endgültige »Aus« bedeutet, drängt sich immer deutlicher ins Bewusstsein und wirft natürlich Fragen nach dem »Danach« auf. Auf den ersten Blick gibt es ja nur zwei Möglichkeiten: Entweder ich bin mit meinem letzten Atemzug eliminiert oder ich existiere als Geistwesen weiter. Oder ... Erst in diesem Alter wird man fähig, jenseits der gängigen Lösungen eigenständige Gedankenkonstrukte über nachtodliche Existenzformen anzustellen, die in ihrem Charakter natürlich Ihrer Vorarbeit entsprechen werden.

Es wird Zeit, dass wir über Krankheiten reden. Denn nicht nur, dass unsere Alten ihre späten Jahre sehr oft beeinträchtigt erleben, sondern auch wir selbst haben laut Statistik inzwischen unter allerlei »Bresthaftigkeiten« zu leiden. Rückenschmerzen, Rheuma, Schlafstörungen und Depressionen sind keine Seltenheit mehr, während die Frauen auch noch mit offensichtlichen Wechseljahresbeschwerden zu kämpfen haben. Krebsvorsorgeuntersuchungen sollen zu frühes Ableben vermeiden, und Herzschrittmacher, künstliche Gelenke, Transplantationen usw. scheinen dazu angetan, unser Erdendasein um geraume Zeit verlängern zu können. Bei Einladungen und Verabredungen wird der Gesundheitszustand zum ersten Mal zum Thema. Die Adressen der »besten und allerbesten« Ärzte machen die Runde, und Sanatorien werden empfohlen. Aber nicht alle lassen sich auf dieses »curriculum« ein. Einige haben andere, al-

ternative Heilmethoden entdeckt und können damit, je nach Wissensstand, mehr oder weniger gut umgehen. Das geistige Heilen interessiert inzwischen aber nicht wegen Eigenbedarf. Vielmehr erwacht ein Bedürfnis, auch dem Leid der anderen, entweder mit Erfahrung oder mit neuem Ausbildungswissen, abzuhelfen.
Und während die einen sich zu Kursen hingezogen fühlen, die sich mit geistiger und körperlicher Gesundheit beschäftigen, suchen die anderen einen Ausgleich in der Computerfortbildung. Überhaupt zeigt sich das achte Septennium als das große Ausgleichs-Jahrsiebt. Fast scheint es, als wolle das Schicksal dem Jüngsten Tag ein bisschen vorgreifen, um den Menschen das bisher Fehlende oder Vorenthaltene zu liefern.
Dahinter steckt natürlich kein berechnender Gott, sondern, wie immer, ein Gesetz, das so ähnlich wirkt wie das Phänomen des gleichen Flüssigkeitsspiegels in kommunizierenden Gefäßen. Wie oft haben wir in den Vorträgen über die Anweisung gelacht: Seid vorsichtig, was ihr euch wünscht! Es *könnte* in Erfüllung gehen! Die Zeit der Erfüllung ist gekommen, und zwar im guten wie im schlechten Sinne. Dieses Jahrsiebt ist ein Erfüllungszeitraum unserer Vorstellungen, die wir bis dahin als uns zustehendes »Geburtsrecht« angestrebt und vom Schicksal gefordert hatten oder mit innerem Groll als unerreichbar verweigert glaubten. Das Unterdrückte will nach oben, das ewig nach außen Verwendete möchte nach innen, und das Ersehnte sucht nun seine Verwirklichung. Die Ergebnisse dieser Ausgleichsverfahren können sowohl erschütternd als auch komisch sein. Eines sind sie ganz bestimmt: Es zeigt sich, wenn auch manchmal in verzerrter Form, das Wesentliche der Schicksalsforderung.

Was hat das zu bedeuten, das Wesentliche?
In jedem Schicksalsplan gibt es ein Limit, eine unsichtbare Grenze auf den verschiedensten Gebieten, die in ihrer Gesamt-

heit die *summa summarum* des Charakters unseres Geschicks ausmachen. Da uns dieses Begrenzungs-System nicht bekannt ist, machen wir natürlich nach Bedarf »Anleihen«, wobei wir gerne vergessen, dass weltliche Buchführung und Kreditsysteme aus diesen Gesetzen entstanden sind.

Beispiel: Im Schicksalsplan ist vorgesehen, dass es jemand als Bankangestellter bis zum Zweigstellenleiter bringen soll, zweimal heiraten und einen Sohn haben kann, mit 53 Jahren seinen Onkel aus Amerika beerbt und in seinem Leben 13 Reisen hinter sich bringt. 72 Krankheitsmomente sind geplant (Schnupfen, Erkältung, eingewachsene Nägel, Zahnfleischentzündung usw.) und 461 intensive Aufregungen der freudigen wie auch unerfreulichen Art, ferner zwei bescheidene Heldentaten und ein kleiner Lottogewinn.

Nein! Natürlich liest sich ein Schicksalsplan nicht so wie eben beschrieben. Aber so ganz abwegig ist die Beschreibung doch nicht, denn sie zeigt, was für diesen Menschen *möglich* ist und was nicht. Hier ist ein ziemlich unspektakuläres Bürgerleben beschrieben, wie es Hunderttausende von Männern und natürlich in ähnlicher Form auch von Frauen erlebt wird. Nun ist es so, dass *jeder Mensch* unbewusst seinen Schicksalsplan mit sich herumträgt und *genau* weiß, was er/sie soll, muss, kann und nicht darf.

Und jeder, oder besser gesagt fast jeder, Mensch hat auch ein bestimmtes, weltliches Vermögen, das vom Tonkrug beim einen bis zum Learjet beim andern reicht. Mit diesem Besitz wird entweder gespart, gehandelt, geknausert oder hasardiert.

Genauso gehen wir mit unserem Schicksal um. Und genauso, wie eines Tages im Materiellen der Haushalt ausgeglichen werden muss, wird auch im unsichtbaren Gewebe unseres Geschickes der vorgesehene Grundsatz zu bestimmten Zeiten ins rechte Lot gerückt.

Was glauben Sie, woher in unseren Märchen die zahlreichen

Wetten mit Hexen, Zwergen, Zauberern, Tod und Teufel herkommen, bei denen immer um das Glück oder das Leben gefeilscht wird? Das Urwissen des Menschen weiß um diese Gesetze so klar und genau wie um die Gesetze der Erdanziehungskraft. Im Gegensatz zu Letzteren sind wir jedoch Weltmeister im Verleugnen der Gegebenheiten. Obwohl wir innerlich genau das Überschreiten des uns individuell zustehenden Maßes erfühlen können, glauben wir, ähnlich wie in unseren alten Erzählungen, den höheren Mächten ein Schnippchen schlagen zu können. Es sind immer wir, die bezahlen müssen. Das wusste schon Herr Goethe, der seinen *Faust* als Lehrstück in die Welt entsandte - nicht gerade erfolgreich, was die Erkenntnis der oben beschriebenen Gesetzeslage betrifft. Wie es scheint, ist der Mensch in Bezug auf das, was ihm zusteht, zutiefst erkenntnisresistent.

Dass sich das achte Septennium so oft als »Gleichrichter« erweist, hat ausschließlich mit früher getätigten Übergriffen zu tun - oder mit bewusstem Verzichten. Denn zum Glück gibt es (auch wie im Märchen!) genug Leute, die instinktiv, aber auch mit liebendem Herzen, auf eigenes Glück und auf Vorteile verzichtet haben, *ohne* zukünftige Erwartungen. Hier tut sich ebenfalls Erstaunliches der ausgleichenden Art, wie unaufhörlich zu beobachten ist. Viele, scheinbar unerklärliche Wendungen im Lebensherbst haben mit diesen individuellen Verhaltensweisen zu tun, die manchmal viel weiter zurückreichen, als unsere Schulweisheiten uns träumen lassen.

Es gibt keine Gebrauchsanweisung für Schicksalspläne, und wir werden auch wahrscheinlich nie ganz die Geheimnisse unseres Daseins durchschauen. Aber wer hindert uns denn, die innere Stimme, die ab dem 21. Lebensjahr für jeden hörbar ist, wahrzunehmen, die uns sehr klar und deutlich anleitet und auch warnt. Wenn ich mich allerdings lebenslang nur darauf trainiert habe, mich auf äußerliche »Sounds« zu konzentrieren, dann wird die Umgewöhnung im späten Alter sich wohl etwas schwierig gestalten, denn auch hier gilt leider: »Was Hänschen nicht lernt ...«

Es hat mich immer berührt, wie in dieser Altersspanne versucht wird, das Beten zu erlernen. Fast scheint es, als wollten manche etwas nachholen, was jahrzehntelang versäumt wurde. Und immer wieder berührt es mich zu beobachten, wie diese Heimatsuche glückt, als wäre nur darauf gewartet worden. Seltsame Wendungen zeigen sich in die eine wie auch in die andere Richtung. Ich habe im achten Jahrsiebt Gesellschaftslöwen zu Eremiten mutieren sehen, feine Dämchen zu schlampigen Zauseln, bigotte Betschwestern zu koketten Partyfegern und absolute Egoisten zu fürsorglichen Caritas-Engeln. Alles ist möglich unter der erhobenen Gesetzeswaage einer unsichtbaren Institution.

In diesem Abschnitt kann man nicht nur äußere Veränderungen beobachten, sondern, wie oben beschrieben, auch Charakterverschiebungen, die oft einen Gemütswandel mit sich bringen. Der am meisten beobachtete Einschnitt zeigte sich in meinem Erfahrungsbereich in Bezug auf Entschlusskraft. Immer wieder erlebe ich, dass sich einst extrem entschlussfreudige Menschen in unentschlossene, ja ängstliche Wesen verwandeln, die plötzlich Flugangst bekamen oder die Nacht vor einem Zahnarztbesuch nicht mehr schlafen konnten. Kleine Unternehmungen erschienen auf einmal wie bedrohliche Expeditionen, während bei anderen von heute auf morgen der große Abenteurer hervortrat, der drei Wochen Urwaldcamp einfach himmlisch fand. Es gibt viele, die das Jahrzehnt zwischen dreißig und vierzig am einfachsten finden und diesem nachtrauern. Ich persönlich empfand die Zeit von fünfzig bis sechzig als absoluten Höhepunkt meines Lebens. Es war fast wie ein Schnelldurchlauf meines Daseins bis fünfundvierzig: Erschöpfend, aber hochinteressant.

Warum aber sind die Empfindungen dieser Jahre so labil, so

stürmisch und so zwiespältig? Die Antwort ist: weil sich im Zenit des Herbstes unserer Existenz der Zenit des Lebensfrühlings widerspiegelt. Die Qualität der Pubertätszeit, mit ihrer unberechenbaren Intensität der Empfindungen, der Umgang mit den Emotionen und nicht zuletzt die Zuweisung ihres Stellenwertes durch den Charakter – all das taucht jetzt in der Gefühlswelt wie ein wiederkehrendes Panorama auf und fordert einen reifen und bewussten Umgang mit den Phänomenen der Gefühlswelt. Mit dem Beginn der Geschlechtsreife tritt der irdische Pachtvertrag in Kraft, der fordert: Wachset und mehret euch! Mit dem achten Jahrsiebt treten wir in die Entlassungsphase aus dieser Forderung und könnten nun unserem eigentlichen Bestreben, der geistigen Verwirklichung, folgen. Doch leider empfinden vor allem die Herren der Schöpfung die »Entlassung aus der Pflicht« als persönliche Beleidigung und nicht als befreiende Offerte, diese Kräfte in das geistige Sein zu transformieren und zu investieren.

So viele Geheimnisse sich hinter dem Aufbau der Zeugungskräfte verbergen, so zahlreich sind sie auch in Bezug auf deren Abbau. Es wird wahrscheinlich noch lange dauern, bis sich der erdengebundene Menschengeist ohne Widerstand und Widerspruch daran erinnern wird, dass sich die persönliche Verhaltensweise im Umgang mit dem bewussten Transformieren der sexuellen Triebstrebung in einem kommenden Leben als *geistige* Mächtigkeit widerspiegeln wird.

Diese Erkenntnis kann nur durch ein befreites Ich erlangt werden, das dieses Wissen als selbstverständliche Information in sich trägt. Solange wir Menschen uns aber von den verschiedensten Triebkräften wie Marionetten benutzen lassen, hat die geistige Klarheit des Ich keine Möglichkeit, sich mit inspirativen Visionen bemerkbar zu machen.

Mit unserem Verhalten im achten Septennium legen wir nicht nur eine schicksalhafte Basis für unsere eigenen kommenden Existenzen, sondern schaffen auch eine Grundlage für unsere

Nachkommen, die, wenn sie einmal erstellt ist, nur sehr schwer korrigiert oder optimiert werden kann.

Da mich selbst Beispielsauflistungen in Sachbüchern immer gelangweilt haben, möchte ich mich nicht auch noch zu diesen eintönigen Seitenfüllern hinreißen lassen. *Ein* Beispiel aber möchte ich, nein, *muss* ich Ihnen servieren, denn es ist das frappierendste Exempel für Wunscherfüllung lästiger Schicksalsbittsteller:

Jahrelang gingen wir gern ab und zu in eine winzige Bar am Rande der Großstadt, in der wir lebten, und zwar nicht, um dem Alkoholgenuss zu frönen, sondern vor allem, um uns mit dem unglaublich netten und witzigen Wirt zu unterhalten. Wir waren nicht die Einzigen, welche kamen, um die Vorteile dieses kleinen »Beisels« zu genießen, und so konnte man sagen, dass diese Insel der Seligen immer mehr zu einer wahren Goldgrube wurde. Der Wirt hätte wahrlich zufrieden sein können, doch immer wieder erzählte er, dass er im Lotto diesmal wieder nichts oder nur Kleinbeträge gewonnen hätte. »Ich weiß, dass ich einmal reich sein werde!«, war einer seiner Standardsätze. Die Zeit verging, wir zogen in eine andere Stadt, um nach ein paar Jahren, von Heimweh geplagt, wiederzukehren. Natürlich suchten wir »unsere« kleine Kneipe und fanden sie auch, allerdings mit einem anderen Besitzer, der berichtete, dass unser Freund im Lotto gewonnen hätte, und zwar 7,5 Millionen (DM). Wir waren total überrascht, erfreut und natürlich neugierig. Um es kurz zu machen – als wir ihn eher zufällig wiedertrafen, lebte er in eher bescheidenen Verhältnissen, auf gut Deutsch: Er hatte alles verloren. Die Details erfuhren wir von Bekannten. Statt klug anzulegen und weiterzuarbeiten, waren Oldtimer gekauft worden, Freunde ließen sich auf Weltreisen aushalten, mehrere Immobiliengeschäfte gingen daneben, und eine Börsenspekulation verschlang den Rest. Er war zu diesem Zeitpunkt 52 Jahre alt. Doch das ist nicht die ganze Geschichte. Der Gute hatte näm-

lich eine Frau, von der er sich, kaum vom Geldsegen überrollt, hatte scheiden lassen. Sie bekam 275 000 Mark »Abfindung« (nach 22 Jahren Ehe!!) und eröffnete, nachdem sie sich vom Trennungsschreck erholt hatte, eine Hunde- und Katzenboutique, worüber sich der Mann lautstark lustig machte. Sie sagte nur: «Das wollte ich schon immer tun!« Vor wenigen Wochen hat sie ihre Firma (Biokost für Haustiere) ihren Enkeln übergeben. Sie haben 240 Angestellte und ein Versandunternehmen, das Katzenfutter und Hundemäntelchen bis nach Saudi-Arabien verschickt.
26 Jahre ist es her, seit diese Geschichte passiert ist, und ich werde sie bis an mein Lebensende nicht vergessen, weil sie zeigt, was das Schicksal für seine Wunscherfüllung in diesem Alter verlangt: Bewusstheit. Charaktermängel, die schon längst hätten bearbeitet werden sollen, wenden sich jetzt gegen uns und lassen uns an uns selber scheitern, während die erkannten und behobenen Fehler sich zu Stärken entwickeln, die fähig machen, selbst an diesem späten Punkt unseres Lebens auf verschiedensten Gebieten Umstellungen als Chance wahrzunehmen und dem Lebenslauf oft unerwartete, weil schon abgeschriebene, Veränderungen beizufügen.
In früheren Büchern habe ich oft sogenannte Schicksalsfallen erwähnt. Diese nicht ganz glückliche, weil bedrohlich wirkende Bezeichnung möchte ich im Nachhinein zur »Schicksalswahl« verändern. Denn tatsächlich sind wir unablässig Wählende, deren Willenskraft und -strebung, vom Charakter geleitet, die Richtung vorgibt, die wir letztlich einschlagen, und zwar schon lange bevor das Ergebnis zu erkennen gibt, »wes Geistes Kind« wir sind.
Höhepunkte im Leben sind *immer* Ergebnisse von Handlungen, die sich im Zenit des vorhergehenden Jahrsiebts beobachten lassen. Der Zenit eines jeden Jahrsiebts ist immer sein jeweiliges viertes Jahr (siehe auch im 16. Kapitel »Das Spiegelkabinett des Schicksals«). Im achten Septennium sind wir reif

genug, um diese Vorgänge zu beobachten, *ohne* ihnen ausgeliefert zu sein.
Nicht aber, wenn gierige Wunschstrebungen und eitle Positionsansprüche unsere Perspektiven und Möglichkeiten verschleiern. Die Erntezeit des Lebens ist *jetzt!* Mit dem, was wir nun als unser »Eigenstes« erkennen, müssen wir klug und vorausschauend umgehen, denn es ist unser Kapital für eine Zukunft, die viel weiter reicht, als unsere weltlichen Zeitmesser errechnen können.
Die Kunst, die es nun zu erlernen gilt, ist, die geistigen Kräfte immer mehr der Materie entwachsen zu lassen, ohne dabei den Bezug zur Materie zu verlieren.
Die Chance, uns selbst im Vergleich mit *allem,* was uns umgibt, neu einzustufen, sollten wir nicht ungenutzt vorübergehen lassen. Denn diese neue Perspektive unseres Selbst eröffnet einen Aspekt unseres Höheren Ich, der zwar im Ansatz immer vorhanden war, im Bewusstsein jedoch noch nicht in dem Maße, wie im kommenden neunten Septennium in den Vordergrund treten könnte: nämlich die Weisheit. In den letzten sieben Jahren unseres Lebensherbstes werden Sie nun entscheiden, ob Sie später ein kindliches Greisengemüt oder ein weises Alters-Ich entwickeln wollen. Denn jetzt bekommen Sie die letzte Gelegenheit, der Mensch zu werden, der Sie eigentlich sein wollten: ein unbestechlicher Wissender.

Das 8. Septennium auf einen Blick

1. Die Macht des Schicksalswirkens offenbart sich dort, wo die hartnäckigsten Widerstände geleistet worden sind.
2. Die Gerechtigkeit zeigt bei der Erfüllung geburtsrechtlicher Ansprüche ein überraschend gnädiges Gesicht. Eine Phase der »Erbschaften« hat begonnen.
3. Die Zeit der Wiederbegegnungen nimmt ihren Anfang.

4. Die Wahrnehmung verlagert sich und bringt dadurch eine gesteigerte Inspiration und Intuition hervor.
5. Der eigentliche Charakter tritt zutage und zeigt die Früchte der Selbsterziehung.

Die Wechseljahre des Körpers sind Wechseljahre des Schicksals. Wer gelernt hat, sich selbst zu durchschauen, der durchschaut jetzt das Strickmuster seines Geschicks.

12. KAPITEL

Das neunte Jahrsiebt
von sechsundfünfzig bis dreiundsechzig:

Die Befreiung des Ich

Vor etwas mehr als dreißig Jahren brachte der Schauspieler Curd Jürgens gleichzeitig mit dem Erscheinen seiner Biographie eine Schallplatte heraus, deren Titel verkündete: »Sechzig Jahre und kein bisschen weise«. Ich erinnere mich noch genau an das Foto auf dem Plattencover mit dem edlen Kopf, dem berühmten Lächeln, den klugen Augen – und dann diese Aussage! Damals fand ich sie, genau wie viele andere auch, witzig und charmant und machte mir nicht weiter Gedanken über diese Worte, die ihm von irgendeinem Textdichter in den Mund gelegt worden waren. Jahre später las ich seine Autobiographie, und dann wurde mir klar, warum der »normannische Kleiderschrank«, wie sein Spitzname lautete, seiner Lebensgeschichte diese Losung verpassen ließ. Er stellte Alter und Weisheit auf ein und dieselbe Stufe! Und er wollte alles sein – nur nicht alt! Also auch nicht weise, oder?
Wer sich als junger Mensch weise gibt, ist schnell als »altklug« verschrien. Wer sich als alter Mensch gegen Weisheit wehrt, der stellt sich selbst in Frage. Ohne Zweifel: Im neunten Septennium ist der äußere Lack ab. Peinlich für alle, die es immer noch nicht akzeptieren können! Dabei gäbe es im Austausch so viele schöne Dinge, welche wiederum der Jugend vorenthalten bleiben, wie z.B. Charisma, Erfahrung, Unabhängigkeit, Urteilsfähigkeit und – Weisheit.

Aber was ist Weisheit? Ich kenne genügend ältere und steinalte Leute, die so weise sind wie ein Handstaubsauger. Weisheit ist also nichts, was sich mit dem neunten Septennium automatisch einstellt, um dann, wie das ergrauende Haupthaar, von Jahr zu Jahr offensichtlicher zu werden. Zuallererst sollte gesagt sein, dass wir es hier mit einer der vier Kardinaltugenden zu tun haben, über die Salomon in seinen Sprüchen von sich selbst sagt:

Ich liebe, die mich lieben,
und die mich suchen, finden mich.

DIE SPRÜCHE SALOMOS 8,17

Sehr oft findet man die Weisheit mit Wissen verwechselt, die zwar verwandt, voneinander aber völlig unabhängig sind. Tatsächlich gibt es total ungebildete und dennoch unendlich weise Menschen, die sich vor allem durch Ruhe, Nachdenklichkeit, Geduld, Menschlichkeit und Zurückgezogenheit auszeichnen. Sind wir nun tatsächlich so weit, dass wir uns, in eine Mönchskutte gehüllt, aus dem Leben zurückziehen sollen, wie der Eremit der neunten Trumpfkarte des Tarots, mit einem leuchtenden Laternchen dem verirrten Wanderer den Weg durch den dunklen Tann weisend? Immerhin sind wir am Beginn dieses Lebensabschnitts doch erst 56 Jahre alt, also im besten Alter (vor allem die Männer!). Warum sich also die Einsiedlerkapuze über das Haupt ziehen und dem lustigen Treiben entsagen?
Nicht nur Curd Jürgens hat bis zu seinem Tod weder das eine noch das andere getan, vielmehr weiß man zu berichten, dass er, ähnlich wie der von ihm bei den Salzburger Festspielen dargestellte Jedermann, bis zuletzt sein Leben in vollen Zügen genossen hat. Von Bußgängen in letzter Minute ist bis heute nichts bekannt geworden.
Es gibt, wie immer, drei Möglichkeiten, mit der tatsächlich anstehenden Forderung nach innerer Reife umzugehen:

1. Ich reife in aller Stille und lebe nach außen mein Leben wie bisher.
2. Ich reife demonstrativ mit allen Konsequenzen in ein persönliches Eremitentum.
3. Ich tue so, als ob nichts wäre.

Um es gleich vorwegzunehmen: Keiner der drei Punkte empfiehlt sich, in der beschriebenen Weise gelebt zu werden: Denn wenn ich in aller Stille gereift bin, oder reife, dann *kann* ich mein Leben nicht mehr so wie bisher weiterleben. Eine gewisse Veränderung wird sich mehr oder weniger merklich von selbst vollziehen. Auch mit der Eremitenlaufbahn wird man nicht automatisch glücklich werden, es sei denn, sie hat einem inneren Bedürfnis (dem Ruf!) entsprechend schon zu einem früheren Zeitpunkt ihren Lauf genommen. Und das Dümmste, was ein Mensch ab dem Spätherbst seines Lebens tun kann, ist, die Forderungen seines Zeitplans zu ignorieren.

Wer sehen will, wie man den Beginn seines effektiven Alters verpfuschen kann, braucht sich eigentlich nur die bekannten Schreckensgestalten von Film, Funk und Fernsehen zu betrachten, die, gewohnt, vom Leben bedient zu werden, dem nachlassenden Service von außen nichts entgegenzustellen haben als eine gähnende Leere, die dann mit den immer gleichen Geschichten aus der ruhmreichen Vergangenheit gefüllt werden.

Dieses Septennium verlangt ein transformierendes Bewusstsein, das seine geistigen Kräfte auf die inneren Vorgänge konzentriert und die Zielsetzung und Sinnhaftigkeit hinterfragt. Diese Innenschau vollzieht sich in völlig anderer Weise als früher, denn die Erkenntnisse können jetzt nicht mehr in dem Maße auf die Dinge der Außenwelt umgesetzt werden wie in früheren Zeiten. Der Körper wie auch die Seele verlangen nach mehr Ruhe, vor allem, wenn noch immer, wie z.B. bei Politikern, Managern und Geschäftsleuten, Höchstleistungen erwartet werden, die, dirigiert von einem vollgepackten Terminkalender, 18 Stunden täglich unter Beweis gestellt werden müssen. Sosehr die Gesellschaft reife Persönlichkeiten um die 60 nötig hätte, sowenig sind genau diejenigen dieser Altersklasse bereit, diese Erwartungen wirklich zu erfüllen. Denn wer eine wirklich spirituelle Entwicklung seines Geistes und der Seele durchlaufen hat, wird genau *die* Triebkräfte nicht mehr empfinden, welche die anderen nun die vorderen und höheren Positionen erkämpfen lassen.

Ich werde nie vergessen, wie der tschechische Politiker und Schriftsteller Václav Havel mit tiefem Seufzen die Last des Amtes des Präsidenten seines Landes auf sich nahm und zwei Amtszeiten zum Wohle des Volkes durchstand. Wahrscheinlich wäre es ihm lieber gewesen, das neunte Septennium seiner schriftstellerischen Arbeit zu widmen. Doch in diesem Fall waren die Aufforderung und der Ruf von außen so drängend, dass die persönlichen Ambitionen zugunsten der Öffentlichkeit zurückgesteckt werden mussten. Es verhält sich mit den Ämtern in diesem Alter leider genauso wie mit dem Beruf des spirituellen Beraters: Wer sich danach drängt, ist nicht wirklich berufen. Der reife Mensch fühlt zu dieser Zeit ein Bedürfnis, seine Aufmerksamkeit nach innen zu richten, auf das eigene geistige Vorhaben und seine Verwirklichung. Die Zusammenhänge des Schicksals sollen sich jetzt der Seele eröffnen und damit Möglichkeiten des Erkennens, des Verzeihens und des Loslassens geben, die in der Betriebsamkeit der Vergangenheit weder möglich noch besonders notwendig gewesen wären, da das Hauptgewicht damals auf die Verwirklichung im Materiellen gerichtet war.

Wer dennoch in die berufliche Aktivität gerufen oder gedrängt wird, sollte sich über die Schicksalshintergründe dieser Anfrage im Klaren sein. Wie viel Leid ist allein in den letzten Jahrzehnten in die Welt gekommen, weil profilneurotische und machtbesessene Marionetten glauben, sich nach vorne schieben zu müssen!

In früheren Zeiten gab es die segensreiche Einrichtung des Rates der Weisen, der etwas ganz anderes darstellte, als die ähnlich lautende Gruppe der heutigen Zeit. Damals waren es die brillantesten Geister, die dem Staat, der Wissenschaft und der Kunst, Kultur und Pädagogik zur Verfügung standen. *Vor* dem 60. Lebensjahr hatte man in diesem exklusiven Club nichts zu suchen und wollte es auch selber nicht, da man über die Reifevorgänge der menschlichen Seelenorgane und der damit zusammenhängenden Qualifikation Bescheid wusste. Und noch etwas war bekannt: Man wusste, dass sich in diesem Septennium die innere Wahrnehmung auf die Ideenformung in Bezug auf die *nächste* Inkarnation vorbereiten will.

Sicher möchten Sie wissen, wie sich diese Vorbereitung »anfühlt« oder bemerkbar macht. Kam Ihnen schon einmal der Gedanke in den Sinn: Wenn ich noch einmal auf die Welt kommen würde, dann ...? Wenn es früher nur flüchtige Schemen im Zusammenhang mit diesen Überlegungen waren, so werden sich in Ihnen jetzt sehr konkrete Wunschvorstellungen zeigen, die manchmal mit einer solch sehnsüchtigen Intensität gepaart sind, dass so mancher noch in diesem Leben die Verwirklichung versucht.

Darf ich Ihnen einen Rat weitergeben, den ich von meinem eigenen Lehrer mit großem Nachdruck vermittelt bekam? Er sagte: »Bei allem, was du zu erreichen versucht, strebe nur das an, was du mit voller Kraft und in Vollendung zu deinem und der anderen Wohl vollbringen kannst. Denn alles, was du in diesem Leben getan haben wirst, kannst du in deiner nächsten Existenz nicht mehr tun.« Die Botschaft im Hintergrund ist gar wohl zu vernehmen. Sie heißt: Bitte, keine Mittelmäßigkeiten und Halbheiten. Auch jetzt gilt: Was du tust, das tue ganz.

Wir sprechen hier nicht von Hobbys. Wenn Sie mit sechzig noch ein bisschen malen oder ein paar Vorlesungen in ihrem

Lieblingsfach belegen wollen – kein Problem. Im Gegenteil! Doch wann immer Sie mit dem Wissen nach außen und damit praktisch in die Exekutive gehen, ist es für später abgehakt. Erinnern Sie sich, was über die Talente bis zum 28. Lebensjahr geschrieben wurde? Was bis zu diesem Zeitpunkt nicht nach außen gebracht wurde, ist zum Sterben verurteilt, und nun kann ich Ihnen sagen, dass es auch für Talente kein »Sterben« gibt, sondern nur den großen Dornröschenschlaf, aus dem die Talente dann durch einen Prinzen (jugendliche Triebstrebung und Bestimmung) nach »hundertjährigem Schlummer« wieder erweckt werden. Den einst erhaltenen Ratschlägen eingedenk, würde ich es mir heute dreimal überlegen, bevor ich ein Talent im Alter »verbrate«, das ich im nächsten Leben vielleicht zur Meisterschaft bringen könnte.
Vielmehr kann ich empfehlen, sich wirklich ernsthaft mit Vorstellungen zu beschäftigen, die geeignet sind, sich mit den Möglichkeiten der Verwirklichung von Befähigung in einer fernen Zukunft auseinanderzusetzen.
Wer sich innerlich gegen diese Imaginationen stemmt, der könnte das Ganze vielleicht als Gedankenspiel in Kauf nehmen, das ihm seine ungenützten Fähigkeiten oder ungelebten Wünsche vor Augen führt. Denjenigen, deren Phantasie nur mangelhaft zu aktivieren ist, sei folgendes Hilfsmittel angeboten: Stellen Sie sich vor, die berühmte Fee taucht vor Ihnen auf und stellt Ihnen einen einzigen Wunsch frei: Sie können innerhalb einer Sekunde Meister *eines* bestimmten Berufes sein! Pianist, Goldschmied, Astronaut, Öko-Bauer, Bildhauer – die ganze Berufswelt steht Ihnen offen. Aber, wie gesagt, nur für einen einzigen Beruf. Sie müssen nicht lernen, studieren, üben, Prüfungen überstehen – nein! Der Entschluss allein macht Sie zum Meister. Überlegen Sie gut, was Sie sich wünschen; es könnte in Erfüllung gehen ...
Und noch eine Überlegung möge Ihnen beigegeben werden: Ihr nächstes Erdendasein wird in frühestens 600 – 700 Jahren

Erdenzeit stattfinden. Sie sollten, bei ernsthafter Überlegung, den zu erwartenden Fortschritt und die damit verbundenen Veränderungen vielleicht einkalkulieren. Ach ja, und noch etwas nicht ganz Unwichtiges sollte möglicherweise auch noch in die Überlegungen einbezogen werden: Wenn Sie »wiederkommen«, werden die Fragen nach Wiedergeburt, Seelenkörper, Planeteneinwirkungen und ähnlichen Dingen nicht mehr existieren. In 800 Jahren werden all diese »Esoterik-Weisheiten« längst in die Wissenschaft integriert und in einer völlig veränderten Umwelt klare Fakten sein, versehen mit der Bemerkung, wie beschränkt vor ein paar hundert Jahren der Menschengeist doch gewesen war, diese Offensichtlichkeiten zu verleugnen.
Eine Vorahnung dieser kommenden Zeit ist bei einiger Kontemplation durchaus heute schon zu erhalten, und zwar genau jetzt, im neunten Septennium, das den Seelen- und Geistkörper sich immer mehr aus der Physis entfernen lässt. Dadurch erwacht ein Gefühl für die Realitäten, das sich, von der Erdenschwere unbelastet, längst in der geistigen Welt formiert und schon formiert hat. Die Kinder dieses Jahrsiebts haben die Gabe, die Bilder der Zukunft sehen zu können und sie durch dieses Vermögen sogar mitzuformen.
Der wache Menschengeist und das bewusste Ich übernehmen nun das, was früher unser Begehren, unsere Strebungen und unsere Triebe in Anspruch genommen haben. Wer einen bewussten Reifeprozess durchlaufen hat, wird die Tragweite der eigenen Gedankenbilder in ihrer ganzen kreativen Verantwortlichkeit durchschauen können. Gleichzeitig wird er aber auch angesichts der erdrückenden Gegenkräfte Gefahr laufen, in tiefer Mutlosigkeit zu versinken, dem sich ein gereiftes Bewusstsein in diesem Alter weder entziehen kann noch will. Unwissenheit, Eitelkeit, Überheblichkeit und Bequemlichkeit – diese vier sind die unheilvolle Quadriga, gegen die selbst Götter seit Menschengedenken vergebens angekämpft

haben. Es bricht eben eine Zeit an, in der die Menschen in ihren späten Fünfzigerjahren aufgerufen sind, die Seelenbilder ihrer Zukunftsvisionen zu klären und den nächsten Generationen sowohl zur Ermutigung als auch zur Warnung zu hinterlassen.
Keine versponnenen Science-Fiction-Hirngespinste sind gefragt und auch keine spiritistischen Zerrbilder, sondern klare und logische Inspirationen, die den gesunden Verstand und das Gefühl des Menschen ansprechen und sein Urwissen aufwecken und aktivieren.
Die Menschen innerhalb des neunten Abschnitts sind weit mehr für die Gestaltung der Zukunft zuständig und verantwortlich, als sich die Wissenschaft oder auch nur der Geist der Allgemeinheit träumen lassen. Es gibt unsichtbare Kräfte, denen diese Vorgänge und kreativen Funktionen des Menschengeistes sehr wohl bekannt sind und die im Guten wie im Schlechten versuchen, auf diese Gestaltung Einfluss zu nehmen Die Beobachtung dieser Beeinflussungsversuche ist ein weiterer wichtiger Punkt im Pflichtprogramm der »Sechziger«. Denn wie »jedes Wort, so es den Mund verlassen« wirkt, genau so treten die Bilder unseres Geistes dereinst in Kraft. Wenn Sie wissen wollen, was bis heute diesbezüglich geleistet wurde, dann brauchen Sie sich nur die Werke der Nachkommen des Jules Verne anzusehen: Die Science-Fiction- und Horrorstreifen der Filmindustrie zeigen sehr eindringlich die Bilder der Zukunft auf und nicht nur das, sie zeigen auch, welche Mächte hinter den Gedanken stehen. Filmwerke wie »Der Herr der Ringe« oder »Star Wars« sind keine Hirngespinste, genau so wenig wie »Independence Day« oder »The Day After Tomorrow«. Alle diese Ideen sind Vorahnungen, die in bestimmter Weise sehr ernstgenommen werden sollten. Die Schwierigkeit der Selektion besteht allerdings darin, die Spreu vom Weizen zu trennen, also die Verzerrungen von den Inspirationen abzusondern.

Wenn sich Menschen nach dem sechzigsten Lebensjahr aufgerufen fühlen, für die Allgemeinheit aufzustehen, dann muss diese Aktion im vollen Wissen um die Aufgabe und Bestimmung dieser Altersklasse geschehen. Deine Rede sei »Ja« – »Ja« *oder* »Nein« – »Nein«. Diese Anweisung muss im Kopf, im Herzen und im Blut eingenistet sein, damit Korruption und Opportunismus den Auftrag nicht zunichte machen können, bevor er richtig begonnen wird, und zwar in aller Würde. Denn ohne Würde gibt es keinen Respekt. Und ohne Respekt wird es weder Vorbilder noch Lehrmeister in der Zukunft geben.
Kann es Würde ohne Weisheit geben? Natürlich, ebenso wie salzlose Kost und Kuchen ohne Zucker gibt es auch Würdigkeiten, die nur durch Leistung entstehen. Wenn jemand zum x-ten Mal Weltmeister wird und zum 40. Mal als Sieger auf dem Treppchen steht, dann ist er durch sein Können würdig. Aber eines wird er nie werden: ein Held! Es wird immer wieder würdelose Sieger geben, aber nie würdelose Helden. Ein Held muss seinen Schatten übersprungen und damit bewiesen haben, dass er charakterlich nicht nur mit den Sonnenseiten des Lebens umgehen kann, sondern auch fähig ist, das Dunkel von Verlust, Missachtung und Verzweiflung zu durchschreiten. Niemand sagt es treffender als Hermann Hesse in seinem berührend schönen Gedicht:

Wahrlich, keiner ist weise,
der nicht das Dunkel kennt,
das unentrinnbar und leise
von allem ihn trennt ...

HERMANN HESSE, »IM NEBEL«

Nicht wenige Menschen sind von Natur aus introvertiert und einsiedlerisch veranlagt. Diese Zeitgenossen wussten es schon immer, dass das Menschenleben Einsamsein bedeutet und dass in Wirklichkeit keiner den anderen kennt. Jeder ist allein. So schließt auch oben zitiertes Gedicht, das der Dichter mit noch nicht einmal 28 (!) Jahren verfasst hat. Immer, wenn in frühem Alter solche scheinbar pessimistischen Texte auftauchen, kann man sicher sein, dass sie von einem unter einem Wasserzeichen (Fisch, Krebs, Skorpion) Geborenen stammen, bei dem die düstere Wahrheit der persönlichen Isolation sich schon in jungen Jahren im Bewusstsein bemerkbar macht, oder einem Angehörigen der Altersklasse zwischen 50 und 60.

Ich leb', weiß nicht wie lang,
Ich sterb' und weiß nicht wann,
Ich fahr', weiß nicht wohin.
Mich wundert, dass ich so fröhlich bin.

Die Stimmung dieses Grabspruchs aus dem 16. Jahrhundert vermittelt perfekt die Realität der Zweischneidigkeit menschlicher Existenz, die manche ihr ganzes Leben lang wegdrücken und für diese Verdrängungsarbeit zuletzt mit Angst vor dem Tod bezahlen. Die Aufgabe des neunten Septenniums ist es, dem Verstand die Fragwürdigkeit des freien Willens zu vermitteln und damit den Weg zur Weisheit freizumachen. Dazu werden Bilder aus der Vergangenheit benutzt, die aus den tiefsten Schubladen der Erinnerung hervorgezogen werden. Längst vergessen geglaubte Szenen tauchen vor dem geistigen Auge auf und haben alle etwas gemeinsam: Sie werfen die Frage auf, wie anders das Leben verlaufen wäre, wenn man nicht wie ein ferngesteuertes U-Boot gehandelt hätte, im vollen Glauben, dass diese Triebsteuerung der eigene und freie Wille sei. Wer jetzt sagt: »Ich würde *alles* genauso wieder machen!«, ist entweder schon als Erleuchteter geboren worden oder sagt eben, dass er nichts dazugelernt hat. Wer nach geistiger Entwicklung strebt, dem werden »dunkle Nebelstunden« so sicher begegnen wie auch Erkenntnismomente, dass man bestimmte Sachen nicht besser hätte bewältigen können. Diese innere Beziehung zum bisherigen Lebensweg ist eine biographische Bilanz, die durchaus wert wäre, schriftlich festgehalten zu werden. Gleichzeitig bietet sich die Klärung des Ahnenstammbaumes an, die sicherlich nicht so verbissen wie in meiner eigenen Familie betrieben werden muss, sondern mit viel Spaß, alten Fotoalben und Gesprächen mit bisher unbekannten Verwandten in fernen Ländern vor sich gehen kann.

Die Kräfte des Seelenkörpers wollen durch das Rauhe zurück zu den Sternen (per aspera ad astra) gelangen und benutzen die im Vitalkörper abgespeicherten Erinnerungen, um dem Ego den Weg ins Selbstbewusste zu erleichtern.

Durch diesen Verfeinerungsvorgang unserer Sinne zeigen sich in diesem Alter ähnliche nervliche Animositäten wie in der Kindheit und Jugend, wo die Kräfte noch nicht vollständig entwickelt waren. Damalige Überbelastungen, Traumata und Entwicklungsmängel tauchen in frappierender Entsprechung auf und können, wenn das Erscheinen dieser Spiegelbilder missgedeutet wird, zu Gemütsbelastungen führen, die sich mit Ruhelosigkeit, Reizbarkeit und Überempfindlichkeit bis zur Depression steigern können. Bei Kenntnis der Hintergründe und mit guter und ehrlicher Erinnerungsarbeit können diese psychischen Schattenbilder so aufgehellt werden, dass auch die letzten Anklage- und Vorwurfsprozesse gegen sich selbst und andere in der Vorstellungswelt des Egos abgeklärt werden können. Der größte Fehler ist, mit diesen Phänomenen so umzugehen, als seien sie plötzliche und aus dem Nichts kommende »Neuerscheinungen«, die dann mit den zuletzt geschehenen Vorkommnissen in Zusammenhang gebracht werden müssen. Die Ereignisse haben nur die Aufgabe, einen bestimmten Teil des Lebenspanoramas noch einmal in Szene zu setzen, damit er jetzt, unter den veränderten Bedingungen eines gereiften Bewusstseins wiederholt, beleuchtet, bearbeitet und integriert werden kann.

In den letzten Jahrzehnten hat ein Thema beunruhigende Ausmaße angenommen: sexueller Missbrauch. Ich erinnere mich genau, dass es schlagartig im Jahr 1989 damit anfing, dass sich in meinen Kursen und Beratungen fast jedes zweite weibliche Wesen an Übergriffe in der Kindheit zu erinnern glaubte. Fragte man systematisch nach, ergaben sich bei einem überraschend hohen Prozentsatz keine konkreten Anhaltspunkte. Man könnte es sich nun leicht machen und einfach sagen, dass sich alle diese Frauen an eine kollektive Idee angehängt hätten, um darin den Ursprung für die verschiedensten reellen Problematiken zu finden, wenn nicht unbestreitbar ab diesem Zeitpunkt das Thema Kinderpornographie und sexueller Missbrauch von Kindern angefangen hätte, an die Öffentlichkeit zu treten, und zwar in einer Art und Weise, die einem den Atem verschlug. Ich bin fest davon überzeugt, dass der Großteil der Frauen und Mädchen, die ich vorher erwähnte, nicht missbraucht worden war, sich aber mit den katastrophalen sexuellen Übergriffen identifiziert hat, welche in der momentan aufscheinenden Häufigkeit ein Spiegel des Zeitgeistes sind. Sie hatten bei ihren Erzählungen Erinnerungsbilder parat, die sich, oft Jahre später, in frappierender Ähnlichkeit irgendwo reell ereigneten.
Warum erwähne ich dieses Schreckensszenario? Was hat das, vor allem im Zusammenhang mit dem neunten Septennium, zu bedeuten? Es waren damals vor allem Frauen zwischen 56 und 63, bei welchen diese ahnungsvollen Imaginationen so stark waren, dass eine Solidaritäts-Identifikation zustande kam. Denn Menschen, und vor allem Frauen in diesem speziellen Lebensalter, besitzen die Fähigkeit, Bilder aus der Vergangenheit der universellen »Filmothek« heraufzubeschwören. Denn genau wie unsere eigenen Seelenbilder unbeirrbar zu bestimmten Zeiten vor unserer geistigen Wahrnehmung wieder erscheinen, so drängen sich auch Erinnerungsbilder des Weltenkörpers in ganz bestimmten Rhythmen über das Über-

bewusstsein der Menschen in die heutige Zeit, um eine wiederholte Realität herauszufordern, die sich mit den Themen einer versunken geglaubten Vergangenheit konfrontiert sieht. So werden wir immer wieder aufgefordert, die Versäumnisse unserer Urahnen (oder waren wir es damals gar selbst?) unter neuzeitlichen Bedingungen nachzuholen, zu korrigieren und die Verbrechen dunkler Zeiten aufzulösen. Doch, wie in der persönlichen Schicksalsverarbeitung, zeigen wir auch bei wiederholt auftauchenden Problemkonstellationen großes Talent, uns so zu verhalten, als hätten wir nicht die geringste Möglichkeit, nun endlich das Richtige zu tun und die wirklich notwendigen Konsequenzen zu ziehen. Dabei haben wir, sowohl in der Weltenhistorie wie auch in unserem persönlichen Lebensverlauf, alles, aber auch wirklich alles, bereits mehrmals durchlebt. Es bleibt die große Frage im Raum stehen: Warum, um Himmels willen, ist die Menschheit als Kollektiv und der Mensch als Individuum so unglaublich lernunfähig? Ich wage die Behauptung, dass es mit dem freien Willen zu tun hat, der sich immer wieder glaubt, bestätigen zu müssen, dass nur er allein recht hat. Und da *jeder Mensch* auf seinem höchst eigenen freien Willen beharrt, prallen die divergenten Äußerungen dieser individuellen Vorstellungen aufeinander, um sich durch Konfrontation immer intensiver zu profilieren. Profilierung ist ein Ausdruck von Machtanspruch, denn wer Profil zeigt, fordert sein Gegenüber auf, zur Klärung der Ansprüche dasselbe zu tun, sich über- oder unterzuordnen bzw. das Feld zu räumen. Und schon sind wir wieder mitten im hierarchischen Hickhack.

Es wird keinen Frieden, keine Ruhe und keine Nächstenliebe geben, wenn wir Menschen nicht endlich aufhören, Intuition mit Phantasie und Inspiration mit Ideenreichtum zu verwechseln, die, wie wir glauben, allesamt von unserem höchsteigenen Denkapparat Gehirn erzeugt und von unserem Willen verwaltet werden.

Im neunten Jahrsiebt haben wir eine exzellente Gelegenheit, bedingt durch Spiegelungen unseres eigenen Lebensplanes, Zusammenhänge erkennen zu können, die für ein kollektives Verständnis des Weltenschicksals in der Zukunft wichtig sind. Wir Älteren und Alten sind durch unseren persönlichen Umgang mit dem Bewusstsein mitverantwortlich bei der Aufarbeitung der Vergangenheit und der geistigen Gestaltung der Zukunft. Die Gegenwart jedoch liegt nicht mehr in unseren Händen. Selbst wenn wir Bundespräsident, Kanzler oder Papst werden: Wir sind ab diesem Alter Erfüllungsgehilfen der »Sommerlinge«, also der Menschen zwischen 21 und 42 sowie der »Frühherbstler« bis 50.

Wir können die eigene Lebensmitte nicht mehr verändern, *aber* wir können unser Ich-Verständnis in einem begriffenen Selbstbewusstsein unterbringen und damit nicht nur uns, sondern vor allem unserer jüngeren Umgebung mit Erfahrung und Rat, den Alten mit Geduld und Verständnis dienen.

Weisheit – Würde – Respekt? Am Schluss dieses Lebensabschnittes legen wir den Mantel unseres Karmas ab, den wir für diese Inkarnation tragen mussten. Im Angesicht dieser völlig neuen Freiheit könnte bei einer wie zuvor beschriebenen geistig-seelischen Entwicklung ein Mensch hervortreten, der im besten Sinne »wissend« ist. Ein Mensch, der sich selbst kennt, der seinen Wert und seine Bestimmung begriffen hat und der weiß, dass der freie Wille eine Illusion ist. Reif für Respekt? Reif für Liebe! Und zwar eine Liebe, die von *den* Kräften unterstützt wird, die sich langsam aus dem neurologischen System lösen. Diese Energien lassen sich nach Bedarf dorthin lenken und steuern, wo sie am besten Verwendung finden, jedoch nur von denjenigen, deren innere Wahrnehmung sie dazu fähig macht. Da unsere Gesellschaft alle diese unsichtbaren Vorgänge in ihren komplexen Zusammenhängen nicht wahrhaben will, kann mit Missvergnügen beobachtet werden, wo sich diese Kräfte, wenn sie nicht kontrolliert werden, überall bemerkbar machen.

Das Betätigungsfeld reicht von Inkontinenz bis zu den verschiedensten Psychosen, deren Auswirkungen wiederum mit zahllosen Medikamenten behandelt werden müssen, was selten zur Heilung führt, da der Behandlungsvorgang von keinem erkennenden Bewusstsein begleitet wird.
Der menschliche Geist mit seinen ungeheuerlichen Möglichkeiten wäre absolut in der Lage, die psychischen wie auch die physischen Vorgänge zu kontrollieren, vor allem in einem Alter, wo die Sinne nicht mehr so intensiv vom Materiellen vereinnahmt werden.
Es muss für die Wesenheiten, die vom menschlichen Seelenkörper profitieren, eine wirkliche Beruhigung sein zu sehen, wie leicht sich ihre »Wirte« eine Hilflosigkeit auf genau den Gebieten suggerieren lassen, wo sie sich am nachhaltigsten und mächtigsten zur Wehr setzen könnten. So wird die Abhängigkeit und Verstrickung mit der Materie immer weiter vorangetrieben, während die Menschheit glaubt, in ebendieser Entwicklung den großen Fortschritt zu sehen.
Die Menschen im neunten Septennium hätten, theoretisch gesehen, die Möglichkeit, das Steuer zum Wohle ihrer Spezies herumzureißen. Doch der Name der Menschheit ist und bleibt Bequemlichkeit, gepaart mit einer seltsamen Lust an Abhängigkeit und Mitläufertum.
»Don't try to change a lemming's character«, sagte mein Lehrer einst zu mir. »Aber wir sind doch keine Lemminge, wir sind Menschen«, widersprach ich wütend. »Tell *them*«, versetzte er ruhig. »Sag's ihnen, nicht mir.« Spätestens jetzt, im Alter um die sechzig, muss doch die Frage nach dem »Danach« auftauchen. Dann kann ich entweder sagen, dass mit dem letzten Atemzug sowieso alles vorbei ist und hinter mir ruhig die Sintflut losbrechen kann, oder ich werde mir endlich der Unlogik dieser Einstellung bewusst. Damit müsste sich aber auch die Haltung in Bezug auf allgemeine Verantwortlichkeit verändern. Mülltrennung und Verzicht auf Nikotin ist ein mehr

als bescheidener Anfang, wenn man bedenkt, dass wir selbst in nicht allzu ferner Zukunft wieder die Suppe auslöffeln müssen, die wir jetzt verderben.
Sie sehen schon, dass, vom spirituellen Standpunkt aus gesehen, der kommende Ruhestand so ruhig nicht werden kann und darf, wie der Name verkündet.
Doch wenn man nicht einmal weiß, wie sich die Eigenkräfte im Organismus manifestieren, wie soll dann am kollektiven Bewusstsein mitgewirkt werden? Der Schlüssel zur Schicksals-Meisterschaft ist innerhalb dieses jetzigen Lebensabschnitts zu finden, und zwar in dem scheinbaren Abgrund zwischen dem Irrglauben, welcher die Notwendigkeit des Beharrens auf dem freien, also egoistischen Willen suggeriert und dem Bewusstsein, welches die Teilnahme des eigenen Willenspotenzials am göttlichen Willen anstrebt. Jeder, der hier Selbstaufgabe wittert, verleugnet die große Aufgabe des Selbst, sich dem kosmischen Willen ein- und unterzuordnen. »Dein Wille geschehe!« ist der Schlusssatz eines Erkenntnisprozesses, der als Lohn für die Mühe die Fähigkeit des »Loslassens« beschert, was ein solch ungeheures Kraftpotenzial freigibt, dass es nun, zu Beginn des Winters der Lebensgezeiten, zu einer Gnade kommen kann, die weder selbstverständlich noch unbemerkt erfolgt und die eine Chance eröffnet, mit der die meisten von uns in dem Alter in der Weise bestimmt nicht mehr rechnen: ein neues, erfülltes Leben mit einer Sinnhaftigkeit, die völlig neue Perspektiven eröffnet.
Der Nebel, die Dunkelheit sind durchschritten, und Einsamkeit ist nicht mehr als ein Wort für alle, die begriffen haben, dass jeder Zustand eine Vorstellung ist, die mit der Kraft eines höheren Willens verändert und optimiert werden kann.

Die Ernte ist eingefahren.
Der Winter kann getrost kommen.
Mich wundert nicht, dass ich fröhlich bin.

Das 9. Septennium auf einen Blick

1. Die Zeit der Reife in die Weisheit ist angebrochen.
2. Das Bewusstsein konzentriert seine Kräfte auf eine geistige Innenschau.
3. Die Triebkräfte des Willens und der Sinne transformieren zu einer holistischen Wahrnehmung der Zusammenhänge.
4. Die eigene Biographie erschließt sich mit all ihren Zusammenhängen und Sinnhaftigkeiten.
5. Die geistigen Kräfte sind zum ersten Mal im Leben stärker als die Körperkräfte und aktivieren ein zeitübergreifendes Erinnerungspotenzial. Die Ahnung von einer fernen Zukunft steigt wie ein Film aus der Vergangenheit auf.

Die Bereitschaft zum Loslassen wird vom Schicksal mit Fähigkeiten ausgeglichen, die den scheinbaren Verlust um ein Vielfaches ersetzen.

13. KAPITEL

Das zehnte Jahrsiebt von dreiundsechzig bis siebzig:

Das Ich und seine Heimat

Vor mehr als 30 Jahren sah ich in Amerika einen Film mit dem Titel »Logan's Run« (deutscher Titel: »Flucht ins 23. Jahrhundert«*).

Die Geschichte, kurz erzählt, ist folgende: Unter einer riesigen Kuppel in einer künstlichen Stadt leben lauter wunderhübsche, junge und völlig oberflächliche Menschen, die in einem hypermodernen Ambiente ein sehr freizügiges Dasein genießen. Jedes dieser Wesen hat in seiner Hand eine Art Chip implantiert, der kurz vor dem 30. Geburtstag zu blinken anfängt, was bedeutet, dass man sich zu einem »Wiedergeburtsritual« einzufinden hat, bei dem angeblich ein höheres Bewusstsein erreicht wird. In Wirklichkeit aber werden die relativ jungen Menschen sang- und klanglos eliminiert, denn »Altern« gilt in dieser wunderbaren Welt als Krankheit. Einigen der Betroffenen, die das Spiel durchschauen, gelingt es, in die Außenwelt zu entkommen, wo sie zum ersten Mal einen alten Menschen sehen.

Zum ersten Mal in meinem Leben war es dagegen, dass mir die Idee des »unwerten Alters« vor Augen kam, was mich umso mehr betraf, als ich damals gerade selbst dreißig geworden war. Dieser Film war der Startschuss für viele weitere in der fernen Zukunft angesiedelte cinematographische Phantasiewerke, die sich mit der Vermeidung des Alterungsprozesses

auseinandersetzten, wobei die Betonung eines sozialkritischen Hintergrundes allgemein unübersehbar war.
Wie war das noch mit den Ideen des Menschen und seinen phantastischen Vorstellungen? Längst haben wir begriffen, dass auch diese scheinbar abstrakten Gedankenbilder Vorahnungen sind, die genau so zur Realität heranreifen werden, wie die bereits existierenden Menschenroboter und Klonwesen, die geschaffen werden, um jederzeit Transplantate zur Verfügung zu haben. Die Entwicklungszeit wird dafür sorgen, dass sich das menschliche Bewusstsein diesem »Fortschritt« anschließt und die kommenden Generationen die Ergebnisse dieser Errungenschaften so selbstverständlich hinnehmen werden wie die übrige rasante technische Entwicklung der letzten Jahrzehnte.
Wann in der Geschichte der Menschheit wurde jemals Intelligenz dazu verwendet, auf der einen Seite das Alter abzuschaffen, während andererseits alles aufgeboten wird, um längst abgelaufene Lebensuhren zu reaktivieren? Die zehnten Septennien der Gegenwart und Zukunft werden sich mit diesen Themen auseinandersetzen müssen, ob sie wollen oder nicht. Die leistungsorientierte Gesellschaft ist offensichtlich immer unwilliger, die Belastungen einer Überalterung zu tragen, die sie, wie schon heute zu erkennen ist, in wenigen Jahren nicht mehr wird auffangen können.
Die Ursache dieses Dramas ist wesentlich vielschichtiger, als das momentane Ungleichgewicht zwischen jüngeren und älteren Generationen vermuten lässt, und zwar aus folgendem Grund: Die Qualität von Kindheit und früher Jugend spiegelt sich genau in diesem zehnten Septennium wider, und Qualität in dieser Beziehung bedeutet nichts anderes als optimale Betreuung, Umsorgung und Erziehung. Wer von den Repräsentanten der Winterslebenszeit körperlich gesund, geistig aktiv und seelisch stabil ist, hat eine Kindheit gehabt, die genau diesen Kriterien gerecht wurde. Kein Mensch, dessen Eltern,

durch welche Umstände auch immer, abwesend waren, ist im Alter beschwerdefrei. Genauso wenig ist eine wirkliche Altersqualität zu erwarten, wenn die Kindheit, vor allem im ersten Septennium, durch Beängstigungen und entwicklungshemmende Einschränkungen gekennzeichnet war.
Wenn Sie zurückblättern, werden Sie unter der Beschreibung dieser Lebensphase nachlesen können, was eine kindliche Seele unter Beängstigung und Einschränkung versteht. Nein, es ist *nicht* Armut! Sondern es ist immer die Qual der oft täglichen Trennung von der oder den geliebten Bezugspersonen, an denen sich die Entwicklung orientiert.
Kinder und ältere Leute haben ein völlig anderes Zeitempfinden als die Menschen der mittleren Septennien. Es ist egal, ob man lang oder kurz auf die erlösende Person warten muss, es ist immer die Hölle. Erwachsene vergessen diese Erinnerungen, die als seelischer Schmerz im Vitalkörper hängen bleiben und im Alter als Einsamkeits- und Unlustgefühle wieder auftauchen.
Niemand ist so geeignet, abwesende Eltern zu ersetzen, wie Menschen der zehnten Siebenheit, denn sie haben nicht nur die Zeit, Reife und Erfahrung, sondern auch die entsprechenden Erinnerungen parat, um auf die Bedürfnisse der Kleinen richtig reagieren und den Ansprüchen gerecht werden zu können. Wenn Sie zufällig zwischen 60 und 70 Jahre alt sein sollten, dann könnte ich Ihnen jetzt die Verbindungen zwischen den negativen Kindheitserlebnissen und den Krankheiten und Mängeln aufzählen, die Sie heute haben. Sofort werden sich opportune Gegenstimmen erheben und empört darauf hinweisen, dass diese Dinge ja auch durch eigene Unachtsamkeit, durch spätere Belastungen oder Vererbung (!) entstehen. Ja, natürlich ist das so, aber *warum* kommt es zu Unachtsamkeiten, Überbelastungen und der Bereitschaft, das Ererbte auferstehen zu lassen?
In den ersten Jahren ist die körperliche Entwicklung von der

Befindlichkeit der Seele abhängig, und die Qualität dieses Wechselspiels zeigt sich nicht nur in den ersten Septennien, sondern in ihrer ganzen Tragweite *jetzt* im zehnten Septennium. Es könnte doch eigentlich so friedlich sein: Die alte Karmabelastung ist abgetragen, für das neugeschaffene Karmapaket ist ein reifes, verarbeitungsfähiges Bewusstsein vorhanden, und das Arbeitspensum ist geleistet.

Warum aber treffe ich im deutschsprachigen Raum so wenige wirklich glückliche und ausgeglichene 60- bis 70-Jährige? Die Antwort ist mit obigen Erklärungen gegeben, denn die vor 60 bis 70 Jahren während des NS-Regimes gelegten Seelenminen zeigen ihre Wirkungen vor allem jetzt im Endergebnis, wo die Vitalkräfte nicht mehr in dem Maße wie früher zur Verarbeitung und Regeneration beitragen können.

Herzbeschwerden sind angeboren oder entstehen durch »Verbrauchsmängel«. Leberkrankheiten kommen von Alkohol- und Drogenmissbrauch, durch zu fettes Essen oder Infektionen. Magenbeschwerden werden durch Nervosität, falsches Essen und Infektionen ausgelöst und Knochen- und Gelenkskrankheiten kommen durch Übersäuerung zustande, oder?

Glauben Sie bitte nicht, dass diese Aufzählung von Weisheiten von mir stammt. Sie gibt nur exakt die Aussagen wieder, die ich in den letzten acht Jahren von Ärzten serviert bekommen habe.

Zum Glück wusste ich es durch meine Ausbilder besser, konnte aus diesem Grund mit den Symptomen anders umgehen und habe deswegen die Chance, jetzt das zu erleben, was man nach sechzig eigentlich erleben sollte: eine Besserung und ein Verschwinden der Beschwerden.

Wer nichts weiß, ist ausgeliefert! Und wer noch immer glaubt, dass Medikamente *heilen,* gehört auch zur Liga der Unwissenden. Spätestens nach sechzig hat man nicht nur die Möglichkeit, sich durch Erfahrung selbst zu helfen, sondern man hat auch die Pflicht, sich durch Information und Aufklärung ei-

genverantwortlich zu versorgen und zu pflegen, will man nicht zum vielgefürchteten Pflegefall werden.
Wer sich eben jetzt, in den Jahren bis 2010, im zehnten Septennium befindet, hat seine ersten Jahre im letzten Weltkrieg erlebt und vielleicht sogar den Vater oder beide Eltern verloren, schauerliche Bombennächte erlebt und Hunger durchlitten. Wenn in den Jahren danach kein »Auffangen« stattgefunden hat, werden vor allem rheumatische und psychosomatische Krankheitsbilder zu schaffen machen. Wenn Sie sich selbst helfen wollen, dann gibt es neben den bekannten Zaubermitteln der Pharmazie eine wunderbare Heilungsmethode, die allerdings nur mit Hilfe eines liebevollen und geduldigen Sekundanten angewendet werden kann: Finden Sie jemanden, dem Sie *sehr* ausführlich Ihr Leben erzählen können, und zwar vor allem von den Schwierigkeiten und Kümmernissen, die Ihnen aus der Anfangszeit noch erinnerlich sind, und von den Erfolgen und Leistungen der späteren Zeit. Es genügt nicht, diese »Nummer« einmal durchzuziehen, sondern dieses Vorgehen ist nur von Erfolg gekrönt, wenn es wochenlang praktiziert wird, und zwar zusammen mit jemandem, der wesentlich jünger ist als Sie selbst. Und vergessen Sie bitte keine Sekunde, dass der Zuhörer wahrscheinlich ein naher Mitarbeiter Ihrer Engel ist, denn seine Anteilnahme wird das Resonanzfeld erzeugen, in dem sich Ihr Leid transformieren könnte.
Einer meiner jüdischen Freunde hat diesen Heilungsborn schon vor Jahren erkannt und ihm, dank seiner brillanten Finanzsituation, einen außergewöhnlichen Rahmen geben können: Jeden (!) Abend wird ein Mensch aus seinem riesigen Bekanntenkreis zu einem erstklassigen Souper eingeladen und dann wird drei (!) Stunden lang erzählt. Dank seines gesegneten rhetorischen Talents und volkstypischen Humors hört man sich die Geschichten auch gerne zum zehnten Mal an. Ich kann Ihnen sagen, dass dieser Mensch ein Bild von Gesundheit ist. Und wenn Zipperlein auftauchen, dann wird auch über diese

so lange diskutiert, bis sie weg sind. Eines habe ich in den Jahren dieses und auch so manch anderen Umgangs gelernt: Es ist völlig egal, ob die Erzählungen hundertprozentig der Realität entsprechen, Dramatisierungen, Beschönigungen und Übertreibungen inklusive. Deswegen ist es klug, sich gewisser korrigierender Einwürfe als besser wissender Zuhörer zu enthalten, denn es geht nur darum, dass sich der Erzähler wohl fühlt und das Gefühl hat, dass sein Gegenüber interessiert reagiert. Denken Sie auch in diesem Fall an meine Hamburger Tauben-Freundin, die dereinst mit beinahe paracelsischer Weisheit sprach: »Und wenn Taubenscheiße hilft ....«
Die älteren Leser werden sich vielleicht noch an eine der unvergesslichsten Kabarett-Nummern Helmut Qualtingers erinnern, wo zwei alternde Provinzmimen zeigen, wie diese Konversation keinesfalls ablaufen sollte, nämlich, erfüllt vom tiefen Bedürfnis, sich gegenseitig so lange die Butter vom Brot zu kratzen, bis die armselige Realität den Zustand noch verschlimmert. Wenn Ihnen etwas an Ihren Weggefährten liegt, dann wäre es jetzt eine gute Bewusstseinsübung, beobachtend zuzuhören (was tut die Erzählung mit mir, welche Bilder tauchen auf?), was bewirken könnte, dass Sie später die Kunst der Eigenbeobachtung besser beherrschen. Übrigens kann man über die Leistung des teilnehmenden Zuhörers Karma abbauen. Aber nur, wenn ein liebevolles Herz hinter der Aktion steht, denn, wie wir wissen, würfelt Gott nicht, und seine Schicksalsdesigner, die Herren des Karma, tun es ihm gleich. Also wieder einmal: Per aspera, also durch Schwierigkeiten, zum Erfolg. Und wenn Sie jung sind und Kinder haben oder haben wollen, dann sei noch einmal angefügt: Investieren Sie alles an Kraft, Zeit, Hingabe und Liebe in Ihre Kleinen, denn mit dieser Arbeit sind Sie nicht nur für die erste Entwicklung, sondern auch für die späten Jahre Ihrer Nachkommen verantwortlich. Auch das hat mit Schicksalsverarbeitung und Karmabehandlung zu tun.

Das zehnte Septennium offeriert seinen Teilnehmern Möglichkeiten, die man wirklich per Plakat publik machen sollte: Nun nämlich ist der Zeitpunkt gekommen, wo Sie Ihre eingemotteten Talente wieder zum Leben erwecken können. Der karmische Erfüllungszwang, der Sie zu anderen Pflichten drängte, ist verschwunden, und deswegen könnten Sie jetzt noch einmal versuchen, Ihr Schauspieltalent, Ihr künstlerisches Händchen oder Ihr literarisches Genie unter die Leute zu bringen. Denken Sie niemals, dass es zu spät sein könnte, denn Talente altern nie! Nur eines muss natürlich bedacht werden: Sie sind nicht mehr 25. Also muss das Talent eine würdige Ausdrucksform erhalten und auch den Profit des Reifeprozesses der Zwischenzeit aufzeigen. Holen Sie also die Werke Ihres vierten Septenniums aus der Schublade und fühlen Sie Ihrer inneren Sehnsucht nach. *Fragen Sie nie, ob es sich lohnt.* Sondern nur, ob Sie jetzt Freude daran hätten. Wenn Sie auch andere mit Ihrer Arbeit berühren wollen, dann werden Sie das am ehesten schaffen, wenn Sie Ihr jetziges Wirken nicht als nahtlose Weiterführung einer vor längerer Zeit unterbrochenen Tätigkeit ansehen, sondern als völligen Neubeginn, dessen Ergebnisse nicht mit dem verglichen werden sollten, was Sie vor mehr als dreißig Jahren geschaffen und aufgegeben haben. Aber eines dürfen Sie sich fragen: »Wie war ich damals, dass ich das so, und nicht anders gemacht habe?« Jetzt, nach fünf Septennien, kann die Kraft, die Sie dazu bringt, Ihr Talent wieder aufzunehmen, aus einer anderen Quelle gespeist sein als damals. In jungen Jahren werden zunächst alle Energien in die Entwicklung des physischen Körpers investiert, um sich dann auf die Koordination von Seelenkörper, Ich und die Verwirklichung der Ansprüche und Aufgaben innerhalb des persönlichen Schicksalsbereichs zu konzentrieren. Nun aber, ein halbes Leben später, herrschen die Kräfte der **Exkarnation**, die bestrebt sind, sich dem physischen Anspruch zugunsten einer betonten Geistigkeit zu entziehen.

Die auf das Materielle bezogenen Schicksalspläne haben sich nach Möglichkeit bis zum Ende des neunten Septenniums verwirklicht. Danach wird das egoistische Begehren stiller, und der Wunsch, der Menschheit etwas schenken zu wollen, das sie einerseits bereichert und sie andererseits vielleicht dereinst zur Weiterarbeit veranlasst, wird größer.

Man will nicht mehr wirken, um bemerkt zu werden oder um sich zu profilieren, sondern eigentlich will der Mensch jetzt durch das, was er tut, seine Dankbarkeit ausdrücken. Die aus dieser Selbstverständlichkeit wachsende Inspiration führt zu völlig anderen Interpretationen der vielleicht sogar den früheren gleichenden Ideenbilder. Besonders auffällig ist dieser Vorgang bei reproduzierenden Künstlern, die z. B. als Pianist dasselbe Werk als alternder Mensch mit einer kontemplativen Sensibilität erfüllen, die von einem jungen Interpreten gar nicht erfühlt werden kann. Das Ursprüngliche, das wirklich vom Komponisten Gemeinte, wird ein alter Musiker eher präsentieren können als ein junger Mensch, der sich selbst in und mit dem Werk darstellen möchte und etwas Unverwechselbares präsentieren will.

Die Ahnung, dass es nicht mehr um m-*Ich* geht, wird langsam und sanft zur Gewissheit, was auch in der Literatur, dem Schauspiel und der Kunst Dimensionen offenbart, die wiederum die Seelen junger Menschen tief berühren und sie erwecken kann. Goethes *Faust* hätte von ihm niemals in seinen jüngeren Jahren geschrieben werden können, denn alle wirklich hochgeistigen Einblicke sind erst mit einer gewissen spirituellen Reife im fortgeschrittenen Alter möglich.

Die intensive Intuition hat in diesem Lebensabschnitt schon zu überraschenden Erkenntnissen geführt, die dann plötzlich Veränderungen des Lebens nach sich ziehen. Es kann kein Zufall sein, dass allein in meinem Bekanntenkreis zwölf Menschen genau in dieser Altersspanne ganz plötzlich der Heimat den Rücken gekehrt haben, um in die Länder ihrer Träume auszuwandern, in denen es wärmer und auch billiger zu leben ist. Ich möchte jetzt schon erwähnen, dass alle, die sich im zehnten Septennium verabschiedet haben, entweder schon wieder da sind oder sich mit dem Gedanken an Rückkehr beschäftigen. Bei allen setzte das Heimweh fast schlagartig um das 70. Lebensjahr ein, wobei die Sehnsucht nach den Kindern und Enkeln schließlich der Schwerpunkt der Überlegungen ist, die letztlich zur Heimkehr führen.

Die »neue Freiheit« macht auch abenteuerlustig, und so finden sich auf den Kreuzfahrtsschiffen Myriaden von älteren Herrschaften, die sich den Traum vom Weltenbummel erfüllen. So seltsam es klingt – ausgerechnet jetzt können Projekte auftauchen, die man schon immer machen wollte und für die man sich um die sechzig schließlich »zu alt« fand. Plötzlich, mitten im zehnten Septennium ist man wieder jung und dynamisch genug, um so etwas wie einen Neuanfang zu wagen. Man sucht sich etwas, das auf den ersten Blick wie die Verwirklichung des »impossible dream« des Don Quixote anmutet und das sicher auch mit einer Beweisführung einhergeht, die demonstrieren will, dass »mit 66 Jahren noch lange nicht Schluss ist«. Typisch, dass der Sänger Udo Jürgens genau in diesem zehnten Septennium glaubte, seine langjährige Freundin Corinna heiraten zu müssen. Und niemand war da, der ihm sagte, dass dieses Septennium zu unüberlegten Aktionen verleitet, dessen Ergebnisse fast immer enttäuschen, vor allem, wenn es um das unveränderte und unbearbeitete »Aufwärmen alter Suppen« geht.

»Wer jetzt kein Haus hat, baut sich keines mehr«, würde Rainer Maria Rilke sagen, und er hätte absolut recht, denn alle Aktionen, die rein ichbezogen sind, werden schiefgehen. Dafür darf renoviert werden, und zwar auf allen Ebenen des Seins. Das Alte soll aufgeräumt und auf das wirklich Notwendige reduziert werden (die neue Freiheit!), denn Besitz belastet, und dieses Septennium ist vor allem dazu da, Belastendes abzuschaffen, was von den Beteiligten nicht immer als angenehmes Accessoire dieser Zeit empfunden wird. Denn wer löst sich schon gerne vom Gewohnten der letzten vierzig Jahre? Es muss gesagt werden, dass zu diesem Altgewohnten sehr oft auch Lebens- und Ehepartner gehören, die genau in *der* Lebenszeit, in der man es sich »bequem« machen wollte, unerwartet sterben oder sich, durch andere Umstände bedingt, trennen. Durchleuchtet man die Vorgeschichte dieser Separationen, zeigt sich immer wieder das gleiche Drama, das von zwei Menschen erzählt, die sich schon längst hätten trennen sollen und sich durch das Zusammenbleiben in der Entwicklung gegenseitig nachhaltig behindert haben.

Fast sieht es so aus, als würden die Schicksalsgötter in dieser Zeit zu Ungeduld und Nervenschwäche neigen und nicht mehr bereit sein, dem Treiben ihrer Protagonisten weiterhin tatenlos zusehen zu wollen.

Auch das Neu-Karma will bearbeitet sein und vor allem auf den Gebieten, die in direktem Zusammenhang mit dem alten Karmapaket stehen. Das unrechtmäßig Angeeignete oder aus Eigensucht Verweigerte sucht nach Ausgleich, was für die davon Betroffenen oft wie ein Rachefeldzug aussieht. Tatsächlich aber werden sie nun in eine längst überfällige Pflicht gezwungen, ohne deren Erfüllung das eigene Programm stagnieren würde. Auch so können Neuanfänge aussehen, und man möchte hinzufügen: Leider! Denn die Vorzeichen waren mit Sicherheit nicht nur einmal zu erkennen.

Wenn der Lebensgrundsatz sich bis jetzt nach dem Motto »lieber das bekannte Unglück als das unbekannte Glück« orientiert hat, werden Karma und Schicksal programmgemäß versuchen, dem Glück zu seiner rechtmäßigen Vorrangstellung zu verhelfen, trotz aller Widerstände, die von den »Dornenvögeln« geleistet werden, die sich lieber selber aufspießen, als endlich in die Freiheit zu fliegen. Denn über Glück lässt sich genauso wenig streiten wie über Geschmack. Jeder hat seine

eigene Vorstellung von (s)einem glücklichen Dasein und von dem, wie sich Glück in der Seele anfühlen muss.
Aber gerade diese Verschiedenartigkeit des Anspruchs und der Empfindung geben jedem Schicksalsweg seine eigene Färbung und Beschaffenheit, denn hinter der Suche nach dem Glück verbirgt sich der Glaube an die Unsterblichkeit und die Ahnung der Vollkommenheit. Im Laufe eines Menschenlebens »verbrauchen« sich die Erinnerungen, die aus dem geistigen Sein verblieben sind, und weichen den weltlichen materiellen Eindrücken und den damit verbundenen Erkenntnissen und Lehrinhalten.
Vom zehnten Septennium an hätten wir auch die Freiheit, diese zugedeckten Erinnerungen von den Prägungen der letzten sechzig, siebzig Jahre zu befreien und sie mit dem in Verbindung zu bringen, was wir das Bleibende und das Ewige nennen. Über die Erkenntnis, wie sich diese beiden im vorläufigen Lebensergebnis abzeichnen, entsteht das Gefühl des »erfüllten Lebens«, also der erkannten und eingehaltenen Bestimmung, die sich mit dem Großen und Ganzen zu einer persönlichen Sinnhaftigkeit verbindet. Der innere Frieden und Trost, der aus dieser Seelenkonstellation entsteht, wird sich vielleicht in seiner ganzen möglichen Größe noch nicht innerhalb der jetzigen sieben Jahre erfühlen lassen, aber selbst die Ansätze davon lassen eine neue Erkenntnis über das Phänomen »Glück« wachsen, die zu einem guten Lebenswinter mehr beiträgt als sämtliche weltlichen Güter.
Wieder hängt das Talent des »guten Alterns« vom Geschenk der »schönen Jugend« ab. Die Qualität von Bildung und Charakterformung durchzieht nun wie ein fernes Echo aus längst vergangenen Tagen die jetzige Lebensphase. Die Lehrinhalte der Schul- und ersten Lehr- oder Studienzeit tauchen vor dem geistigen Auge auf, um noch einmal mit einem gereiften Wesen betrachtet zu werden. Gerne greift man zu denselben Büchern wie damals, geht in dieselben Theaterstücke und be-

trachtet dieselben Kunstwerke, um dadurch ein ganz besonderes Gefühl des »Heimkommens« zu erleben.
Das Neue, das sich anbietet, muss sich in das bisher Erfahrene und Bejahte eingliedern lassen. Völlig Fremdes wird zwar beobachtet, aber nicht mehr in Angriff genommen. Man kennt seine eigenen Grenzen inzwischen genau und kann innerhalb dieses Reviers trotzdem noch nie Dagewesenes inszenieren.
Das vorher erwähnte Echo kann natürlich, wie alles auf der Welt, missverstanden werden, und so gibt es genug Ausgeburten persönlicher Irrwege, die glauben, in diesem Widerhall einen ganz besonderen Aufruf zu erleben. Diese Irrläufer sind letztlich nichts anderes als der Versuch zu beweisen, dass

1. der Mensch körperlich unsterblich,
2. »Alter« nur ein Wort, und deswegen
3. noch immer alles möglich ist.

Solange diese geistige Fata Morgana anderen nicht schadet, mag sie noch als persönliche Angelegenheit betrachtet werden, doch leider ist diese Alters-Verrücktheit eine Replik des Jugend-Irreseins, das damals wie heute durch fehlgeleitete und missbrauchte Energien zustande kommt. Ich gebe für die jetzige Lebenszeit nur ein einziges, wenn auch signifikantes Beispiel: Weltweit bilden sich 65-jährige Frauen ein, noch einmal Mutter werden zu müssen, und finden leider immer verantwortungslose Mediziner, die ihnen für viel Geld »gefällig« sind. Befruchtete Eizellen werden in funktionsuntüchtige Gebärorgane eingepflanzt, um dann stolz nach angemessener Tragezeit die Ergebnisse präsentieren zu können. Und so sieht man 70-jährige Frauen ihre Sprösslinge in den Kindergarten bringen. Und kein Gesetzgeber fühlt sich aufgerufen, hier kontrollierend wie schützend einzugreifen.
»Ich wollte mir einen Traum erfüllen!«, ist der Kommentar der Spätgebärenden, und niemand sagt ihnen beizeiten, dass

manche Träume besser ungelebt bleiben sollten. Auch der Traum vom Reichtum, wird, wenn seine Verwirklichung jetzt angestrebt wird, sich als Bumerang von Jugendillusionen erweisen, die schon damals unschwer als solche zu erkennen waren.

Diejenigen, deren Vorstellungen vor mehr als vierzig Jahren schon Schicksalskorrekturen erfahren haben und die jetzt zum Beispiel mit Börsenspekulationen und dubiosen Geschäftsbeteiligungen sich zu einem späten »Recht« verhelfen wollen, mögen gewarnt sein: Das Spiegelkabinett des Schicksalsjahrmarkts lässt nicht mit sich handeln.

Dieses Septennium ist keines, in dem die Hand aufgehalten werden kann, sondern in dem genau das Gegenteil stattzufinden hat: Es ist die ideale Zeit, um Testamente zu machen oder mit »warmen« Händen zu geben.

Damit beginnt die letzte Phase eines lebenslangen Übungsprogramms, dessen Name »Abschiednehmen« ist. So selbstverständlich wir in der Jugend ins Leben hineingehen, so natürlich sollte sich auch das Verlassen gestalten. Wer alles Geistige verleugnet hat, wird sich mit diesem langsamen Abschied schwertun, denn sein Körper kann ihm keine Bestätigung der materiellen Verankerung mehr geben.

Mit diesem peinlichen Festhalten an einer schon seit langem nicht mehr vorhandenen Jugendfrische beraubt man sich nur einer der glückbringendsten Altersrollen, welche das Repertoire der späten Jahre aufzuweisen hat: des Vorbilds. Wer allerdings selbst nie Vorbilder gesucht und gefunden hat, nie sie bewundern und ihnen nacheifern konnte, der wird jetzt, im Alter, seine Vorbildfunktion auch nicht ohne weiteres aus dem Hut zaubern können. Damit verringert sich die Chance auf Umgang mit tatsächlich jugendlicher Energie um ein Beträchtliches, denn wer jetzt als Vorbild herhalten möchte, muss das Charisma eines Segnenden erarbeitet haben. Junge Menschen suchen sich gerne junge und erfolgreiche Vorbilder, weil diese am ehesten das darstellen, was sie selbst erträumen. Wenn ein alter Mensch als Vorbild akzeptiert werden soll, dann reicht es eben nicht mehr, Weltmeister im Hochsprung oder Hotelerbin gewesen zu sein, sondern es wird erwartet, dass er vor allem geistig etwas geleistet hat und noch immer leistet, denn die Jungen verehren bei ihresgleichen das Vergängliche, so wie sie sich bei den Alten vom Ewigen, vom Weisen angezogen fühlen.

Nun ist auch die Zeit gekommen, einem neuen Lebensrhythmus zu folgen, welcher der Verlangsamung der Körperfunktionen Rechnung trägt. Da ein beträchtlicher Teil des Seelenkörpers sich nicht mehr am Physischen orientiert, braucht der Mensch nicht mehr so viel Schlaf, dafür aber doppelt so viel Ruhe- und Erholungszeit wie früher, weil die Regenerationskräfte eben nicht mehr im vollen Maße über die unsichtbaren Organe zugeliefert werden können.

Das Gesicht und der Körper erzählen jetzt unmissverständlich von der Geistes- und Seelenhaltung ihres Besitzers. Woran wir uns orientiert haben, welche Gesetze unser Leitfaden sind, welchen geistigen Bildungs- und Erkenntnisweg unsere Vergangenheit zeigt, ist jetzt in unsere Haltung und Physiognomie, in unsere Körpersprache und die Stimme eingeprägt, und nichts kann diese Eigenschöpfung mehr verändern: Wir haben gewählt und werden nun mit dem Gewählten nicht nur unseren Lebensabend verbringen, sondern uns auch in der Zeit nach dem Tod mit diesem Ergebnis auseinandersetzen müssen.

Kluge Menschen erkennen diese Unabänderlichkeit durch sich selbst und finden Wege, sich mit Partnern und Lebenssituationen auf eine Weise zu arrangieren, die früher nicht möglich gewesen wäre, weil das Anspruchsdenken und eine gewisse Erwartungshaltung immer zu Vorwürfen und Widerständen herausgefordert haben. Man fügt sich, nicht weil »es jetzt schon egal ist«, sondern weil man einen Durchblick oder zu-

mindest ein gleich-gültiges Gefühl bekommen hat, das einen die Balance des Schicksals erahnen lässt.
Obwohl das alte Karma »gegessen« ist, kann man nicht damit rechnen, im Winter des Lebens eine Garantie für Sorgenfreiheit erwirtschaftet zu haben – weder in Bezug auf das Materielle noch auf die anderen Dinge des Lebens. Die Zeit der Trennungen beginnt, und das Loslassen der eigenen Verhaftungen wird auch durch das Teilnehmen am Schicksal der Gleichaltrigen und Älteren gelehrt, während die Fehler der Vergangenheit durch die Beobachtung der jüngeren Generationen zur Kritik herausfordern. Nicht nur im alten China hat man ausschließlich Staatsoberhäupter gewählt, die **mindestens** diese Altersspanne bereits erreicht hatten. Nicht nur, weil damit Erfahrung und Umsicht zu erwarten waren, sondern auch, weil man wusste, dass durch die Zeit, die durch das verminderte Schlafbedürfnis entstand, mehr gedacht werden konnte. Man erwartete nicht so sehr die Repräsentation, als ebendieses inspirierte Denkvermögen, das in diesem Alter, durch die bekannten Vorgänge begünstigt, nicht mehr von Ich-Bezogenheit gelenkt wird, sondern das Allgemeinwohl als Hauptsache sieht. Außerdem nahm man an, dass gewisse emotionale Kräfte sich nicht mehr im Beziehungsstress verbrauchen würden, sondern ebenfalls ihre Verwendung auf anderen Gebieten finden könnten. Früher fand dieses Wissen auch durchaus in Deutschland seine Anwendung, vor allem in der schweren Belastungszeit nach dem zweiten Weltkrieg. Da wäre kein Mensch auf die Idee gekommen, das Schicksal der jungen Republik von Männern und Frauen mittleren Alters lenken zu lassen.
Großartige 70-Jährige gibt es aber eben nur, wenn es siebzig Jahre vorher eine gute Erziehung gegeben hat und dann einen Entwicklungsweg, der auf dieser Basis Ergebnisse entstehen lassen konnte, welche die Befähigung offensichtlich machten. Die wirkliche Qualität der Früchte sehen wir jetzt, wo die Ern-

te eingefahren wird, und oft wünschte man, in frühen Zeiten besser geachtet, gepflegt und korrigiert zu haben. Wenn man, wie ich, aus ländlicher Gegend stammt, bekommt man viele Weisheiten »frei Haus« geliefert, die man anfangs zwar nicht ganz versteht, die aber trotzdem den Seelenkörper prägen und später, im Alter, für Verständnis und Trost sorgen. Im Zusammenhang mit den »Qualitäts-Früchten« des Alters weiß man zum Beispiel, dass man selbst aus nicht mehr ganz einwandfreiem Obst und Gemüse noch immer allerhand fertigen kann, und dass es manchmal genau diese Produkte sind, die, sorgsam konserviert und beschriftet, über den Winter helfen.
Wie aber verarbeite ich seelische, geistige und körperliche Mängel zu etwas Brauchbarem im Winter des Lebens? Da wir erst am Anfang der Abschiedszeit stehen, haben wir noch immer genug Kraftreserven, um einwirken zu können – auch und vor allem auf uns selbst. Was das Körperliche betrifft, so wissen wir längst, dass es keine Krankheit gibt, die nicht durch geistig-seelische Komponenten oder durch schädliche Lebensführung entstanden ist. Wir besitzen also mindestens zwei Handhaben, um körperliche Gebrechen zu behandeln und zu mildern und geistig-seelische Mängel, also negative Charakter- und Verhaltensmuster, auszugleichen, nämlich Einsicht und Willen! Doch wie beginnt man, und wo ist der Hebel zuerst anzusetzen? Ändern Sie da zuerst, wo Sie sich selbst auf die Nerven gehen, und **ändern Sie grundsätzlich**! Denn überall, wo sich die Basis verändert, muss das, was auf der Basis steht, sich ebenfalls umstellen. Nennen Sie die Dinge **laut** beim Namen, und wenn Sie eine Änderung beschlossen haben, dann teilen Sie diesen Beschluss Ihrer Umgebung mit, egal ob es eine Umstellung Ihrer Ernährung oder Ihres Verhaltens betrifft. Denn das wusste schon der berühmte thebanische Seher, der blinde Teiresias: Jedes gesprochene Wort gewinnt eigene Macht und hat eine Wirkung in die Zukunft.

Dieses Septennium bietet sich an, das Verhältnis zur Religion zu klären, also zur Rückanbindung. Fragen Sie sich manchmal, warum Sie bestimmte Glaubensrichtungen ablehnen? Informieren Sie sich jetzt und suchen Sie das Gespräch mit Angehörigen des Islams, des Judentums, des Buddhismus oder setzen Sie sich doch mit der Idee der Gottlosigkeit, gepaart mit der Frage: »Was ist, wenn da nichts ist?«, auseinander. Wahrlich, keiner wird weise, der sich nicht ins Dunkel begibt ...

Wie wäre es, wenn Sie ab sofort beschließen würden, nur mehr Dinge zu tun, die aus Ihnen einen besseren Menschen machen könnten, den Menschen zum Beispiel, der Sie schon immer sein wollten? Das wäre doch ein Jakobsweg, der noch nicht ausgetreten ist! Und auf dem sich *alles* tun lässt, was Sie schon immer tun wollten und bisher immer aufgeschoben haben. Später – irgendwann: Streichen Sie diese Worte für immer aus Ihrem Vokabular. Später und irgendwann sind *jetzt!*

Alternde und alte Menschen lieben es, sich mit Dingen der physischen Art zu umgeben, mit einem materiellen Schutzwall, der die eigene, immer kleiner werdende Welt abgrenzen und vor der Unbill, die sich »draußen« abspielt, schützen soll. Große Geister erkennt man daran, dass sie genau das Gegenteil tun: Sie geben ab.

Lebenskräfte verschwinden nicht kontinuierlich jeden Tag um einige Hundertstelprozent, sondern der Prozess der Exkarnation vollzieht sich in Schüben. Wir treffen unser ganzes Leben lang Menschen, die entweder sehr schnell, angemessen oder auffallend langsam altern. Doch auch vor den Letzteren machen nun die »Schubkräfte« der »Winterzeit« nicht mehr halt, was vor allem dann auffällt, wenn man sich ein paar Monate nicht gesehen hat. Man glaubt, es seien Jahre seit dem letzten Treffen vergangen, so schnell hat der langsam »Alternde« aufgeholt.

Bei einigen wenigen scheint der Alterungsprozess mit 70 zu stoppen. Zu diesen Raritäten gehört meine Mutter, die von ihrem Arzt immer mit den an die restlichen Patienten gerichteten gleichen Worten im Wartezimmer abgeholt wird: »Glauben Sie ja nicht, dass Sie hier eine 70-Jährige sehen. Die Dame ist bereits 88 Jahre alt!«

Woher kommt das Phänomen? Meine Mutter brauchte nach ihrer Pensionierung im 60. Lebensjahr ungefähr eine Woche, um sich auf die neuen Lebensbedingungen einzustellen. Dann hatte sie ihren neuen Rhythmus gefunden, den sie bis heute eisern beibehält: Frühstücken, einkaufen am Markt, einen Espresso in einem ganz bestimmten Café, eine Kleinigkeit zum Mittagessen kochen, dann Nachmittagsruhe usw. usw.

Abgesehen von der vielzitierten »Anlage«, glaube ich, dass es vor allem die zwei Stunden Mittagsruhe sind, welche den Alterungsprozess meiner Mutter derart verlangsamen. Und ihr Charakter! Selbst wenn ich mich sehr anstrengen würde, könnte ich niemals die Ruhe und Beschaulichkeit herstellen, auf die meine Mutter größten Wert legt. Das Wort Pensionierung gibt es in meinem Wortschatz nur in Bezug auf andere, genauso, wie Ruhe und Beschaulichkeit eher Ausnahmezustände sind, was dazu führen könnte, dass wir zum hundertsten Geburtstag meiner Mutter als Schwestern gehandelt werden.

Um Konstanten im Tagesablauf herstellen zu können, muss man zunächst wissen, wie solch eine Einteilung zu erreichen ist, das heißt, ich muss einen inneren Rhythmus gefunden haben, der sich auf die äußeren Gegebenheiten übertragen lässt.

»Wer ein unruhiges Leben hat, der lässt es zu!«, sagt einer der zahllosen weisen Kalendersprüche. Nehmen wir noch einmal Thomas Mann als Beispiel, der jeden Tag von neun bis zwölf Uhr zwei Seiten schrieb und nachmittags nach dem Spaziergang mit dem Hund, genauso eisern wie meine Mutter, Mittagsruhe hielt, während seine Frau Katia wie ein Zerberus für die Einhaltung der nötigen Ruhe sorgte. Er wünschte es so, und alle anderen richteten sich danach. Entweder weil sie von ihm abhängig waren, weil sie ihn respektierten oder fürchteten oder – weil sie ihn liebten oder zumindest glaubten, ihn zu lieben. Tatsache ist, dass ein solch funktionierendes Umfeld nur zustande kommt, wenn einer oder mehrere Gleichgesinnte da sind, die den Anspruch stellen. Den Anspruch stellen!

In diesem späten Zeitfenster würde es sich lohnen, die eigenen Ansprüche zu hinterfragen, und zwar die existierenden und die unterdrückten. Ist man »schön blöd« gewesen, weil man bestimmte Ansprüche immer hintangestellt hat? Hat man ein »vernebeltes Bewusstsein«, weil man nicht auf seinen Rechten bestanden hat? Hat man sich gar ausnützen und zum Opfer machen lassen?

Übrigens reden wir noch immer von Charakter, denn Charakter und vor allem zielgerichteter Wille machen die Musik in unserer persönlichen Schicksalssymphonie. Und es ist eher unwahrscheinlich, dass wir nach mehr als 60 Jahren den Kompositionsstil oder die Orchestrierung in diesem Opus noch ändern werden. Das Bestehende verbleibt also in sich stabil, wie eine vor langer Zeit begonnene symphonische Dichtung.

Vor langer Zeit ist ein Wesen in diese Welt gekommen, das damals begonnen hat, sich zu installieren und sich anzupassen. Der Charakter dieser Anpassung entspricht dem Charakter des Wesens. Wer die positiven Aspekte dieses Wesens über das Gewohnte und Gewöhnliche hinaus erleben möchte, dem bietet das elfte Septennium jetzt genau diese Möglichkeit.

Das 10. Septennium auf einen Blick

1. Das »alte« Karma, also das Pflichtprogramm des Lebens, ist verbraucht, und eine neue Zeit bricht an.
2. Die Veränderung der bisherigen Lebensgestaltung wird vom Schicksal unterstützt.

3. Viele, vor allem chronische Krankheiten beginnen zu verschwinden oder werden gemildert. Neue Lebensperspektiven ergeben sich.
4. Zeit- und Raumempfinden fangen an, sich zu verschieben.
5. Die »verstorbenen« Talente erwachen aus ihrem Dornröschenschlaf und wollen wahrgenommen werden.

Im Winter des Lebens verschenkt das Schicksal die Freiheiten, von denen man als junger Mensch geträumt hat. Doch nur derjenige, der sich um Weisheit bemüht hat, wird dieses Geschenk erkennen und nützen können.

14. KAPITEL

Das elfte Jahrsiebt von siebzig bis siebenundsiebzig:

Das Ich und seine zweite Chance

Die Zahl Elf hat, ähnlich wie die Sieben, eine besondere Bedeutung, weil angenommen wird, dass dort, wo dasselbe gleichzeitig auftaucht, sich eine besondere Kraft zeigt. Wenn es nicht in den Kopf will, dass hier das*selbe* doppelt auftaucht, der greife zum besseren Verständnis zu Goethes *Zauberlehrling,* der durch ein und denselben Besen beinahe ums Leben kommt, weil er mit dessen identischer Vervielfältigung nicht fertig wird. In der Numerologie, der aus der jüdischen Religionsphilosophie entlehnten Verwendung von Zahlen in Verbindung mit Buchstaben, wird die Elf als sogenannte Meisterzahl behandelt. Nun kann eine Zahl selber wohl kaum ein Meister sein, wohl aber als Symbol für einen solchen oder seine meisterlichen Handlungen stehen.

Was das elfte Septennium angeht, so ist es das erste, in dem die Bewusstseins-Verwaltung, und damit der Umgang mit den Gegebenheiten des Lebens, unter einem anderen Vorzeichen steht, denn im zehnten Septennium wurden wir aus der karmischen Pflichterfüllung und damit auch aus einer gewissen Bevormundung entlassen. Es ist fast so, als hätte man seinen Meisterbrief oder sein Diplom in die Hand gedrückt bekommen, die einem bestätigen, dass man, fachlich gesehen, ab sofort keiner Kontrolle mehr bedarf und selbst als Lehrherr tätig werden kann. Mein ganzes Leben lang waren die für mich

maßgeblichen Lehrer und Vorbilder über 70 Jahre alt, und so konnte ich miterleben, wie tatkräftig und vital man in dieser Lebenszeit sein kann, auch wenn der Seelenkörper seine physische Entsprechung längst nicht mehr mit voller Energie versorgt. Deswegen hat es mich immer gestört, dass die Jahre nach 70 von den meisten Fachleuten, die sich mit Schicksalsplänen und Biographiearbeit beschäftigen, eher stiefmütterlich abgehandelt wurden, umso mehr, als ich das Gefühl hatte: Da ist etwas – genau in diesen sieben Jahren spielt sich etwas ganz Besonderes ab! Niemals ist eine elfte Sequenz oder eine elfte Wiederholung bedeutungslos. Das wusste ich aus anderen Ausbildungen und meiner Erfahrung. Was aber war es?
Reinhilde (das Herzchen!) brachte die erlösende Information, und zwar im Jahre 1993 bei einem meiner Kurse über griechische Philosophie, in dem sie auftauchte und mir kluge Fragen stellte und noch Klügeres beisteuerte. Wir befreundeten uns, ich damals 47, Reinhilde 72 Jahre alt. Sie, die ehemalige Lehrerin, war eben in dasselbe Altersheim gezogen, in dem ihre steinalte Mutter schon seit Jahrzehnten lebte. Immer wieder ließ sie durchblicken, dass dieser Zustand nicht optimal war, und so stellte ich ihr eines Tages die berühmten drei Fragen:

1. Wer zwingt dich, so zu leben?
2. Wie könnte eine Änderung aussehen?
3. Warum nimmst du sie nicht in Angriff?

Das Ergebnis dieser sehr temperamentvoll geführten Diskussion war erstaunlich. Zunächst hörte ich ein paar Wochen nichts – die absolute Funkstille war eingetreten. Dann aber tauchte plötzlich eine sehr vergnügte Reinhilde auf und teilte mir mit, dass sie sich zum Geburtstag ein besonderes Geschenk gemacht hätte: Sie war aus dem »Internat«, wie sie das Seniorenheim nannte, wieder ausgezogen, um in einer süddeutschen Stadt ein ihrer Rente angemessenes Appartement anzumieten.

Im Jahre 1995 verstarb die alte Mutter im Heim, was Reinhilde eher weniger bedrückte, denn weder standen sich die beiden Damen besonders nahe, noch gehörte die Greisin zu der Gruppe von »U-Hus« (unter Hundert), die ihren, auch nicht mehr ganz taufrischen, Kindern das Leben leichter machen. Trotzdem hatte sich die Tochter auch dann noch intensiv um die Mutter gekümmert, als sie in die kleine Wohnung umgezogen war.
»Jetzt bin ich wirklich frei«, sagte Reinhilde, als sie mich besuchte, »und das mit *74* Jahren!«
Mit 74!? Moment mal, dachte ich, es kann ja ein Zufall sein, völlig unbedeutend vielleicht, aber 7 + 4 = 11, also dieselbe Zahl wie das Septennium selbst.
Und so kam es, dass Reinhilde »schuld« daran ist, dass ich auf eine »meiner« interessantesten Konstellationen überhaupt kam, nämlich die Spiegelung des 2. und 11. Septenniums, in denen sich Rubikon (mit etwa neuneinhalb Jahren) und 4. Mondknoten (mit etwa 74 ½ Jahren) befinden. Da stand nämlich der Tod der Mutter plötzlich im Zusammenhang mit dem Tod des Großvaters, der genau in ihrem Rubikon verstorben war.
Worum es mir aber damals vor allem ging, war, dieses »magische Jahr« ab 74, das im 11. Septennium mit der Quersumme 11 (7 + 4 = 11) den Zenit des Abschnitts darstellt.
Ich nahm also meine Karteikarten und schrieb mir von circa 200 Leuten über 75 die Ereignisse dieses Jahres auf. Endergebnis: Hier kann man wirklich etwas erwarten! Als meine Mutter genau zu diesem Zeitpunkt vor Erschöpfung mit einer Nierenkolik zusammenbrach und mit meinem schwer an Alzheimer erkrankten Stiefvater im Schlepptau ins Krankenhaus eingeliefert wurde, begriff ich instinktiv, dass es dieser Moment war, in dem ich ihn ins Heim bringen konnte, was bis dahin nicht möglich gewesen war, weil er die Einweisung nie unterschreiben wollte. Ich besuchte ihn im »Spital«, wie diese Institutionen in Österreich genannt werden, in dem Zimmer, wo er darauf wartete, dass meine Mutter wieder einsatzfähig sein würde.

Ich wusste, dass sie der Belastung nie mehr gewachsen sein würde und dass ich seine Unterschrift jetzt und hier brauchte. Am Abend desselben Tages begann für meine Mutter ein neues Leben. Alles hatte sich auf fast wundersame Weise gefügt, so dass ich ihn wenige Stunden nach meinem Besuch ins Heim bringen konnte, was sowohl für meine Mutter, aber auch ihn selbst eine Erlösung war. Als ich meine Mutter nach ihrem Rubikon-Erlebnis fragte, erzählte sie mir, dass sie damals Typhus hatte und völlig überstürzt in Quarantäne gebracht werden musste.
Auch bei *allen* anderen Probanden zeigte sich mit 74 ½ ein besonderes Erlebnis, das belastende Umstände korrigierbar machte und gleichzeitig immer in einem gewissen Konsens zum Rubikonereignis stand.
Zweifellos lösen sich hier Verstrickungen, unter denen man lange bewusst oder unbewusst gelitten hat, ohne sich wehren zu können, oder es werden Verbindungen gelöst, deren Karma verbraucht ist. In vielen Fällen hat dieses Leid mit Wiederholungen von Eltern- oder Ahnenschicksalen zu tun.
Übrigens – es wird ja immer erzählt, dass die Töchter den Vätern und die Söhne den Müttern gleichen. In gewissen Beziehungen wie Aussehen, Charakter und Persönlichkeit mag das wohl stimmen, nicht aber, wenn es sich um die Schicksals- und Lebensläufe handelt. Da verbleiben die Töchter in der matriarchalen Linie, wie die Söhne der patriarchalen treu bleiben, was *immer* ein Fluch ist, weil es nicht der Selbstverwirklichung entspricht, sondern einem dominanten Replikationsanspruch. Im elften Septennium ist man endlich in der Lage, sich die Zusammenhänge und zwanghaften Verstrickungen so klar ins Bewusstsein rufen, dass man von diesen Fallen nicht mehr so leicht überlistet werden kann.
Ist diese Erkenntnis für diejenigen, welche sich jetzt im »Hochwinter« des Lebens befinden, nicht ein bisschen spät? Nein, denn früher wären diese Zusammenhänge entweder nicht ge-

glaubt worden, oder es hätte sich keine Zeit gefunden, die Beweisunterlagen für die Entschlüsselung dieser Mechanismen zu beschaffen.

Wenn in einer Familie immer wieder verlassene Frauen auftauchen, Trunkenbolde ihr Unwesen treiben und Geschäftsunternehmungen in den Bankrott führen, dann lohnt es sich, jetzt umso mehr, den »Felderzeuger«, also den Erfinder oder »Implanteur« dieser Unglückserfahrung, die sich im Laufe der Generationen zum Muster ausgewachsen hat, festzustellen.

Angenommen, man findet den Verursacher des Elends, was dann? Sie können mich bei dem, was ich Ihnen rate, gerne für nicht ganz seriös halten, aber probieren Sie meine Vorschläge trotzdem aus. Denn es ist nicht nur für die Vergangenheit, sondern auch für die Generationen in der Zukunft wichtig, eine (Er-)Lösung von Zwangserfüllungen bestimmter, immer gleicher Programmabläufe zu erreichen, welche die persönliche und individuelle Schicksalsgestaltung verhindern. Nehmen wir ein Beispiel aus der eigenen Erfahrung, und zwar den geglückten Versuch der Auflösung eines bei beiden Geschlechtern gleichermaßen »beliebten« Programms, nämlich der Liebes- und Partnerglücksverhinderung. Zunächst benötigen Sie zur Klärung die Kenntnis der Lebensläufe von mindestens drei Generationen, sowohl der mütterlichen als auch der väterlichen Linie, und zwar mit allen Frauen und Männern, mit denen Sie genetisch verwandt sind. Was wir nicht brauchen, sind die Schwäger/innen, denn zu denen besteht *keine* genetische Verbindung.

Was meine persönliche Suchaktion angeht, wurde ich bei der Schwester meines Großvaters, meiner Großtante Elisabeth fündig, die von der Familie aus Selbstsucht und Standesdünkel an einer Verbindung zu einem Musiker gehindert worden war. Bis zu ihrem Lebensende wurde sie als Haushälterin und Pflegerin benutzt. Es bedurfte drei Musiker- und vier andere gescheiterte Beziehungen, bis es mir dämmerte, dass vielleicht noch etwas

anderes als ich selbst an diesen Desastern beteiligt sein könnte – und ich begann, dem »Fluch« auf die Spur zu kommen, durch den jede Verbindung etwas eigenartig Leidendes, Aufopferndes bekam, gepaart mit einer fatalen Bereitschaft, alles hinnehmen zu wollen. Außerdem wurde einem immer und immer wieder bewiesen, wie schlecht und unwürdig diese Verbindungen waren und in welches Unglück sie zuletzt führten.
Was war zu tun? Als Erstes ließ ich meine Großtante von einem Maler porträtieren und hängte das Bild inmitten der Ahnengalerie auf, wo sie bis dato nicht aufgeschienen war. Dann lud ich mehrere Freunde zu einem opulenten Mahl ein, bei dem eine Rede gehalten wurde, die sich ausschließlich auf sie bezog. Es wurde ihre Opferbereitschaft gelobt, ihr Verzicht gewürdigt, ihre Leistung glorifiziert. Am Tisch war ein Platz besonders geschmückt, an dem niemand sitzen durfte, denn das war *ihr* Platz. Jedes Gericht des Menüs wurde dort so serviert, als wäre sie anwesend. Der Abend endete damit, dass ich mich, stellvertretend für die ganze Familie, für das Verhalten ihr gegenüber entschuldigte und sie bat, von einer weiteren Einflussnahme abzusehen. Glaubt es, oder glaubt es nicht: Danach war Schluss mit dem Spuk. Man arbeitete freundlich mit Musikern und hatte auch sonst mit ihnen keine Probleme mehr, und auch die restliche Männerwelt schien wie ausgewechselt, was für mich weniger relevant war als für meine Tochter. Das Ritual stammt übrigens vom berühmten, inzwischen leider verstorbenen Schamanen Don Alfredo, der auch mehrmals in den PSI-Fernsehsendungen der 90er Jahre zu bewundern war. Die Zeremonie muss bei aller Fröhlichkeit einen ernsthaften Grundton haben, und deswegen sollten Helfer gefunden werden, die einigermaßen verstehen, um was es geht.
Der beschriebene Ablauf ist auf alle möglichen Personen und deren Probleme übertragbar, wobei darauf geachtet werden muss, dass die oder der Redner die Situation *wahrheitsgemäß* darstellen. Die Qualität des Vortrags ist von der gleichen Wich-

tigkeit wie die Qualität der Gäste. Wenn es z. B. um das Auflösen von wirtschaftlichen Hindernissen oder um die Verbesserung von Geschäftsbeziehungen geht, dann hat es keinen Sinn, Balletttänzer und Modedesigner einzuladen. Es ist kein Spiel, sondern eine Inszenierung mit Wirkung.

Warum erzähle ich das anlässlich des elften Septenniums? Weil der »Vorsitzende« möglichst aus dieser Altersklasse stammen sollte. Warum?

Der elfte Abschnitt verdient deswegen eine solche Wertschätzung, weil er durch diese Ziffern den Adel der Meisterzahl erhält. Die 11 verdoppelt nicht nur die kreative Macht der Eins, sondern sie eröffnet eine neue Dimension, die dem Bisherigen eine ungeahnte Expansionsmöglichkeit eröffnet. Übersetzt auf den Schicksalsplan, heißt das: Sie könnten durch das, was Sie jetzt von 70 bis 77 *tun*, nicht nur Ihr gesamtes bisheriges Leben veredeln und mit tiefem Sinn erfüllen, sondern Sie können auch ein derart inspiriertes Bewusstsein erlangen, dass Sie damit auf die Gestaltung Ihres nächsten Lebens Einfluss nehmen können. Das ist kein Hirngespinst und auch kein Wunschdenken, sondern uraltes und heiliges Wissen.

Sehen Sie sich nur die Gesichter derer an, die in diesem Alter *wissen* und dann dagegen diejenigen Menschen, welche diese unsichtbaren Realitäten immer nur von sich gewiesen oder überhaupt nie durchdacht haben!

Wenn Sie sich die Physiognomie des Wissenden erarbeitet haben, dann werden jetzt die Menschen zu Ihnen kommen und Sie um Rat fragen und zwar in Bezug auf die spirituellen Belange des Lebens. Spätestens jetzt wird das, was früher als Würde bezeichnet und besprochen wurde, zum Tragen kommen. Das, was Sie sagen, hat nun eine tiefere Bedeutung als früher und dringt bei denen, die Sie hören, tiefer ein, weil sich zu Kompetenz und Würde auch die Güte des Alters gesellt. Diese Tugenden und Eigenschaften öffnen Menschenseelen und helfen ihnen, ihren Weg zu gehen. Wenn Ihnen jetzt ein

Amt angeboten wird, dann können Sie es beruhigt annehmen, denn die anderen *wissen,* dass Sie alt sind, und werden Sie nur so weit fordern, wie Sie selbst es gestatten. Sehen Sie sich nur unseren Heiligen Vater, den ehemaligen Kardinal Ratzinger, an, der seit Antritt seines Pontifikats aus einem Jungbrunnen zu trinken scheint. Allerdings muss das Amt Freude machen, denn nur um einem Verein vorzustehen oder in einer Partei mitzuarbeiten, weil man nicht gewagt hat, »nein« zu sagen, kann nicht den Pontifikatseffekt bewirken.

Ein Lebenswinter kann sehr lange dauern, sogar weit über die drei Septennien hinaus, die gewöhnlich dieses Viertel der Lebensuhr ausmachen. Deswegen sollten die Gegebenheiten genau beobachtet und die Konsequenzen beizeiten gezogen werden.

Die Qualität des Alterszustandes eines Menschen ergibt sich sowohl aus der Qualität der Kindheits- und Jugendjahre als auch aus der geistigen Tätigkeit eines Menschen während seines Hochsommers, also der Zeit zwischen 28 und 35. Wenn Sie jetzt noch einmal zum fünften Septennium zurückblättern, dann werden Sie wahrscheinlich ziemlich schnell den Unterschied zwischen dem, was man hätte tun sollen, und dem, was tatsächlich geschehen ist, herausfinden. Wer glaubt denn schon in dem Alter, dass er in vierzig bis fünfzig Jahren die Quittung für jeden Gedanken und jede Handlung seines Lebenssommers bekommt?

Sie hätten jetzt durch die Konstellationen Ihres Geistes, Ihrer Seele und Ihres Lebensauftrags das Recht, andere, jüngere auf die Auswirkungen von Fehlverhalten hinzuweisen. Allerdings werden Sie die Meisterkräfte der Elf nötig haben, um den richtigen Ton zu finden, der zur rechten Zeit das richtige Lied benützt. Sie können sich auf Ihr Charisma verlassen und sich Ihres Gedanken- und Gefühlsapparats wesentlich distanzierter bedienen als noch vor zehn Jahren. Wenn sich jetzt neue Freundschaften ergeben oder im Septennium davor gebildet haben, dann könnte es sein, dass diese Freunde des Winters in einem neuen Leben als Jugendgefährten auftauchen, um dann allerdings in der Mitte des vierten Septenniums wieder aus Ihrem Leben zu verschwinden.

Die Eigenart, mit der wir unsere Erinnerungen an die Erlebnisse der vergangenen Lebensjahre verwalten, ist bezeichnend für unseren Willen, unser Selbstgefühl und für unsere Wahrheitsbeurteilung. Welche Rolle gebe ich mir in der Lebensrückschau, und wie bewerte ich mein Tun? Es ist erstaunlich, wie wenige Menschen im Lebenswinter diese Fragen wirklich klar beantworten können. »Was kümmert mich der Schnee von gestern?«, ist eine gar nicht seltene Antwort.

Dabei wäre es gerade jetzt wichtig, sich selbst sein Leben zu erklären, um sich der Sinnhaftigkeit des eigenen Seins und damit auch der menschlichen Existenz im Allgemeinen bewusst zu werden.

Die Unsterblichkeit der Seele scheint auch für Atheisten eine gewisse Beruhigung darzustellen, wobei es vielleicht doch, zumindest im fortgeschrittenen Alter, nicht schaden könnte zu wissen, dass nur das mit individuellem Bewusstsein erfüllte Selbst in Verbindung mit dem Göttlichen treten kann. Das Wissen um die eigene Existenz fällt jetzt, wo der Körper zur Erde und Geist sowie Seele in die höheren Gefilde zurückkehren möchten, wesentlich leichter als vor dreißig Jahren, wo die Resonanzen vor allem über das Weltliche gesucht wurden.

Der Mensch lebt von Bestätigung. Das sollte im Alter nicht vergessen werden, insbesondere nicht von der Umgebung, in der sich der alternde Mensch befindet.

Was du nicht willst, das man dir tu' ... In der Hoffnung, dass diese Zeilen von vielen jungen Leuten gelesen werden: Altersheime sind die wirklich allerletzte Lösung! Es ist das 20. Jahrhundert gewesen, das die Idee in den Hirnen der Menschen groß werden ließ, alte Leute als unbequem einzustufen. Jugendwahn und Altenabschiebung stehen im Zusammenhang, denn der langsame und offensichtliche »Verfall« ist eine Bedrohung für die »For-ever-young«-Generation.

Junge Menschen brauchen Ältere, und ganz junge Menschen werden am besten von denen verstanden, die wir den Altersheimen überlassen. Da helfen auch keine Euphemismen, welche die Institutionen schmackhafter machen sollen. Eine »Senioren-Residenz« ist genauso ein Auffanglager für »Winterlinge« wie ein »Betagten-Zentrum«, in dem man (leider) »unter sich« ist, was den Verfall unübersehbar beschleunigt. Wenn unsere Gesellschaft beginnen wird, sich nachhaltig Gedanken darüber zu machen, wie man alte Leute in angemessener Weise in das ganz normale Leben integrieren kann, dann ist der erste Schritt zum Weltfrieden getan.

Denn unsere Angehörigen der Meisterklasse (11!) verfügen, wie gesagt, über die inspirierte und imaginative Erkenntnis, die der Gesellschaft und ihrer Ordnung äußerst nützlich sein könnte, aber nur, wenn diese Meister die Möglichkeit haben, noch in wirklicher Resonanz mit ihr zu stehen. Der »Stein der Weisen« wird sicherlich nicht von der jungen Generation gefunden und bewahrt werden können, sondern nur im Zusammenwirken mit der Generation, deren Angehörige sich, viel zu oft von Einsamkeit bedroht, in die Isolation der Altersheime begeben.

Die Kunst, im Buch der Schöpfung zu lesen, könnte der alte Mensch an jeden weitergeben, der bereit ist, ihm diese Fertigkeit zuzugestehen. Natürlich wird sich dieses Können vor allem auf die Gebiete beziehen, die während des vergangenen Lebens das Hauptinteresse auf sich gezogen haben. Was die physische Wirklichkeit ausbreitet, kann als Ausdruck einer höheren Gesetzmäßigkeit nicht nur verstanden, sondern tief empfunden werden. Sogar ein Wissenschaftler wird nicht in Kollision mit dem Erlernten geraten, sondern jetzt einen Sinn hinter den Lehrsätzen finden, der sich ihm bisher verborgen hatte.

Als Bewahrer des Vergangenen und als Betrachter des Gegenwärtigen könnte aus diesen Reihen etwas entstehen, was hundertmal wichtiger ist als die materielle Entwicklung, nämlich Zukunftskultur. Das könnte als okkulte Entwicklung angesehen werden, die der ganzen Menschheit einen gewaltigen Impuls für die Zukunft verschaffen könnte. Die Lust zur Beschäftigung der Sinne muss sich aber nicht auf die Mitgliedschaft im Bridge-Club oder Literatur-Zirkel beschränken, sondern würde in dankenswerter Weise in allen praktischen, geistigen und religiösen Bereichen des Lebens zur allgemeinen Entwicklung beitragen. Die höhere Macht in der Welt und in sich selbst empfinden können und aus sich selbst den Willen des Kosmos erspüren! Das ist die Meisterschaft, die jedem Menschen in diesem Septennium erreichbar wäre, ganz gleich, ob er arm oder reich, einfach oder hochgebildet, von öffentlichem Rang oder scheinbarer Unauffälligkeit ist. Wer diesen Status erreicht, dem steht ein Lebensende offen, wie es sich jeder nur wünschen kann, nämlich erfüllt von kreativem Fühlen, wissender Empfindung und wachem Geist. Der Filmschauspieler Errol Flynn, dessen kurzes Leben nicht zur Nachahmung animieren sollte, sagte einmal: »Ich möchte im Moment des Todes nicht feststellen müssen, dass ich nicht gelebt habe!« Schade, dass er die tiefe Weisheit, die in diesem Satz verborgen ist, selbst nicht erkannt hat!

Das 11. Septennium auf einen Blick

1. Die Befreiung von Zwängen und Pflichtprogrammen findet statt.
2. Mit der bewussten Veränderung der Lebensgestaltung kann auf die Gestaltung kommender Existenzen Einfluss genommen werden.
3. Es können schicksalhafte neue Freundschaften und sogar Ehegemeinschaften geschlossen werden.

4. Die Welt hinter den Lehrsätzen beginnt sich zu eröffnen und schenkt demjenigen, der den Weg der Weisheit gegangen ist, die Stellung eines Vorbilds.
5. Dem Geist erschließen sich das Wirken der höheren Macht und die Möglichkeiten des göttlichen Willens. Mit dieser Erkenntnis kann er das Geheimnis des Lebens und des Todes durchschauen.

Der Meister erkennt, dass sein Schicksal ein selbstgeschriebenes Buch ist, dessen Inhalt er zu jeder Zeit neu gestalten kann.

15. KAPITEL

Das zwölfte Jahrsiebt von siebenundsiebzig bis vierundachtzig und die Jahre danach:

Das Ich und die Gleich-Gültigkeit

Vielleicht fragen Sie jetzt insgeheim: Was kann jetzt noch kommen? Was für ein Schicksal kann sich jetzt noch abspielen?

Solange man »jung« ist, kommt einem jedes Alter über fünfzig als etwas vor, das einem selbst nie passieren wird. Feiert man dann eines schönen Tages den 50. Geburtstag, dann scheint der 80. so weit weg zu sein wie der Mond von der Erde. Dieses Gefühl ändert sich radikal beim Übergang ins neunte Septennium, also nach 56. Zu viele Menschen, die lieb und teuer waren, sind schon gestorben, und viele vor der Zeit. Und so drängt sich der Gedanke an den Tod immer wieder in den Sinn, wird weggeschoben, verschwindet und meldet sich von neuem. Brüderlein fein ...

In der zwölften Siebenheit unseres Lebens haben diese Gedanken aufgehört und sind einem Gefühl für die Kostbarkeit der Zeit gewichen. Die Tage werden, wie in der späten Jahreszeit, auch im Lebenswinter kürzer. Eine Woche, ein Monat, ein Jahr – die Uhr und der Kalender scheinen plötzlich anderen Gesetzen zu gehorchen. Aber warum ist das so?

»Ich lebe mein Leben in wachsenden Ringen, die sich über die Dinge zieh'n ...«, schrieb Rainer Maria Rilke in seinem Stundenbuch, schon ahnend, dass er den letzten dieser Ringe wohl

nie erreichen würde, nicht zu erreichen brauchte, denn er war einer der Götterlieblinge, die von hohen Mächten heimgeholt werden, bevor die Tage kurz werden.
Die Ringe sind eigentlich eine Spirale, die sich immer mehr verengt, auf deren Linie wir dem Fokus entgegenlaufen, dem Ende unseres Daseins.

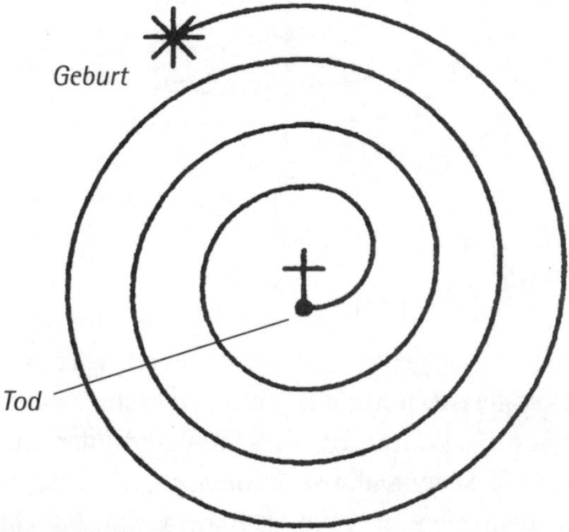

Abb. 1: Lebensspirale

Es klingt seltsam, aber es ist wahr, dass ich ungefähr fünf Jahre alt war, als mir dieses Lebensgeheimnis wie ein Blitz ins Gehirn schoss. Es war Winter, und meine Großeltern heizten ihren Eisenofen mit Briketts, die in feuchtes Zeitungspapier gewickelt wurden, damit sie nicht zu schnell verbrannten. Eines Tages nahm mein Opa eine Schere und schnitt aus Packpapier eine Spirale, deren inneres Ende er auf die Spitze einer Stricknadel spießte. Das andere Ende kam in einen Korken, und dann wurde das ganze Kunstwerk auf den heißen Ofen gestellt und fing an, sich nach kurzer Zeit zu drehen.

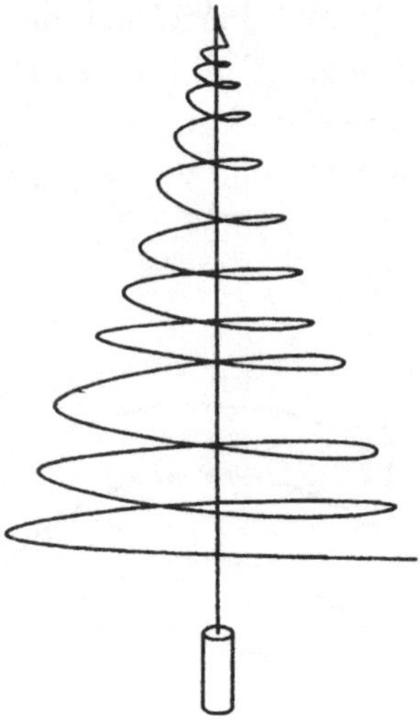

Abb. 2: Spirale

Und ich stand davor, hörte die Stimme meines Großvaters, die sagte, dass es die Wärme ist, die das Papier bewegt, und ich dachte, dass die Stricknadel wohl das Leben ist, das immer da ist, und wir beginnen am äußeren Ende der Spirale daran teilzunehmen, und irgendwann kommen wir dahin, wo der Papierstreifen auf der Nadel aufliegt, und dann ist es zu Ende. Ich war ein seltsames Kind mit unkindlichen Gedanken, die die Erwachsenen entweder nicht verstanden oder erschreckten. Deswegen schwieg ich auch diesmal, aber ich erinnere mich, dass dieser Moment kostbar war.

Heute würde ich sagen, dass die Stricknadel das Symbol für die Zeit ist, und die Wärme des Ofens der Atem des Lebens, der uns in der Zeit bewegt. Und weil die Spirale immer kleiner und enger wird, und sich immer mehr an die Zeit schmiegt, so fühlen wir ihre Nähe mehr, und ihr Dasein wird dichter. Deswegen glauben wir, dass die Tage im Alter schneller vergehen.

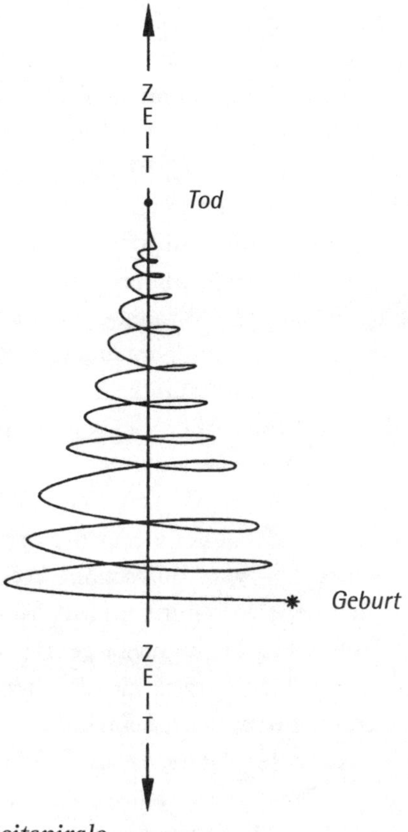

Abb. 3: Lebenszeitspirale

Tatsächlich nähern wir uns aber einer Dimension, in der das Phänomen der Zeitlosigkeit herrscht, und weil unser Seelenkörper sich seit dem 42. Lebensjahr diesem Zustand immer mehr angepasst hat, nehmen wir die Zeit mit fortschreitendem Alter anders wahr als in jüngeren Jahren, in denen alle unsere Sinne sich auf das Hier, das Jetzt und die Materie konzentriert haben. Zeit und Materie werden also bald keine Rolle mehr spielen, und deswegen schwindet auch die Wahrnehmung für diese beiden Herrscher dahin. Das Kurzzeitgedächtnis fängt an, uns im Stich zu lassen, egal, ob wir trainieren oder nicht. Wir verlegen Gegenstände, vergessen Gespräche und Ereignisse, die erst geschehen sind, und manchmal ist es nicht ganz klar, ob man etwas nur gedacht oder schon getan hat. Für den Verlust dieser Fähigkeit unseres Geistes erhalten wir jedoch etwas, wie wir für alles, das wir aufgeben oder abgeben müssen einen Ersatz bekommen. In diesem Fall ist es das Langzeitgedächtnis, das uns mit Bildern aus der Vergangenheit beliefert, die bis in die frühe Kindheit zurückreichen. Da tauchen Filmfetzen auf, die jahrzehntelang vergessen schienen, und vieles, was da vor unserem geistigen Auge erscheint, erfreut und rührt die Seele. Aber vieles hätte man auch gerne nie wiedergesehen. Diese Seelenbilder der späten Jahre sind eine Gnade und ein Geschenk, denn sie machen eine Verarbeitung möglich, für die früher weder die Zeit noch die Reife, noch die Muße gegeben war. Das schöne Wort Muße trägt in sich das Verb »müssen« verborgen und ist früher im Sinne der »Möglichkeit, etwas tun zu können« gebraucht worden, was bedeutet, dass es freisteht, etwas zu tun oder zu lassen. Man lässt die Lust entscheiden, denn niemand zwingt oder drängt. Das ist das Vorrecht des Alters: In Muße zeitlos und in den Erinnerungen zu leben.

Warum kommen jetzt die Bilder der Kindheit und Jugendzeit und die Szenen des Lebenssommers so klar ins Bewusstsein?

Der Mensch neigt dazu, mit dem zu wirtschaften, was ihm zur Verfügung steht, und im Alter zeigen sich die Früchte dieser »Haushaltsführung« sowohl im Geistigen wie auch im Körperlichen umso mehr. Das was jetzt geistig zur Verfügung steht, ist vor allem das, was am Beginn und in den späteren Jahren an Erinnerung in den Vitalkörper eingeschrieben wurde. Diese Prägungen sind es, die jetzt auftauchen wie ein Nachhall aus einem fernen Leben, das so weit weg zu sein scheint und doch plötzlich wieder so nahe ist.

Wenn diese Bilder erscheinen, dann sollten Sie wissen, dass

Ihr Bewusstsein nicht mit der Zufälligkeit spielt, sondern dass mit diesen Imaginationen eine tiefe Sinnhaftigkeit verbunden ist, die in einem gewissen Zusammenhang mit dem steht, was wir die Traumwelt nennen.

Den Spruch kennen Sie doch schon lange: »Der Schlaf ist der leibliche Bruder des Todes.« Diese Weisheit stammt von Homer und hat über Jahrtausende ihre Gültigkeit nicht einmal angesichts der Ergebnisse der Schlafforschung verloren.

Im Traum erleben wir andere Welten, können fliegen, treffen uns mit Menschen, die weit weg oder uns völlig unbekannt sind. Wir können uns mit Siebenmeilenstiefeln fortbewegen, ins Bodenlose stürzen und erleben stellvertretend für eine verweigerte Wirklichkeit manchmal das, was wir gerne erlebt hätten oder am allermeisten fürchten.

Und je älter wir werden, desto schwerer können wir unsere nächtlichen Traumerlebnisse behalten, weil die Kräfte unseres Seelenkörpers nicht mehr dazu verwendet werden, die Bilder im Vitalkörper als Erinnerung abzuspeichern. Wir nähern uns immer mehr der Welt, in der sich der unsterbliche Teil unseres Seins jede Nacht erholt und weitergebildet hat.

Deswegen ist auch jetzt nicht mehr so viel Tiefschlaf nötig und möglich, dafür aber wird gerne gedöst und der Halbschlaf kultiviert. Denn genau dann erscheinen die Erinnerungsbilder und fordern entweder eine neue Stellungnahme, oder sie erfreuen und beruhigen das Gemüt. Es ist gut, über diese Bilder zu reden, zu berichten und sich während des Sprechens in der eigenen Biographie noch einmal richtig einzunisten und heimisch zu fühlen. Diejenigen Menschen, nach denen Sie sich jetzt, angesichts Ihrer Erinnerung, sehnen, sind Seelenverwandte, die ihre Verbundenheit mit Ihnen fühlen lassen und damit auch die Gewissheit erwecken, dass die Vergangenheit keinen Schlusspunkt in den Beziehungen gesetzt, sondern nur eine Unterbrechung bewirkt hat, die nun bald beendet sein wird. Alte Menschen bekommen diese Ahnung vom Schicksal genauso geschenkt, wie Kinder ihre Erinnerung an »drüben« einige Jahre bewahren dürfen. Man braucht nicht darüber zu diskutieren, denn jeder alte Mensch *weiß* es. Wer sich gegen dieses Wissen wehrt, der wehrt sich gegen den Tod, was eine fatale Kräfteverschwendung bedeutet. Entschließen Sie sich, denen zu glauben, die mit hohen Geistern in Verbindung standen und stehen, und nicht denen, die sich an der Materie, am Vergänglichen orientieren.

Goethe, Novalis, Heine, Hesse und wie sie alle heißen, sie *alle* haben es gewusst, ge- und beschrieben, denn sie waren ausnahmslos an ein höheres Wissen angeschlossen und von ihm durchdrungen. Nur einen Satz nehmen – ab und zu – und ihn in die Seele sinken, ihn in ihr wirken lassen. Das formt das Innere, das Wesentliche des Menschen, und lässt die Wahrheit wie von selbst im Bewusstsein Gestalt bekommen.

... und in die Herzen, traumsgemut,
steigt ein kapellenloser Glaube,
der leise seine Wunder tut.

RAINER MARIA RILKE

Wunderbare Greise, die schon in jüngeren Jahren diese Art der Seelenstärkung und Heilung gefunden und verwendet haben! Und die anderen sagen: »Ich und Ich und meinen irgendwen« (Rilke), aber haben sich nie bei sich selbst eingefunden. Vor mehr als zehn Jahren bekam ich das Buch »Die wilden 80jährigen« des Philosophen Hans Christian Meiser in die Hand, in dem das Winterleben verschiedenster Persönlichkeiten beschrieben ist. Danach habe ich beschlossen, zu gegebener Zeit ebenfalls eine »wilde Alte« zu werden und meine Umwelt bis zuletzt zu beglücken, aufzuscheuchen, zu verwundern und in Frage zu stellen. Ich habe keinen Zweifel daran, dass es in unserer Macht steht, durch das Bewusstsein unserer späten Jahre unser Schicksal der kommenden Zeiten zu beeinflussen und zu gestalten. Im Winter des Lebens fügen wir uns entweder in die »Marionettenrolle«, die von der Materie gemeint ist, oder wir werden »wild«, also lebhaft, ohne damit eine starre Haftung an das Leben bewirken zu wollen. Meisers vorbildliche »wilde Alte« sind durchweg kunstvolle Geister oder geistvolle Künstler, die ihr Können noch immer weitergeben. *Keiner* von ihnen ist im Altersheim.

Allein? Einsam? Diese Leute kennen diese Worte nicht. Denn wer seine geistige Heimat gefunden hat, *kann* nicht mehr verlassen sein. Als die Kaiserin Elisabeth, die berühmt-berüchtigte Sisi, mit ihrem ersten Kind schwanger ging, wurde sie von ihrer Schwiegermutter Sophie angewiesen, doch nicht »so viel die Hunde, Papageien und Pferde anzuschauen, weil das auf das Kind abfärben könnte«. So lächerlich das auch klingen mag: An jedem Wort ein Fünkchen Wahrheit. Denn tatsächlich nehmen wir über das Auge Informationen auf, die tiefgreifende Veränderungen bewirken können, und zwar sowohl an Psyche wie auch an Physis. Allerdings ist es die Wachheit des Bewusstseins, welche die Intensität des visuellen Eindrucks bestimmt. Und ich persönlich glaube nicht, dass unsere verehrte Sisi ihre »Viecher« mit einem solch überscharfen Wahrnehmungsvermögen aufgenommen hat, dass es sich auf das werdende Leben hätte übertragen können. Eine tatsächliche und nachhaltige Wirkung kann jedoch unbestreitbar durch das »wissende und erkennende Betrachten«, also das sinnlich-bewusste Aufnehmen von Eindrücken, erreicht werden, deren Informationen den Anspruch des Betrachters erfüllen, und zwar im tiefsten Sinn des Wortes. Durch dieses Erfüllen des Seelenkörpers mit dem, was das Wesen des betrachteten Gegenstandes ausmacht, findet eine Prägung statt, die umso nachhaltiger ist, je intensiver und bewusster das Betrachtete aufgenommen und erfühlt wird. Auf diese von außen einwirkenden Kräfte reagieren Geist und Körper so nachhaltig, dass sie sich in ihrer Formung und Entwicklung nach ihnen richten. Noch einmal: Was du billigst noch so fern, ist nach Tagen oder Wochen dein, dein ... Mit dem Wissen um diese Geheimnisse (geh heim!) kann der alte Mensch nicht nur den bekannten Abbauerscheinungen entgegenwirken, sondern er ist mit der Verwendung dieser Kräfte bereits an einer Neugestaltung seines Körpers in einer fernen Zukunft wesentlich beteiligt.

Der Umgang mit klaren Linien und Formen wird sich bei der Gestaltung der rezeptiven Organe wie z.B. Ohren und Augen bemerkbar machen und dazu beitragen, dass die Fähigkeit zu einem klaren Denken und Urteilen entstehen kann.

Das bewusste Aufnehmen von Musik wird in harmonischen Körperrhythmen (Herzschlag, Atem, Energie) und Stabilität der Organfunktionen zutage kommen, während das eindringliche Betrachten von erstklassigen Gemälden zu einer edlen Formung der Physiognomie verhilft. Wer sich in der nächsten Existenz einen wachen und beweglichen Geist erwünscht, kann auch schon jetzt vorsorgen, und zwar indem er bis ins hohe Alter auf die Beweglichkeit seines Körpers achtet.

Gicht, Rheuma, Bandscheiben- und andere Wirbelsäulenaffektionen, Beschwerden der Hüftgelenke usw. sind allesamt Erscheinungen, welche die Bewegungsfunktionen einschränken und die eine lange Vorgeschichte haben. Vor allem gegen Ende des Lebens sind gravierende Unterschiede in Körperhaltung und Gangart zu beobachten, die immer mit Vererbung und falscher Lebensführung, unerklärlichen Entzündungsvorgängen usw. in Verbindung gebracht werden. Tatsächlich aber sind diese Erscheinungen, wie jede andere Krankheit auch, Zeichen für die individuelle »Übersetzung« von immer und immer wieder aufgenommenen und akzeptierten Eindrücken und Einflüssen, die, im Vitalkörper als Erinnerungen abgespeichert, nun ihre Auswirkung zeigen. Steter Tropfen höhlt den Stein, und dauernder Einfluss formt den Körper.

Die Alterserscheinung eines jeden Menschen ist, ob man es

hören will oder nicht, das Ergebnis seiner Gedanken und die Widerspiegelung der persönlichen Handlungswelt.
Ein Weisheitsspruch aus dem Talmud bringt den Werdegang mit wenigen Sätzen auf den Punkt:

Achte auf deine Gedanken,
denn sie werden Worte.
Achte auf deine Worte,
denn sie werden Handlungen.
Achte auf deine Handlungen,
denn sie werden zu Gewohnheiten.
Achte auf die Gewohnheiten,
denn sie werden dein Charakter.
Achte auf deinen Charakter,
denn er wird dein Schicksal.

Wer eine Änderung will, sollte mit seiner Korrektur bei den unseligen Gewohnheiten seines Alltagslebens anfangen – oder Gewohnheiten entstehen lassen, die dem Übel entgegenwirken. Zu alt? Der Geist ist nie alt und hat eine ungeheure Macht, die sich auch auf körperliche Gebrechen auswirken kann. Es ist immer ein Entschluss, der einer Veränderung vorangeht. Und ein Entschluss erfordert geistige Arbeit.
Und selbst wenn die Körperfehler in diesem Leben vielleicht nicht mehr zum Verschwinden gebracht werden können, so liegt es doch bei Ihnen, die Ursachen zu durchleuchten und so, durch Erkenntnis, für die Zukunft andere Voraussetzungen zu schaffen.
Bei einem mir sehr nahestehenden Verwandten bildete sich gegen Ende des achten Jahrzehnts eine Schüttellähmung aus, die sich bis zu seinem Tod mit 92 Jahren immer mehr verschlimmerte. Er war zeit seines Erwachsenenlebens ein Mensch gewesen, der subtile Mittel zur Unterdrückung anderer angewendet und seine vermeintliche oder wirkliche Macht ausge-

spielt hatte, wo er nur konnte. Die ärztliche Erklärung fand sich in unkontrolliertem Alkoholkonsum.

Eines Tages hatte ich mit ihm ein langes Gespräch über die Beziehung zu seinen Eltern, und da erzählte er, dass er wegen einer Kleinigkeit von seinem bewunderten und geliebten Vater verprügelt worden war. Mit sechs Jahren! Die Mutter, welche er um Stillschweigen gebeten hatte, wusste nichts Besseres zu tun, als das Kind mit dem Ausspruch zu ängstigen: »Warte nur, bis der Vater abends heimkommt!«, um ihn dann umso mehr bloßzustellen. Dieser Vertrauensbruch zweier Personen störte die ganze weitere Entwicklung und führte zu den vorher beschriebenen Verhaltensweisen des Macht- und Alkoholmissbrauchs.

Das Drama geschah wie gesagt, als er sechs Jahre alt war. Und man kann sich vorstellen, wie das Kind stundenlang der Heimkehr des plötzlich zur Schreckensgestalt mutierten Vaters entgegengezittert hat, um dann die schlimmsten Befürchtungen noch bestätigt zu bekommen. Es ist kein Zufall, dass sich dieser Tremor genau mit 78 Jahren zu zeigen begann, denn dieses Lebensjahr steht dem sechsten Jahr genau gegenüber. So lange ruhte die Auslösung, um dann, unterstützt durch die Nachwirkungen einer endlosen Reihe von Handlungen, die der gestörten Charakter- und Persönlichkeitsentwicklung folgten, zum Ausbruch zu kommen. Da ist ein Kind im ersten Septennium »zu seinem Besten« misshandelt worden und hat sein ganzes Leben diese Prügel weitergegeben, mit der stillen Lust der Rachebefriedigung, die dennoch nie Erlösung fand, da sie nie auf diejenigen traf, welche eigentlich gemeint waren: die beiden Eltern.

Vielleicht werden Sie jetzt denken: Dieser Mann hat ja eigentlich keine Schuld, denn er wurde ja verbildet. Ja, wenn es denn so einfach wäre mit dem Karma, das unseren Schicksalsplan erfüllt und färbt! »Per aspera ad astra« ist die Forderung der Bestimmung. Irgendwann muss der ichbewusste und erwachsene Mensch das Ruder in die Hand nehmen und notfalls herumreißen, wenn die Defizite offensichtlich werden. Doch diese Selbsterziehung wurde von ihm nie in Angriff genommen. Im Gegenteil! Er hat seinen Mängeln immer mehr nachgegeben. Er wird nicht der Einzige gewesen sein, dem in diesem Alter der Hosenboden versohlt wurde. Doch sicher ist dieses Vorkommnis nicht von allen, denen solches widerfahren ist, als Charakter-Freibrief verstanden worden. Hier liegt die Crux verborgen und wird, in Ermangelung von Bearbeitung, in der nächsten Existenz leider als körperliche oder geistig-seelische Behinderung auftreten. Denn bis zuletzt war kein Funken von Erkenntnis oder Reue zu erkennen gewesen, sondern nur Selbstmitleid, übersteigerte Sentimentalität und endlose Schuldzuweisungen. Dabei hätte sogar der Tag vor seinem Tod noch Gelegenheit geboten, den Entschluss zu fassen, *so* nie mehr sein zu wollen und – endlich – zu verzeihen. Selbst wenn Sie noch immer der Ansicht sein sollten, dass dieses Leben Ihr einziges ist und war, kann es doch nicht schaden, auch noch als »Spätwinterling« an sich zu arbeiten.

Denn selbst wenn alle, die an ein Leben nach dem Tod und Wiedergeburt glauben, unrecht haben sollten, dann steht die Sache doch letztendlich 50 zu 50. Denn das Argument der »Zweifler«, »es ist noch nie jemand zurückgekommen«, ist genau so stark wie das Gegenargument der »Gläubigen«, das sich auf Berichte von klinisch Toten stützt, die reanimiert wurden und von »drüben« zu berichten wussten. Die Seele kennt die Wahrheit, und wer wirklich weiß, der streitet nicht. Denn dieses Wissen zieht einen tiefen Graben, den diejenigen zu überwinden haben, welche das Gesetz der Wiederkehr und Unsterblichkeit in Frage stellen und nicht umgekehrt. De veritate non est disputandum – Über Wahrheit lässt sich nicht streiten. Natürlich wird erwartet, dass im letzten Septennium über den Tod gesprochen wird. Habe ich im ersten Septennium über den Vorgang der Geburt gesprochen? Wenn ich mich recht erinnere, dann doch nur über die Wichtigkeit der ersten sieben Minuten, aber doch nicht über den Geburtsvorgang selbst, wohl aber über die Vorgänge, die sich abspielen, *bevor* die Geburt eintritt. Alles, was danach kommt, ist, genau betrachtet, ein langes Entgegensterben zu diesem Ereignis, das wir Tod nennen und das in Wirklichkeit genauso eine Geburt ist, wie unsere Ankunft am Beginn unseres Lebens. Nun steht dem Ende des irdischen, also materiellen Lebensweges der Beginn der unirdischen, also immateriellen Lebensreise gegenüber. Das Leben hat also kein Ende, nur die bisherige Form verschwindet, um das Wesentliche, unseren Seelenkörper, freizugeben. Der Vitalkörper zieht sich aus dem Leib zurück und bewirkt durch diesen Auszug das Erlöschen der Körperfunktionen. Alle diese Geschehnisse sind sanft und in dem Moment, wo sie stattfinden, für den, der von ihnen betroffen ist, selbstverständlich. Es ist eine Sekunde, ein Atemhauch zwischen einem Schwebezustand und dem Bewusstsein, wieder zu Hause zu sein. 15 Sekunden nach dem letzten Herzschlag ist für den sogenannten Toten normalerweise alles klar, und ein tiefes Gefühl von Glückseligkeit, Staunen und Erleichterung macht sich breit.

In so manchen Fällen aber meint entweder der Sterbende, oder manchmal leider auch der Arzt, dass man unbedingt am Leben noch festhalten müsse. Dann macht es der eigene oder fremde Wille schwer, die alte Hülle loszulassen. Der eigene Widerstand ist ein Ausdruck des Charakters und somit auch des Schicksals, das man sich erschaffen hat, während der lebensverlängernde Eingriff des Arztes immer ein Übergriff ist, der in sein Karma übergeht und von ihm verantwortet und ausgeglichen werden muss.

Wer in diesen späten Jahren gehen will, den soll man in Frieden ziehen lassen und nicht mit Maßnahmen an eine Existenz binden, die vom selbstgewählten Plan her beendet ist. Einen alten Menschen mit Gewalt im Leben zu halten ist genauso fragwürdig, wie ein zu früh geborenes Wesen ins Leben zu zwingen. Beide »wissen« von ihrem Auftrag, und künstliche Eingriffe sind nicht von Segen begleitet, wohl aber von der Unwissenheit derer, die sie vollbringen. Es muss niemand, der diesen Zustand nicht selbst wählt, also *ohne* übertriebene »Hilfsmittel« an ihm festhält, in eine offensichtlich mangelhafte Physis gezwungen werden.

Wenn wir auf diesen Planeten wiederkehren werden, dann wird der Umgang mit dem Leben ehrfurchtsvoller und selbstverständlicher sein, denn zwischen dem jetzigen Erdendasein und dem künftigen Aufenthalt wird eine lange Zeit liegen, die den Menschen gelehrt haben wird, wo seine Grenzen sind und wo sein Eingreifen erwünscht und notwendig ist. Gott würfelt nicht …

Am Ende des Lebens darf man sich fragen, was auf dieser Erde verbleiben wird, wenn man gegangen ist, und was für einen Wert diese Hinterlassenschaft für die Nachkommen hat.

Von den Wänden meiner Wohnung blicken mich die Ahnen aus zwei Jahrhunderten an. Was ist geblieben? Ein Säbel, ein Ring, ein paar Tagebücher, ein Haus? Gegenstände mit Geschichten, die nur dann berühren, wenn man die Personen und Hintergründe kennt, ihr Wesen, ihren Charakter und ihre Träume. Was würde man von diesen Erbstücken retten, wenn es brennt? An was »hängt« man, hänge ich? Man hängt an dem, womit man wirklich verbunden ist. Das ist kostbar und unersetzlich. Bei mir sind es nur zwei Dinge: der Familienring, kunstvoll zusammengefügt aus den Eheringen meiner Vorfahren, und ein kleines Kuvert aus dem Jahr 1873. Darin ist ein Sterbebildchen, auf dessen Rückseite mein Urgroßvater ein trauriges Abschiedsgedicht an seinen Zweitgeborenen verfasst hat. Und in Seidenpapier beigefügt liegen flachsblonde Locken: »Klein-Fränzchens Härchen«, steht daneben. Wenig hat mich so gerührt wie dieses kleine Andenken. Ich würde es für

Gold nicht hergeben. Es hat mit Liebe zu tun, genauso wie der Ring. Und das ist das Einzige, was zuletzt bleiben und zählen wird: die Gedanken und Gefühle der Liebe, die bei einem anderen Menschen etwas bewirkt haben. Nur diese werden den gordischen Knoten der menschlichen Schicksalsverstrickungen lösen.

Vielleicht denken Sie jetzt an *Liebe* im üblichen Sinn. Doch ich spreche von einer ganz besonderen Liebe, die nichts mit Begehren und Treue und »bis dass der Tod uns scheidet« zu tun hat. Ich spreche von einer Kraft, die uns weinen macht, weil sie in uns für Momente die Ahnung von etwas völlig Reinem, Vollkommenen auferstehen lässt. Und mit dieser Auferstehung wird ein kleiner Teil von unserem gefangenen und unerlösten Ich befreit und so die Fesseln unseres Schicksals gelockert. Diese Liebe entmachtet Schicksal, erweicht den Starrsinn, der glaubt, auf seinem Recht beharren zu müssen, tröstet den Hoffnungslosen und nimmt der Rache ihre Triebkraft.

Jetzt, gegen Ende des Schicksalsweges, dürfen Sie sich fragen, wem Sie diese Erlösung gewährt haben. Und wenn Sie keine Antwort finden sollten – es ist noch nicht zu spät. Als Kind war es doch so einfach, zu Tränen zu rühren und selbst zu weinen. Warum sollte es jetzt, da wir doch um so viel weiser und reifer sein sollten, schwerer geworden sein? Vielleicht weil uns unser Bewusstsein die unermessliche Dimension menschlicher Verbindungen ahnen lässt und dadurch eine Scheu entsteht, an dieses unendliche Potenzial zu rühren. Oder weil wir gelernt haben, in die eigene Seele zu blicken, und dem Geschauten ratlos gegenüberstehen? Man kann sich nicht selbst erlösen und auch nicht das eigene Sein erklären. Das kann nur ein anderer, der mit berührender Liebe diesen Schleier hebt, der uns den Blick in den Spiegel, in unser Gegenüber verwehrt. Adeste fideles ...

Die Augenblicke höchster Erkenntnis sind immer von Tränen des ehrfürchtigen Erschreckens begleitet. Das Höchste, Schönste ist, wie auch ein jeder Engel, schrecklich. Denn das Aufeinandertreffen erzeugt immer eine positive Erschütterung: den Schrecken, der Erlösung nach sich zieht, wenn er mit Liebe einhergeht.

Als Kind sucht man den Schrecken, weil man sich an das Erlösungsgeheimnis noch erinnert und das Gefühl immer wieder erleben will. Als alter Mensch scheut man ihn, weil man seine Macht fürchtet und weil man denkt, dass er ein Werkzeug des Todes ist. Erlösung hat immer mit einer Loslösung zu tun, und das Loslassen verlangt einen mutigen Entschluss. Wir haben das Leben auf dieser Erde mit Bewusstsein und Willen gewählt. Und genau diese beiden Eigenschaften waren es auch, die uns das Schicksal haben meistern lassen. Sie sind es auch, die uns das Ende fühlbar machen, und zwar dadurch, dass unser Bewusstsein sich plötzlich zu verdoppeln scheint, während der Wille einer fröhlichen Gleichgültigkeit Platz macht.

Dann ist es Zeit, und der Schatten fällt auf die Sonnenuhr des Lebens. Bestimmung? Karma? Schicksal? Vielleicht war es nur ein Traum oder auch nur ein Spiel, zu dem wir von höheren Mächten eingeladen wurden! Wir sollten es nicht zu ernst nehmen ...

Das 12. Septennium auf einen Blick

1. Die Geheimnisse des Illusionstheaters von Zeit und Raum offenbaren sich.
2. Die Erkenntnis, dass das Leben gut war, gibt innere Ruhe und lässt Frieden mit sich und den anderen schließen.
3. Die Bilder der Kindheit und Jugendzeit kehren in aller Klarheit zurück und lassen die damaligen Jahre des Wachsens noch einmal auferstehen.
4. Der eigene Stellenwert wird dem Bewusstsein völlig klar,

genauso wie das langsame Verschwinden aus der materiellen Welt.

5. Eine unbändige Lust entsteht, das Leben noch einmal und viel besser durchleben zu wollen.

Der greise Mensch erkennt, dass sein Schicksal nur eine winzige Zeile im riesigen Schicksalsbuch der Menschheit ist und dass dieses Leben nur die eine Hälfte des Werkes ausmacht.

16. KAPITEL

Das Spiegelkabinett unseres Schicksals

Wir haben in den vergangenen Kapiteln die zwölf Entwicklungsabschnitte des Lebens näher kennengelernt, die wir »... heiter durchschreiten sollen, jedoch an keinem, wie an der Heimat hängen«, wie es Hermann Hesse in seinem berührend schönen Gedicht »Stufen« beschreibt. Und wir wissen auch bereits, dass diese inhaltsschweren Siebenheiten mit ihren Hintergründen, Forderungen und Möglichkeiten miteinander in engster Verbindung stehen. In ihnen werden unsere Gedanken und Taten bewahrt und mit ihnen weitergetragen, um bestimmte Schicksalspunkte in unserem Lebensplan zu tangieren, wodurch die individuelle Gestaltung und die Farben unseres Geschicks zustande kommen.

Als vor Jahren Sir Elton John die Songs für das wunderschöne Musical »König der Löwen« schrieb, stach eines der Lieder besonders hervor: »The Circle of Life«, der Kreis des Lebens.

Dabei ist er bei weitem nicht der Erste und Einzige, der vom Leben als einem Kreis spricht, denn alles, was Leben hervorbringen oder darstellen will, ist zunächst rund oder rundlich. Die Astrologie, die eben im Begriff ist, durch einige hochseriöse Vertreter ihres Fachs wieder ihr ursprüngliches Ansehen zu erlangen, könnte ohne den (Tier-)Kreis genauso wenig auskommen wie unsere Uhren und sogar unsere Ziffern 6 und 9,

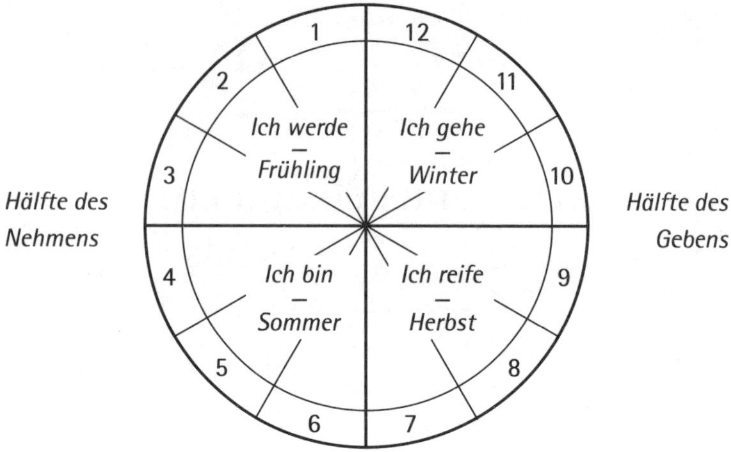

Abb. 4: Kreis des Lebens

die in der Numerologie als männliches und weibliches Symbol gelten, beugen sich dem Gesetz durch ihre Form. Ganz zu schweigen von der 0 (Null), die als Nichts auch das Chaos versinnbildlicht, aus dem alles geboren wird. Ganz gleich, ob ein Leben kurz oder lang ist, es ist immer ein Lebensweg, deren Anfang und Ende sich wiederfinden, wie die zwei Magnetenden einer Kette.

Der Kreis bietet sich also per se als idealer Panorama-Raum an, wenn man die Septennien in ihrer Gesamtheit und mit all ihren Zusammenhängen und Auslösungen beobachten will.

Betrachten wir zunächst die einfachen Grundsätzlichkeiten des Lebenszirkels mit seinen zwölf Segmenten, in dem sich auch unsere vier Jahreszeiten wiedererkennen lassen.

Wie Sie sehen, beinhaltet die linke Kreishälfte die erste Lebenshälfte bis zu 42 Jahren, die man als die Phase des Nehmens oder Einatmens bezeichnet, während die rechte Hälfte die Zeit von 42 bis 84 Jahren darstellt, in der sich das große Ausatmen oder Geben vollzieht. Die ersten drei Septennien tragen die

Kraft des Frühlings in sich, in dem alles wächst und gedeiht, um dann, gefolgt vom Sommer des Lebens, mit den Septennien 4, 5 und 6, die Fülle und den Zenit des Daseins zu erreichen. Die Erntezeit, also der Herbst des Lebens, wird durch die Segmente 7, 8 und 9 repräsentiert, denen sich die manchmal langen aber klaren Winterabschnitte von 10, 11 und 12 anschließen. Die Anbauqualität des Saatgutes zeigt sich, wie jeder brave Landmann weiß, bei der Ernte, und wer die Zeichen der Natur zu lesen gelernt hat, weiß, dass sich z.B. die Milde oder Härte eines Winters bereits im Sommer ankündigt.

Zwischen den Ereignissen Frühlings- und Sommerseptennien bestehen also Beziehungen, die unverkennbar identische Grundzüge erkennen lassen. Die Zusammenhänge sind oft so offensichtlich, dass selbst Laien die Verbindung auffällt.

Ganz anders gestaltet sich das Zusammenspiel zwischen dem Herbst- und Winterabschnitt. Da ergeben sich ab dem 64. Lebensjahr gar nicht selten so erstaunliche Wendungen, dass man schon sehr genau hinschauen muss, um die Auslöser oder das Saatgut in der ersten Hälfte des Lebens zu finden.

Im Laufe von über zwanzig Jahren habe ich die Erfahrung gemacht, dass sich diese seltsamen Wendungen häufig durch die Ereignisse in den Zenit-Septennien erklären lassen. Zenit-Septennien sind die jeweils mittleren Abschnitte innerhalb jeden Viertels. **Zwischen jedem dieser Zenit-Septennien scheint eine übergreifende Verbindung zu bestehen, die sich über Informationspakete, die durch Gedanken, Worte und Handlungen entstanden sind, zu Zeiten bemerkbar macht, wo man denkt, dass alles schon gelaufen ist.** Vor allem scheinen die Segmente 2 und 11, wie auch 5 und 8 in einer bemerkenswerten Verbindung zu stehen.

Sie werden sich erinnern, dass in das zweite Septennium, also den Zenit des »Frühlings«, die Pubertät und die Vorbildsuche fallen. Auch das Idealbild des Partners steigt im Bewusstsein auf. **Auffallenderweise kommt eine Realisierung dieses Ide-**

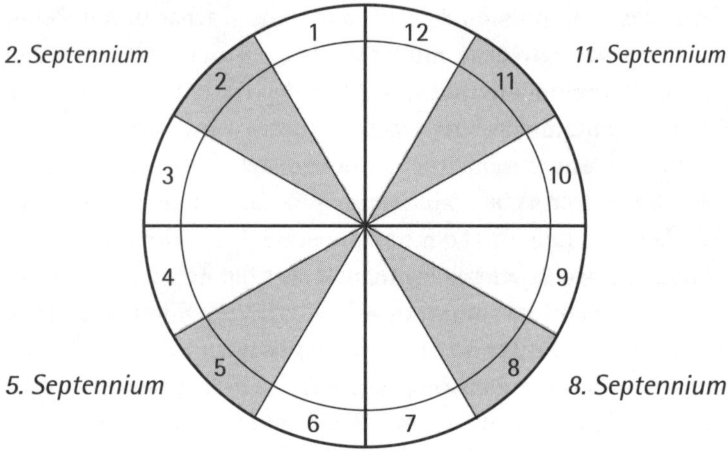

Abb. 5: Zenit-Septennien

als fast nie zustande, solange noch hormonelle Triebkräfte walten, da sich die im Erbgut verborgenen analogen Anlagen genau diese Energien zunutze machen und bewirken, dass eine Anziehung zwischen Partnern hergestellt wird, welche gegenseitig das optimal ergänzende Erbgut zur Erzeugung von Nachkommen aufweisen. Diese wahllenkende Instanz, die viel zu oft mit Liebe verwechselt wird, spielt sich völlig unbewusst ab und hat mit dem, was man als Seelengefährten-Liebe bezeichnen könnte, meist nicht viel zu tun. Obwohl die Personen genau wissen, dass sie wählen, können sie nicht erklären, warum sie gerade diesen und keinen anderen Partner ausgesucht haben. Diese durch Erbanlagen gelenkten Wahlhandlungen spielen, wie wir in den Kapiteln der Septennien erfahren haben, im Schicksalsplan eine tragende Rolle, die sich erst zwischen dem neunten und zehnten Septennium verbraucht. Das mag eine der Erklärungen sein, warum erstaunlich viele Verbindungen, in denen sich Menschen in größter Erfüllung finden, oft erst weit *nach* 63 zustande kom-

men: Endlich ist das Pflichtprogramm überstanden und man darf eine »Bonus-Zeit« mit seinem Seelenpartner verbringen, bei dem man um Liebe und Sympathie niemals zu buhlen und zu kämpfen braucht, weil man sich sowieso »wiedererkennt«.
Die hübscheste Geschichte in diesem Zusammenhang habe ich auf einer Terrasse in Frankreich erlebt, wo ein wirklich betagtes Paar am Nebentisch miteinander so liebevoll und reizend umging, dass es meine Aufmerksamkeit erregte und ich zu meinem Begleiter sagte: »Na, wenn wir in vierzig Jahren auch noch so ....« Die Dame hörte das, und es stellte sich heraus, dass sich das alte Paar in den Flitterwochen befand. »Sechzig (!) Jahre habe ich auf sie gewartet«, sagte der alte Herr, »sie war die Frau meines besten Freundes. Er ist vor einem halben Jahr gestorben, und nun haben wir nach angemessener Trauerzeit geheiratet.« Sechzig Jahre! Sie hatten sich als Pfadfinder mit 14 Jahren kennengelernt und mit 75 geheiratet.
Und was die Nr. 5 und die Nr. 8 angeht, so sehen Sie sich doch bitte nur ein paar Biographien von berühmten Menschen an. Was war zwischen 28 und 35 zu beobachten in Bezug auf alle Vorgänge, die im Kapitel über das fünfte Septennium beschrieben wurden, wie zum Beispiel Liebesfähigkeit und Kameradschaft, Denken und Fühlen, Authentizität und Rollenspiel?
Deine Gedanken werden zu Handlungen, die Handlungen zur Gewohnheit und die Gewohnheiten führen letztendlich zu Schicksalsentsprechungen im achten Septennium, die entweder zum Untergang führen oder zum Sieg verhelfen können.
Doch sehen wir uns nun einmal ein einzelnes Segment, also irgendeine Siebenheit, etwas genauer an.
Hier zeigt sich, dass durchaus nicht jedes einzelne Jahr innerhalb einer Sequenz dieselbe Qualität aufzuweisen hat. Es gibt eine Anfangszeit, nämlich die ersten zweieinhalb bis drei Jahre, wo Dinge in Angriff genommen werden sollten, wo es sich lohnt, Kraft in das Entstehen einer Sache zu investieren, und wo man Karrieren beginnen und »anschieben« kann. Die-

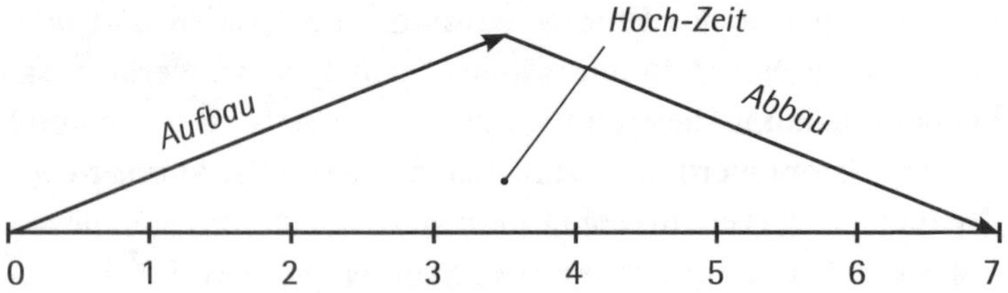

Abb. 6: Septennium-Struktur

ser Abschnitt bis zur Mitte der sieben Jahre, also bis dreieinhalb, ist es, in dem sich alle Kräfte versammeln, um eine Fertigstellung vorzubereiten, zu präsentieren oder einen bestimmten Status zu erreichen. Die restliche Zeit sei dem Ausatmen, der Sammlung und dem Überdenken gewidmet. Es empfiehlt sich nicht, mitten in der Abbau-Zeit etwas mit Riesenelan zu beginnen, sondern lieber mit dem geplanten Super-Coup zu warten, bis die Zeit günstig ist. Für alle Sportvereine, Großbetriebe und Leute, die ein Comeback planen, ist dieses Wissen Gold wert und könnte so manches Desaster verhindern. Wer auch immer der Berater von »Sir« Henry Maske, dem Boxweltmeister, war – dieser Mann muss gelobt und gepriesen werden, denn er hat dieses Wissen perfekt angewendet! Oder war es vielleicht gar des Meisters vielgerühmtes Feingefühl, das ihn den Zeitpunkt des Comebacks so perfekt hat wählen lassen? Hätte der Kampf nur *ein* Jahr vorher, nämlich in der Abbauphase des sechsten Septenniums, stattgefunden, dann wäre der Weltmeistertitel noch heute bei Virgil Hill!

Übrigens werden Sie auch beobachten können, dass Ihr persönliches Jahr, also die Zeit zwischen zwei Geburtstagen, eine ähnliche Einteilung erkennen lässt. Wenn Sie die 365 Tage des Jahres durch sieben teilen, dann entstehen innerhalb dieses Jahres sieben Abschnitte, die jeweils 52 Tage dauern. Sind Sie zum Beispiel am 15. August auf die Welt gekommen, dann

spielt sich die Hoch-Zeit im 4. Abschnitt, also von Mitte Januar (18.1.) bis Mitte März (11.3.) ab. **Noch einmal: Die Monate bis in den Fokus des Zenits sind die Zeiten, in denen man »Weltmeister« werden kann. Danach muss man von und mit dem leben, was man vorher geleistet oder angerichtet hat.**
Ein Mensch kann in seiner Erdenexistenz bis zu 15 Septennien durchlaufen, also 105 Jahre alt werden. Jede höhere Altersangabe hat, wie ich mir von kompetenter Seite habe erzählen lassen, mit falsch ausgestellten Geburtsurkunden oder Phantasie zu tun. Ein »normaler« Mensch stirbt zwischen 70 und 90 Jahren. Alle anderen sind Frühverstorbene oder Wundergreise.
Am Ende des sechsten Kapitels, welches das dritte Septennium behandelt, wird gesagt, dass ab dem 21. Lebensjahr sowohl Schicksal erzeugt wie auch verwandelt werden kann, während im neunten Kapitel davon die Rede ist, dass wir mit 63 den Schicksalsmantel unseres Karmas ablegen. Ergibt sich damit im Lebensrad eine automatische Trennung zwischen der oberen Hälfte mit Frühling und Winter als »schicksalsfreier« Zeit und einem »schicksalsbeladenen« Sommer und Herbst in der unteren Hälfte? Die Antwort ist schwer, weil sie wieder einmal mit »ja *und* nein« gegeben werden muss.
Wenn Sie noch einmal im 11. Kapitel, welches das achte Septennium behandelt, nachlesen möchten, was über den angeborenen Wider-Willen des Menschen, der sich glaubt immer wieder beweisen zu müssen, gesagt wurde, dann taucht eine Ahnung von Selbst-Konditionierung des Menschen auf, der sich auf dem weichen Kissen der Gewohnheit immer wieder in die gleichen Situationen bringt oder bringen lässt. Lieber das bekannte Unglückskissen, als den fliegenden Teppich des Glücks?
Bitte, bemühen Sie sich zu erkennen, dass sich in den ersten 21 Jahren der Aufbau unser Lebens nach einem Endergebnis richtet, das sehr, sehr weit vor unserer jetzigen irdischen Existenz zurückliegt. Also können wir, wenn wir uns mit dieser Zeit unseres Lebens genau beschäftigen, sehr wohl schicksalsmäßige

Grundmuster erkennen. Ich kann z. B. aufgrund Hunderter von Karteikarten beweisen, dass niemandem, der sich in dieser ersten Zeit vor Führungsämtern wie Klassen- oder Schulsprecher, Kassen- oder Bibliothekswart usw. gedrückt hat, später verantwortungsvolle Posten angeboten wurden, selbst wenn er sie wollte. Immer wurden andere vorgezogen, und man selbst fühlte sich »gemobbt« und ungerecht behandelt. Die Schuld wird gerne bei den anderen gesucht und gefunden, während das Drama in Wirklichkeit von Schicksalsmustern heraufbeschworen wird, die sich schon sehr früh, nämlich in den vorher benannten 21 Jahren in das Leben eingewoben haben und wahrscheinlich Wiederholungen der oben erwähnten Endergebnisse aus den abgelebten früheren Zeiten sind. Hätte man es verhindern können? Ach ja, es ist ein Elend mit den Antworten, denn wieder muss man »ja *und* nein« sagen. Es ist eine Frage des Charakters, wie weit man sich am Lebensanfang von pädagogischen Korrekturbemühungen angesprochen fühlt, also ob man sich erziehen lässt, oder ob der innere Widerstand sich gegen diese Maßnahmen stellt. Dieses »Sich-fügen-*Wollen«*, diese Lust auf Verbesserung ist, wenn sie vorhanden war, immer eine Erinnerung an eine Einsicht, welche in der Vergangenheit gegen alle Gewohnheits-Rechthaberei erarbeitet wurde. Nach 63 ist niemand mehr da, der Sie »erziehen« wird und will. Dagegen werden ab Ihrem 64. Lebensjahr Korrekturereignisse eintreten, die durch das Beharren auf alten Mustern, also das Hinzufügen zu den »Altlasten«, notwendig geworden sind. Das, was sich am Anfang des Lebenswinters zeigt, ist also nicht mehr das alte gordische Schicksalsknäuel, mit dem wir uns neun Septennien herumgeschlagen haben, sondern nur mehr die Knoten, mit deren Auflösung wir uns in den vergangenen sechs schicksalserzeugenden Septennien hätten unbedingt befassen müssen. Fast könnte man sagen, dass es sich hierbei um ein »Huckepack-Schicksal« handelt, das man, wie alles Aufgepfropfte, eigentlich leicht entfernen könnte, wenn man nicht ... siehe oben.

Ungefähr sieben Jahre nach den beiden Mondknoten, also in den beiden Anfangsjahren des siebten und zehnten Septenniums, bieten sich übrigens ideale »Entrümpelungszeiten« an, welche die Möglichkeit geben, überflüssigen Schrott zu entfernen, damit die alte Lebensform einer neuen weichen kann.
Wenn es irgendwie geht, dann versuchen Sie sich im siebten Septennium ein Sabbatjahr zu verschaffen, also einen Zeitraum, in dem Sie sich nur auf sich selbst und die wesentlichen Dinge Ihres Lebens konzentrieren. Es muss nicht, wie der Name vermuten lässt, zwölf Monate lang dauern, aber doch lange genug, wie ein Mensch für eine innere Sammlung und für die Umsetzung der Ergebnisse braucht. Diese Rekreationszeit für Körper und Seele ist umso notwendiger für die körperliche und geistige Gesundheit, je weniger auf eine innere Einkehr nach dem letzten Mondknoten geachtet wurde. Der volle Einsatz, den die nachfolgenden Jahre verlangen, ist ohne diese Pausen nicht ohne Schädigungen möglich, die sich später, durch Überforderung und Stress bedingt, oft als Herzinfarkte, Schlaganfälle und Krebserkrankungen dann die Ruhezeiten erzwingen, die vorher nicht eingehalten wurden. Wie aber kommen Sie nun endlich zu Ihrem höchstpersönlichen Schicksalsplan?
Leider haben auch hier die Götter vor das Ergebnis die Arbeit gestellt. Nehmen Sie also zunächst ein leeres Blatt Papier und schreiben Sie darauf alles, was Ihnen chronologisch zu Ihrem ersten Septennium in den Sinn kommt. An was erinnern Sie sich noch? Wann kamen Sie in den Kindergarten? Gab es schon wichtige erste Freundschaften? Welche Krankheiten hatten Sie? usw.
Genauso verfahren Sie mit sämtlichen anderen Septennien bis zu Ihrem heutigen Lebenstag. Notieren Sie zunächst *alles,* was Ihnen einfällt, und streichen Sie erst am Schluss das Nebensächliche. Bemühen Sie sich vor allem um eine klare Erinnerung, was die Ereignisse zum Rubikon und zu den Mondkoten angeht.

Jahr	LJ	Ereignis	Ereignis	LJ	Jahr
	1			84	
	2			83	
	3			82	
	4			81	
	5			80	
	6			79	
	7			78	
	8			77	
	9			76	
	10	Rubikon	4. MK	75	
	11			74	
	12			73	
	13			72	
	14			71	
	15			70	
	16			69	
	17			68	
	18			67	
	19	1. MK		66	
	20			65	
	21			64	
	22			63	
	23			62	
	24			61	
	25			60	
	26			59	
	27			58	
	28			57	
	29		3. MK	56	
	30			55	
	31			54	
	32			53	
	33			52	
	34			51	
	35			50	
	36			49	
	37	2. MK		48	
	38			47	
	39			46	
	40			45	
	41			44	
	42			43	

Gehen Sie nun zu der als »Spiegelkabinett« bezeichneten Liste (Abb. 7), die dem Buch noch mal extra beiliegt, und tragen Sie darin zunächst Ihre persönlichen Daten ein, beginnend mit Ihrem Geburtsjahr in der Spalte *Jahr* neben dem Lebensjahr 1 in der Spalte *LJ,* in chronologischer Reihenfolge von links oben bis zum Ende rechts oben. Füllen Sie den Plan auch bis 84 aus, selbst wenn Sie vielleicht erst 28 Jahre alt sind. Denn nur dann können entsprechenden Konstellationen aus dem bisherigen Geschehen errechnet werden.
Nach dieser Arbeit schreiben Sie nun die wichtigsten Ereignisse in die Spalten neben den entsprechenden Jahreszahlen, und achten Sie darauf, dass Sie nicht über die Mittellinie geraten. Diese Trennung teilt den Plan in zwei Hälften, die den vorher gezeigten Abschnitten des Lebenskreises entsprechen. Frühlings- und Sommerzeit befinden sich also auf der linken Seite des Plans, während die Herbst- und Winterzeit sich auf der rechten Seite fortsetzen. Diese beiden Hälften werden von mir als Opponenten bezeichnet, da die Ereignisse dieser beiden Abschnitte gegenseitig **niemals völlig gleiche, wohl aber entsprechende Geschehen** aufweisen. Wenn z. B. jemand mit 27 Jahren einen Superjob ohne Qualifikation, dafür aber durch fragwürdige Protektion ergattert, dann ist es möglich, dass es zu einer Ereignis-Spiegelung im genau gegenüberliegenden 58. Lebensjahr kommt, bei der entweder ein Verlust an Prestige oder materiellen Gütern entsteht oder sich vielleicht sogar eine Krankheit zeigt. Es spielt eine große Rolle, *wie* sich der Charakter im sogenannten Abschnitt des Nehmens, also in den ersten 6 Septennien, entwickelt und dargestellt hat und wie mit den Situationen umgegangen worden ist.
Wie gesagt: **Ab dem 42. Lebensjahr, also nach dem sechsten Septennium, sehen wir in den Ereignissen die schicksalsmä-**

Abb. 7 (gegenüberliegende Seite): Spiegelkabinett

ßigen Ergebnisse und Entsprechungen der Vorgänge der ersten sechs Septennien gespiegelt.
Was die Spiegelungen betrifft, so muss gesagt werden, dass praktisch jede Trennlinie zwischen den Septennien eine beidseitige Spiegelwand ist und dass alles, was vor solch einer Wand entsteht, sich direkt auf dasjenige auswirkt, was sich spiegelbildlich nach ihr ereignet. **Jedes Septennium ist also ein kleiner, in sich geschlossener Schicksalskreis, der sich auf das nachfolgende und damit auf jedes andere Septennium überträgt.**
Vergessen wir nie: Alle »Bilder«, die auf den Spiegelwänden erscheinen, werden allein von dem Menschen verursacht, der die Lebens- und Schicksalsräume seiner irdischen Existenz betritt. Die Spiegelungen, die er erzeugt, sind selbst niemals kreativ. *Wir* sind die Auslöser, die durch bestimmte Bewegungen, also Handlungen, die »Spiegel« initiieren. Und letztendlich steht jedes Tun mit jedem der zwölf Räume in Verbindung.
Verstehen Sie nun, warum ich auf den Satz »ich weiß nicht, warum ausgerechnet *mir* so etwas geschieht« immer etwas empfindlich reagiere? **Als erwachsener Mensch sollte es jedem langsam klar sein, dass es absolut nichts in seinem Leben gibt, das er nicht selbst erzeugt hat und für das er nicht selbst verantwortlich ist.** Das Problem scheint allerdings darin zu bestehen, dass Zusammenhänge nicht richtig gedeutet werden und der Bezug also nicht hergestellt werden kann.
Mit Hilfe des Spiegelkabinetts können wir zumindest versuchen, diesem Mangel abzuhelfen!

17. KAPITEL

Wie man sein Schicksal durchschaut

Da die Qualität des Lebens ab dem Beginn des Lebensherbsts mit 42 Jahren ohne Zweifel mit den Bildern in den Spiegeln der sechs vorhergehenden Räume und den Reflexionen, die sich daraus ergeben, zu tun hat, wird es also von großem Nutzen sein, sich mit diesem Lebensfundament genauer zu beschäftigen, das in den Kapiteln vier bis neun ausführlich behandelt wurde.

Fangen Sie also damit an, dass Sie sich die Eintragungen bis zu dieser Zeit nochmals sehr genau durchschauen, sie sich in Erinnerung rufen und betrachten.

Nichts, was auf ihrer Liste bis dahin eingetragen ist, wurde zufällig hingeschrieben, denn Sie selbst haben das Ereignis für wichtig befunden.

Bitte bedenken Sie nochmals: **Alle Ereignisse sind sowohl Ergebnisse von Gedanken und Handlungen als auch Aufforderungen, sich selbst zu bestätigen wie auch sich neu zu orientieren.**

Beachten Sie also immer auch die Zeit *vor* Ereignissen sehr genau, denn sie zeigt die Hinführung zum Endergebnis.

Merke: Jedes Ereignis ist ein vorläufiges Endergebnis.

Zwischen diesen Endergebnissen besteht eine schicksalsmäßige Verbindung, die sich zeitlich darstellen lässt und die durch unsere berühmten sogenannten sieben fetten oder mageren Jahre zustande kommt.

Egal, ab welchem Ereignis in den Septennien Sie zu zählen beginnen, Sie werden immer im siebten Jahr danach auf eine Entsprechung stoßen.

Das »Spiegelkabinett« ist dabei nur eine graphische Hilfe, um die Sicht auf diese Wiederholungen durch die Gegenüberstellung der beiden Hälften zu vereinfachen. Sie könnten aber genauso gut den Plan in der Mitte durchschneiden und eine einzige lange Linie bilden. Wenn Sie dann auf einem Lineal oder Extra-Papierstreifen die Abstände der Septennien eintragen, können Sie die Wiederholungen der Länge nach, wenn Sie wollen, bis zum Jahr 105 betrachten.

Und was fängt man mit den leeren Abschnitten in der Liste an, wenn man sich zum Beispiel erst im vierten Septennium befindet? Umso besser! Denn dann kann man sich mit Hilfe des Wissens und des bisher vorhandenen Materials auf mögliche Entwicklungen vorbereiten.

Wie, so wird jetzt mancher sagen, soll man sich denn auf etwas vorbereiten, das man nicht vorhersagen kann? Nicht einmal bei einer akribisch geplanten Reise ist das möglich!

Natürlich nicht, aber man wird doch zugeben müssen, dass eine vernünftige Planung das Unternehmen sehr unterstützen wird, die ja schon bei der klugen Zusammenstellung des Reisegepäcks, der Beschaffung der nötigen Dokumente und Fahrscheine und nicht zuletzt mit der Terminkoordination beginnen muss.

Je unbekannter die Reiseziele sind, desto mehr sollte man sich an Reiseführer halten, welche wirklich Erfahrung haben.

Merke: Nur wer selbst ein Land bereist hat, kann mitreden.

In welcher Form Sie auch mit dem Wissen *umgehen* – Sie werden immer zur Selbstbetrachtung aufgefordert sein. Wenn Sie das Wissen der 12 Septennien *anwenden,* dann werden die bisherigen Ereignisse Ihres Lebens eine andere Bedeutung bekommen, und Ihnen selbst werden sich die Zusammenhänge anders darstellen als bisher. Es liegt an der Einsicht und den Konsequenzen, die Sie daraus ziehen, wie sich Ihr Geschick weiterhin gestaltet, ganz gleich wie jung oder wie alt Sie sind.

Merke: Im Bereich eines zweifellos vorgegebenen Schicksalsrahmens behalten Sie noch immer die Macht, Ihr Schicksal selbst zu gestalten und zu lenken.

Vorerst geht es vor allem darum, dass Sie durchschauen, welches die Hauptaufgaben Ihres Lebens sind. Wenn Sie darüber im Zweifel sein sollten, dann schauen Sie sich doch an, welche Vorkommnisse sich wie ein Perpetuum mobile wiederholen, welche Bilder, also Situationen und Begegnungen, in ähnlicher Konstellation wie in dem berühmten Film »Und täglich grüßt das Murmeltier« sich dauernd von neuem ereignen, und bitte beachten, oder noch besser, be*ob*achten Sie vor allem die Reaktionen Ihres Innenlebens und die Beurteilungen, die sich daraus ergeben. Versuchen Sie vor allem, Emotionen und klares Denken *nicht* miteinander zu vermischen.

Wenn es überhaupt eine Möglichkeit gibt, Schicksal wirklich durchschaubar zu machen, dann ist es der Weg der Selbstbetrachtung und Erkenntnis, gepaart mit dem Willen, das Erkannte tatkräftig anzuwenden.

Lesen Sie jetzt noch einmal die letzten Zeilen der Einleitung, in denen geschrieben steht, dass Sie mit diesem Wissen nicht mehr an der Oberfläche leben können, sondern sich auf einen sehr persönlichen Erlösungsweg machen sollen, von dem nicht nur Sie, sondern auch die Menschen Ihrer Umgebung profitieren werden, wenn Sie den Mut aufbringen, ihn wirklich konsequent zu beschreiten. Mit dieser Einstellung würden Sie gegen eine Umwelt antreten, die praktisch alles in Frage stellt und verneint, was in diesem Buch besprochen wurde.

Es gibt Gesetze, die nie gebrochen werden dürfen und an die niemand rühren darf. Wir sind momentan im Begriff, gegen

diese Anweisungen auf fast jedem Gebiet zu verstoßen, um einem sogenannten Mainstream, also einem *Allgemeinfluss,* zu entsprechen, der eine angeblich notwendige Entwicklung vorantreibt, oft sogar im Namen der höheren Macht. Wir vergessen dabei, dass Gott keinen von uns gebastelten Mainstream braucht, denn Gott *ist* der Mainstream. Wir stellen uns damit auf weiten Gebieten in den Dienst von Kräften, die sich gegen die Macht stellen, die wir Gott nennen. Diese Kräfte haben eine einzige Strebung, nämlich den Menschen mit seinen geistigen und seelischen Fähigkeiten in eine totale Abhängigkeit von der Materie zu drängen. Damit ist das Schicksalssystem der Menschheit bedroht, das genauso erkranken kann, wie jedes andere System dieser Welt. So wird die Menschheit wohl wieder einmal erfahren müssen, wie lächerlich klein und machtlos sie gegenüber den Naturkräften ist, die sie selbst herausgefordert hat, und wie wenig hilfreich ihr die technischen Errungenschaften letztendlich sein können.
Das Häuflein klein, das dagegen versucht haben wird, spirituelles Wissen zu bewahren und anzuwenden, wird zu gegebener Zeit aus der Ecke der Diskriminierung hervorkommen und hoffentlich noch so stark sein, dass sich etwas Gesundes und Neues aufbauen lässt.
Es wird nicht ganz einfach sein, diese Aussagen als Schwarzfärberei und pessimistische Unkenrufe abzutun, denn die Vorzeichen sind unübersehbar. Trotzdem weiß, hoffe und glaube ich, dass zuletzt die tiefste Strebung des Menschen siegen wird, nämlich die Sehnsucht, edel und gut zu sein. Wenn *dieser* Mainstream sich anfängt durchzusetzen, dann könnte etwas geschehen, wovon alle Weisheitsbücher der Welt sehnsuchtsvoll sprechen, nämlich die Wiedererstehung des Paradieses auf Erden, das natürlich ein Bewusstseinszustand ist und kein Land, in dem materielle Güter wie Milch und Honig fließen.
Möge dieses Buch einen winzigen Beitrag dazu leisten.
Adeste, fideles!

Nachwort

Es hat mehr als 10 Jahre gedauert, bis ich den Mut fand, über das Thema Biographie und Schicksal zu schreiben. Obwohl es, verglichen mit anderen Themen, ein reines Vergnügen war und ist, darüber zu referieren, so schien es angesichts der unfassbaren Mengen von Mitschriften und Tonträgern fast unmöglich, eine allgemein nützliche und verständliche Zusammenfassung zustande zu bringen. Zuletzt habe ich jegliches vorhandene Schrift- und Tonwerk aus meiner Nähe verbannt und mich entschlossen, aus dem Kopf und mit der Hand zu schreiben. Deswegen werden Sie in diesem Buch auch keine Literaturempfehlungen finden. Bis auf eine einzige. Es handelt sich um das Buch »Der Lebenslauf« der leider inzwischen verstorbenen Autoren Gisela und George O'Neil, das mir Ende der 1980er-Jahre in England in die Hände fiel und mich tiefer als jedes andere Werk zu diesem Thema beeindruckt hat. Es hat mich durch schwere Zeiten wie ein guter Freund begleitet und in mir ein tiefes Verstehen der Zusammenhänge der verschiedensten Fakten bewirkt.

Ich kann die Zahl der Menschen, die mir in dankenswerter Weise ihre Lebensläufe anvertraut haben, nicht nennen. Es waren sehr, sehr viele alte und junge Menschen, »mittelalterliche« Europäer, Amerikaner und Asiaten, die dadurch indirekt am Inhalt dieses Buches mitgewirkt haben. Ich kann auch nicht mehr sagen, wer von meinen Freunden »ungeschoren«

davonkam, denn ich brauchte Vergleiche, Vergleiche und nochmals Vergleiche.

Dem geisteswissenschaftlichen Gedankengut, welches die Grundlage meiner Arbeit ist, sind in diesem Buch Forschungsergebnisse des Schicksalspsychologen Prof. Leopold Szondi hinzugefügt worden, welche, wie ich hoffe, die Zusammenhänge zwischen Eigenschicksal und Ahnenstrebungen verständlich machen.

Dass ich während des Schreibens durch ein ganz persönliches Fegefeuer zu gehen hatte, wurde mir erst während der Arbeit völlig bewusst, die, wie keine zuvor, von ganz besonderen Mächten getragen wurde. Ich hoffe zutiefst, dass sich dieses Gefühl dem Leser mitteilt.

Mit diesem Buch verabschiede ich mich für eine ganze Weile, die ich zeitlich nicht bestimmen kann noch mag.

Ich habe alles gesagt.

Nun muss sich der Brunnen erst wieder füllen.

Danksagung

Auch diesmal kann ich dieses Buch nicht beenden, ohne mich bei den Menschen zu bedanken, die mir in der Herstellungszeit zur Seite gestanden haben.

An erster Stelle mögen diesmal mein Verlag (liebe Beate!) und mein Herausgeber, Herr Dr. Meiser, stehen, die mit wahrhafter Engelsgeduld und Nachsicht meine thematischen Kapitulationsversuche zu koordinieren wussten.

Gefolgt werden sie von meiner unersetzlichen Sonja Humer, der es nicht nur gelang, die Hieroglyphen meines handschriftlichen Manuskripts zu entziffern und auf den Computer zu übertragen, sondern die mich auch mit Köstlichkeiten aus ihrer unvergleichlichen Küche (1, Sonja, auf einer Skala bis 10!) dazu brachte, die Hungerstreiks zu brechen, in die ich aus Verzweiflung über die »Unpackbarkeit« des Themas bisweilen verfiel. Danke!

Es fehlen mir die wirklich passenden Worte, um mich bei Josef Lörscher für seine Güte und Geduld zu bedanken, mit der er mich bis zum letzten Buchstaben begleitet hat, trotz meines bisweilen widerspenstigen Unwillens in Bezug auf Korrekturen.

Last, not least bedanke ich mich für die unglaubliche Rücksicht, die ich während der Zeit des Schreibens erfahren durfte. Die gesammelte Stille glich zuweilen dem Schweigen der Menge, die sich nicht ganz sicher ist, ob der angeschlagene Marathonläufer das Ziel noch erreichen kann und deren gespannte Hoffnung den Läufer zuletzt durchs Ziel trägt.

Wir haben nicht wirklich gezweifelt, oder?
Danke, fideles!